Adobe Certified Professional

포토샵 CC

CC2020, CC2021 최신 버전 시험 대비 가능

김대현 지음

- 본 교재의 예제는 pixabay 이미지를 사용하였습니다.
- 원활한 실습을 위하여 네이버의 '나눔스퀘어' 폰트 설치가 필요합니다.
- 원활한 실습을 위하여 포토샵 2021 버전 이상을 사용할 것을 권장합니다.
- 모양 도구의 일부 예제에서 포토샵 2020 버전에서는 지원하지 않는 기능이 있습니다.

도서 A/S 안내

성안당에서 발행하는 모든 도서는 저자와 출판사, 그리고 독자가 함께 만들어 나갑니다.

좋은 책을 펴내기 위해 많은 노력을 기울이고 있습니다. 혹시라도 내용상의 오류나 오탈자 등이 발견되면 "좋은 책은 나라의 보배"로서 우리 모두가 함께 만들어 간다는 마음으로 연락주시기 바랍니다. 수정 보완하여 더 나은 책이 되도록 최선을 다하겠습니다.

성안당은 늘 독자 여러분들의 소중한 의견을 기다리고 있습니다. 좋은 의견을 보내주시는 분께는 성안당 쇼핑몰의 포인트(3,000포인트)를 적립해 드립니다.

잘못 만들어진 책이나 부록 등이 파손된 경우에는 교환해 드립니다.

저자 문의 : dwave2017@naver.com(김대현)

본서 기획자 e-mail : coh@cyber.co.kr(최옥현)

홈페이지 : http://www.cyber.co.kr 전화 : 031) 950-6300

머리말

Adobe 포토샵(Photoshop)은 멀티미디어 디자인, 웹 디자인 등 컴퓨터 그래픽 작업에 가장 기본을 이루는 프로그램이며, 전문 디자인 분야뿐만 아니라 일반 업무에서도 광범위하게 사용하고 있습니다. Adobe사가 포토샵 사용 능력을 공인하는 Adobe Certified Professional은 관련 분야에서 전문가의 추천서와 동등한 가치가 있는 국제 인증 자격증입니다. 국내에서는 기업 채용 시 우대, 대학 학점 및 졸업 인증 등 다양하게 활용되고 있습니다.

본 교재는 포토샵의 기초부터 자격증에 자주 출제되는 이론과 실기 내용까지 다루었기 때문에 이 책의 마지막 장까지 차근차근 학습하면 자격증 취득뿐만 아니라 포토샵 사용에 대한 자신감을 가질 수 있을 것입니다.

Point 1. 탄탄한! 포토샵 기초 학습

포토샵은 다양한 기능을 가졌지만 복잡하기 때문에 입문자가 배우기 쉽지 않습니다. 여러 예제를 통해 포토샵 기초부터 필수적으로 알아야 하는 기능까지 실습하여 기본기를 다지고 실제 디자인 작업도 할 수 있도록 구성하였습니다.

Point 2. 실용적인! 예제 실습

포토샵 작업 시 유용한 내용들과 실용적인 예제를 실습으로 다루었습니다. 또한 품질 좋은 이미지를 선별하여 디자인을 보는 눈을 높일 수 있도록 하였습니다.

Point 3. 효율적인! 자격증 취득

자격증은 CBT(Computer Based Test) 방식으로 디자인 이론과 포토샵 실기 문제가 출제됩니다. 교재에서는 포토샵을 사용할 때 필수적으로 알아야 할 디자인 이론과 실기, 그리고 모의문제를 담고 있어서 교재 내용만 학습하더라도 효율적으로 자격증을 취득할 수 있습니다.

Point 4. 완벽한! 기출문제 유형 분석

Adobe Certified Professional은 해외 영문 시험이 국문으로 번역되어 국내에 출제됩니다. 번역되는 과정에서의 의미적인 차이점을 정확하게 분석하여 시험에서 요구하는 사항을 본 교재에 담았습니다. 또한 응시하는 포토샵 버전별로 문제가 조금씩 다르게 출제되나 본 교재는 포토샵 2020 버전과 최신 2021 버전까지 문제를 분석하였습니다.

저자는 포토샵을 마치 장난감 다루듯 즐겁게 사용합니다. 포토샵의 복잡한 기능을 다 알 필요는 없지만 교재의 내용을 반복해서 사용하고 응용하다 보면 독자 여러분들도 포토샵과 친숙해지고 무궁무진한 결과물을 만들 수 있을 거라 믿습니다.

도서 출간을 위해 많은 도움을 주신 ㈜성안당 관계자와 국내에서 자격증을 관리·운영하며 관련된 사항을 함께 고민해 주신 ㈜STK 관계자께 감사드립니다. 또한 집필 과정에서 지속적으로 내용을 검수해 주신 이시윤 선생님과 응원해 주신 모든 분께 감사드립니다.

저자 김대현

01 Adobe Certified Professional 자격시험이란?

❶ Adobe Certified Professional은 Adobe사가 공인하는 국제인증 자격시험으로 Adobe사의 제품인 Photoshop, Premiere, Illustrator, InDesign, Animate, Aftereffect, Dreamweaver의 활용능력을 정확하고, 신뢰성 있게 측정합니다.

❷ Adobe Certified Professional은 수시 시험으로서 원하는 일자, 장소에서 편리하게 응시할 수 있습니다. 100% 컴퓨터상에서 진행되는 CBT(Computer Based Test) 방식으로 평가가 이루어져 평가 방식이 정확할 뿐만 아니라 시험 종료 즉시 시험 결과를 알 수 있습니다.

❸ Adobe Certified Professional은 Adobe 소프트웨어의 최신 버전을 지원하며, 최신 시험에 대한 업데이트가 꾸준히 진행되고 있는 시험입니다.

02 시험 안내

❶ 시험 안내(2020버전 기준)

Adobe Certified Professional은 실제 소프트웨어를 이용하여 시험을 진행하는 Live in the app 방식으로 버전별 과목, 문항 수, 언어 등이 상이하니 주의해 주시길 바랍니다.(http://www.sbeducation.co.kr 시험 안내 사이트 참고)

<table>
<tr><th>시험과목</th><th>시간</th><th>문항 수/총점/합격점</th><th>언어</th></tr>
<tr><td>Photoshop</td><td rowspan="7">50분</td><td>33문제/1000점/700점</td><td rowspan="4">한/영</td></tr>
<tr><td>Illustrator</td><td>32문제/1000점/700점</td></tr>
<tr><td>Indesign</td><td>34문제/1000점/700점</td></tr>
<tr><td>Premiere</td><td>31문제/1000점/700점</td></tr>
<tr><td>Animate</td><td>30문제/1000점/700점</td><td rowspan="3">영어</td></tr>
<tr><td>Dreamweaver</td><td>30문제/1000점/700점</td></tr>
<tr><td>Aftereffects</td><td>35문제/1000점/700점</td></tr>
</table>

※ Photoshop 2021버전 : 30문제

❷ Adobe Certified Professional in Visual / Web / Video Design

Adobe Certified Professional 자격증을 2개 이상 취득하면 Adobe Visual/Web/Video Design 인증을 받을 수 있습니다. Adobe CC 버전은 2018 이상이어야 하며, 다음은 요구 사항입니다.

- Adobe Certified Professional in Visual Design=Photoshop(필수)+Illustrator 혹은 InDesign
- Adobe Certified Professional in Video Design=Premiere Pro(필수)+Photoshop 혹은 After Effects
- Adobe Certified Professional in Web Design=Dreamweaver(필수)+Animate 혹은 Photoshop

자료실 다운로드

❶ 본 도서의 자료 파일을 다운로드하기 위해서는 성안당 도서몰 사이트(http://www.cyber.co.kr)에 로그인한 후 [자료실]을 클릭합니다.

❷ [자료실 바로가기]를 클릭합니다.

– [정오표] : 도서의 틀린 내용을 다운로드할 수 있습니다.
– [부록CD] : 도서에 수록된 CD/DVD가 파손될 경우를 대비해서 같은 자료를 다운로드할 수 있습니다.
– [자료실] : 도서와 관련된 학습자료를 다운로드할 수 있습니다.

❸ 검색란에서 도서명의 일부분(포토샵)을 입력하고 [검색] 버튼을 누른 후 다운로드할 도서명을 클릭합니다.

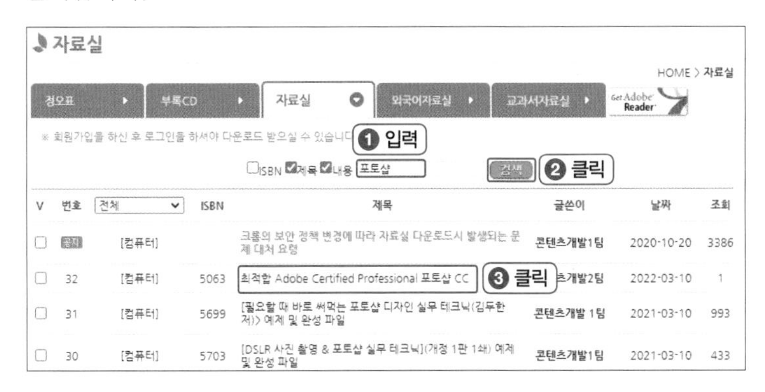

❹ [자료 다운로드 바로가기] 버튼을 클릭하여 자료를 다운로드합니다. 로그인을 하지 않으면 해당 버튼이 보이지 않습니다.

❺ 다운로드 폴더에서 압축 파일을 오른쪽 마우스 버튼 클릭 후 [압축 풀기]를 클릭하고 해제한 후 사용합니다.

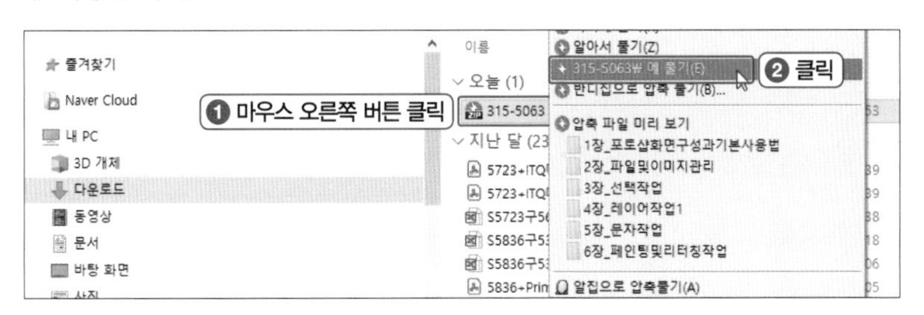

※ 다운로드한 압축 파일을 새로 만든 폴더로 이동 후 압축 해제를 하는 것이 좋으며, 압축 프로그램별로 메뉴가 다를 수 있습니다.

이 책의 차례

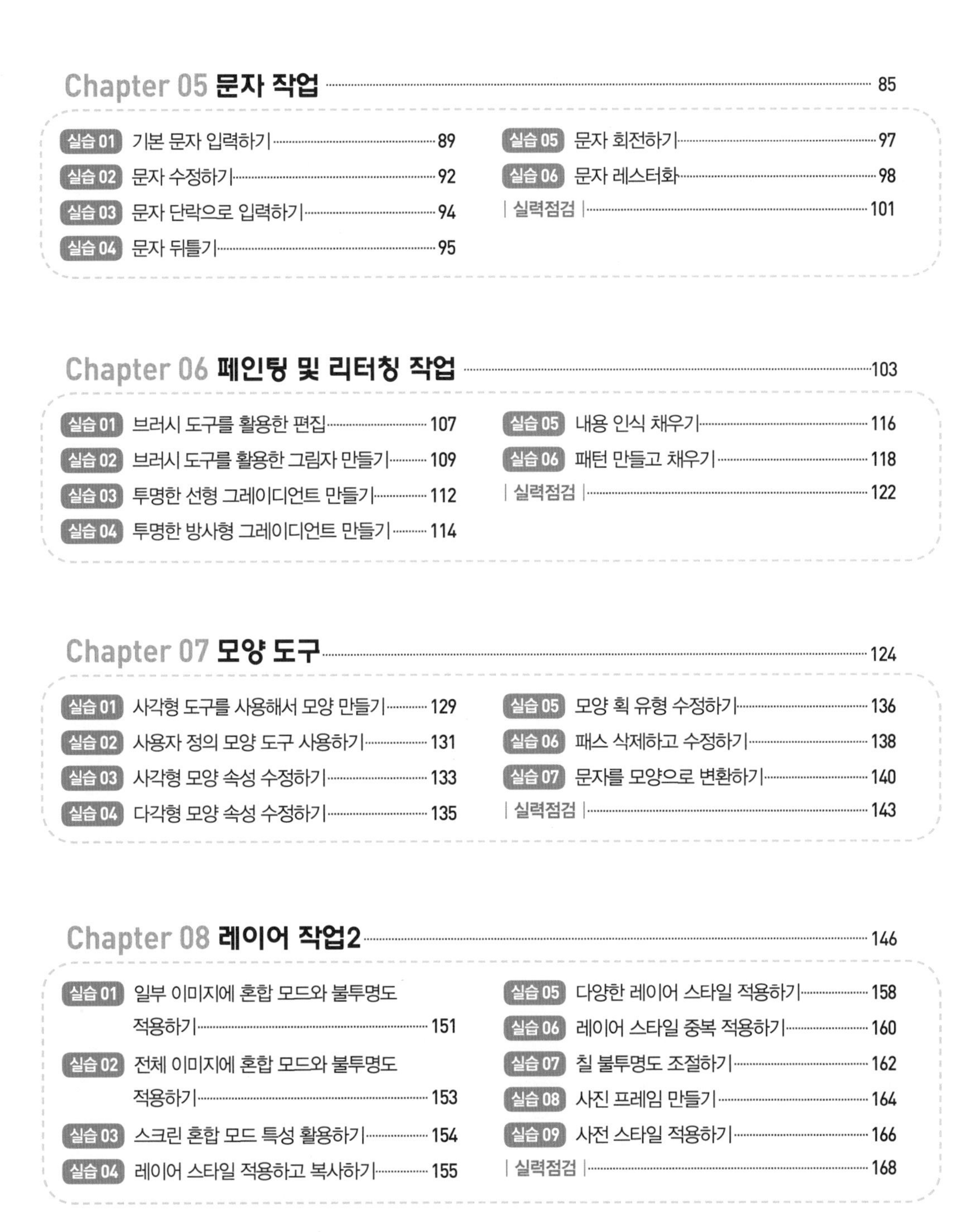

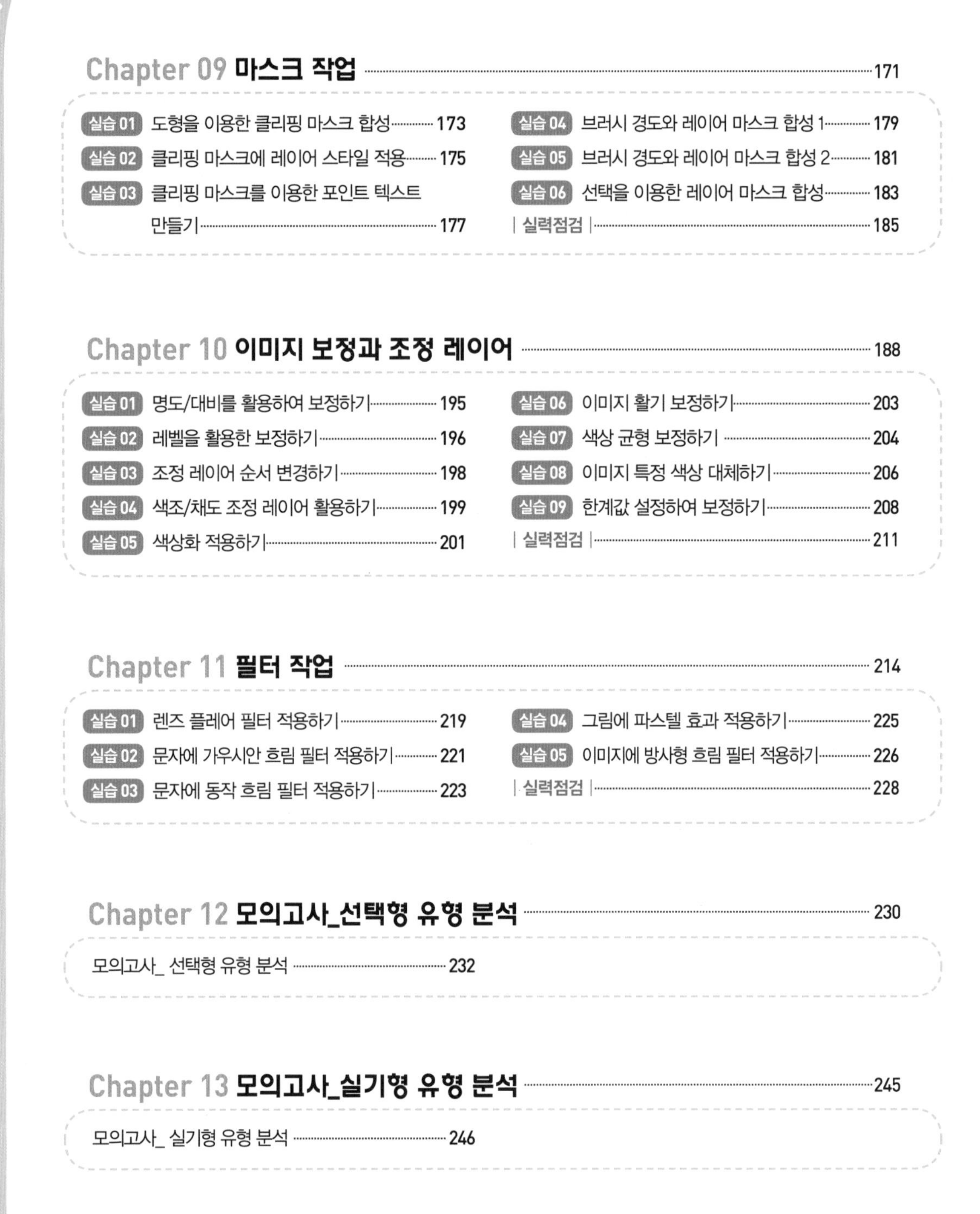

포토샵 화면 구성과 기본 사용법

학습목표

- 포토샵 화면 구성 이해하기
- 패널과 작업 영역 조절하기
- 이미지 확대 및 축소하고 화면 이동하기
- 색상 선택하기
- 눈금자와 안내선 조절하기

실습

- 실습1 | 포토샵 패널과 작업 영역 조절하기
- 실습2 | 이미지 확대/축소 및 100% 보기
- 실습3 | 색상 선택하기
- 실습4 | 눈금자와 안내선 표시하기

CHAPTER 01

포토샵 화면 구성과 기본 사용법

포토샵을 실행하면 나타나는 화면 구성에 대해서 알아봅니다. 화면 각 부분의 명칭과 역할을 살펴보고 작업 영역과 패널 등을 변경하는 방법 등 포토샵 기본 사용법에 대해 알아봅니다.

1 포토샵 화면 구성

포토샵을 실행하고 [파일]–[열기] 메뉴로 이미지를 열거나 새로운 파일을 만들었을 때 나타나는 화면 구성입니다.

Tip 파일을 열기 위해서 Ctrl+O 단축키를 사용하거나, 이미지가 열려 있지 않은 상태에서 포토샵의 빈 작업 영역을 더블 클릭하면 됩니다. 또는 외부의 파일을 포토샵으로 드래그할 수도 있습니다.

❶ **메뉴 바 :** 파일, 편집, 이미지 등의 여러 가지 명령을 실행할 수 있으며, 각 메뉴를 클릭하면 세부 메뉴를 볼 수 있습니다.

❷ **옵션 바 :** 툴 바에서 선택한 도구의 옵션을 조절할 수 있습니다.

❸ **툴 바(도구 상자) :** 작업하는 데 필요한 여러 툴을 박스 형태로 모아 놓은 곳이며, 도구 모음 편집을 이용해서 사용자가 임의로 도구를 설정할 수 있습니다.

❹ **제목 표시줄 :** 현재 파일명, 화면 비율, 색상 모드 등의 정보를 보여줍니다.

❺ **캔버스(작업 영역) :** 현재 작업 중인 파일의 실제 작업 영역입니다.

❻ **패널 :** 레이어, 색상, 문자 등 자주 사용하는 기능을 패널 형태로 모아 놓은 곳입니다.

❼ **상태 표시줄 :** 작업 중인 파일의 정보를 확인할 수 있으며, 화면 비율을 조절할 수 있습니다.

Tip [편집]–[환경 설정]–[인터페이스]–[모양] 메뉴의 색상 테마를 사용하면 인터페이스 색상을 변경할 수 있습니다.

1) 툴 바(도구 상자)

툴 바 위의 화살표(«)를 클릭하면 1열 또는 2열로 사용할 수 있으며, 도구 모음 편집을 통해 도구의 조합이나 위치를 변경할 수 있습니다. 도구 아이콘의 오른쪽 아래에 있는 작은 삼각형(◢)은 비슷한 기능의 도구들이 그룹되어 있는 것을 의미하며, 도구를 길게 누르거나 마우스 오른쪽 버튼을 클릭하면 한 그룹에 포함된 다른 도구를 사용할 수 있습니다.

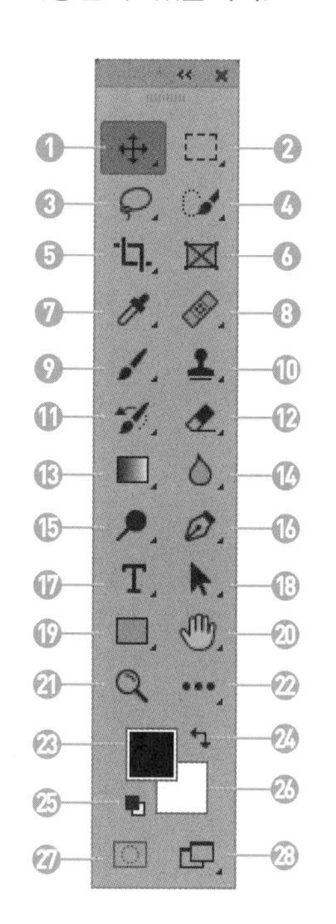

❶ **이동 도구 :** 선택 영역의 이미지, 레이어 및 안내선을 이동합니다.

❷ **선택 윤곽 도구 :** 사각형, 원형, 단일 행 및 단일 열 선택 영역을 만듭니다.

❸ **올가미 도구 :** 자유 형태, 다각형 및 자석으로 선택 영역을 만듭니다.

❹ **빠른 선택 도구 :** 브러시 형태로 빠르게 페인팅하면서 선택 영역을 만듭니다. 자동 선택 도구는 유사한 색상 영역을 선택하며, 개체 선택 도구는 이미지에서 선택한 개체를 포토샵이 인식하여 선택 영역을 만듭니다.

❺ **자르기 도구 :** 이미지 일부를 자르거나 수평화할 수 있습니다.

❻ **프레임 도구 :** 클리핑 마스크 기능이 있는 사각형 또는 원형 프레임을 만듭니다.

❼ **스포이드 도구 :** 이미지에서 색상을 추출(샘플링)합니다. 측정 도구는 거리 및 위치, 각도를 측정합니다.

❽ **복구 브러시 도구 :** 이미지의 질감을 견본으로 이미지를 수정합니다. 패치 도구는 선택 영역을 특정 이미지 영역으로 자연스럽게 옮겨주며, 내용 인식 이동 도구는 특정 이미지를 원하는 위치로 자연스럽게 옮겨줍니다.

❾ **브러시 도구 :** 다양한 사이즈와 선택한 색상으로 그림을 그립니다. 연필 도구는 가장자리에 선명한 획을 그리고, 색상 대체 도구는 선택한 색상을 새 색상으로 대체합니다.

⑩ **복제 도장 도구 :** 지정한 이미지를 사용하여 일부를 자연스럽게 복제할 수 있으며, 패턴 도장 도구를 사용하면 패턴으로 채울 수 있습니다.

⑪ **작업 내역 브러시 도구 :** 작업한 내역을 기준으로 페인팅하며, 미술 작업 내역 브러시 도구는 회화적인 스타일로 페인팅합니다.

⑫ **지우개 도구 :** 이미지를 지울 때 사용하며 지워진 영역이 배경 레이어에서는 배경색으로 표시되며, 일반 레이어에서는 투명하게 표시됩니다.

⑬ **그레이디언트 도구 :** 두 가지 이상의 색상이 점진적으로 변하는 그레이디언트를 만듭니다.

⑭ **흐림 효과 도구 :** 클릭하거나 드래그하여 이미지를 흐리게 만들며, 선명 효과 도구는 이미지를 선명하게 만듭니다. 손가락 도구는 이미지를 드래그하여 뭉개줍니다.

⑮ **닷지 도구 :** 클릭하거나 드래그하여 이미지를 밝게 만들며, 번 도구는 어둡게 만듭니다. 스폰지 도구는 채도를 조절합니다.

⑯ **펜 도구 :** 곡선 또는 직선으로 패스를 만듭니다. 기준점 추가 도구는 기준점을 추가하며, 기준점 삭제 도구는 기준점을 삭제합니다. 기준점 변환 도구는 기준점의 속성을 변환합니다.

⑰ **문자 도구 :** 텍스트를 입력하고, 문자 마스크 도구는 텍스트 모양으로 선택 영역을 만듭니다.

⑱ **패스 선택 도구 :** 펜 도구나 모양 도구로 만든 패스를 선택하거나 이동합니다. 직접 선택 도구는 패스 일부를 선택하거나 조정합니다.

⑲ **모양 도구 :** 사각형, 원, 사용자 정의 모양 등으로 비트맵 또는 벡터 모양을 만듭니다.

⑳ **손바닥 도구 :** 확대한 화면을 드래그하여 이동하며, 회전 보기 도구는 원하는 각도로 회전하며 이미지를 봅니다.

㉑ **돋보기 도구 :** 화면을 확대하거나 축소합니다.

㉒ **도구 모음 편집 :** 도구를 조합하거나 자주 사용하는 도구의 위치를 변경합니다.

㉓ **전경색 설정 :** 브러시 도구, 연필 도구 등 채색할 때 사용하는 색상입니다.

㉔ **전경색과 배경색 전환 :** 전경색과 배경색을 서로 전환합니다.

㉕ **기본 색상 지정 :** 전경색을 검은색으로, 배경색을 흰색으로 설정합니다.

㉖ **배경색 설정 :** 배경 레이어에서 지우개 도구로 삭제하거나 선택 영역을 삭제할 때 나타나는 색상입니다.

㉗ **표준 모드/빠른 마스크 모드로 편집 :** 빠른 마스크 모드는 브러시 도구 등을 사용하여 원하는 영역을 빠르게 선택할 수 있습니다.

㉘ **화면 모드 변경 :** 클릭하면 표준 화면 모드, 메뉴 막대가 있는 전체 화면 모드, 전체 화면 모드로 변경할 수 있습니다. 전체 화면 모드에서 Esc 나 F 를 누르면 표준 화면 모드로 돌아옵니다.

2) 패널

[창] 메뉴에서 특정 패널을 체크하면 해당 패널을 사용할 수 있으며, 체크를 해제하면 사용할 수 없습니다. 오른쪽 위의 화살표(«)를 클릭하면 패널이 아이콘으로 보이며, 패널 메뉴를 누르면 해당 패널에 대한 하위 메뉴들이 보입니다. 패널 탭을 드래그하면 이동할 수 있으며, 다른 패널로 드래그하면 패널 그룹이 만들어집니다. 패널 또는 패널 그룹의 제목 표시줄을 드래그하면 이동할 수 있습니다.

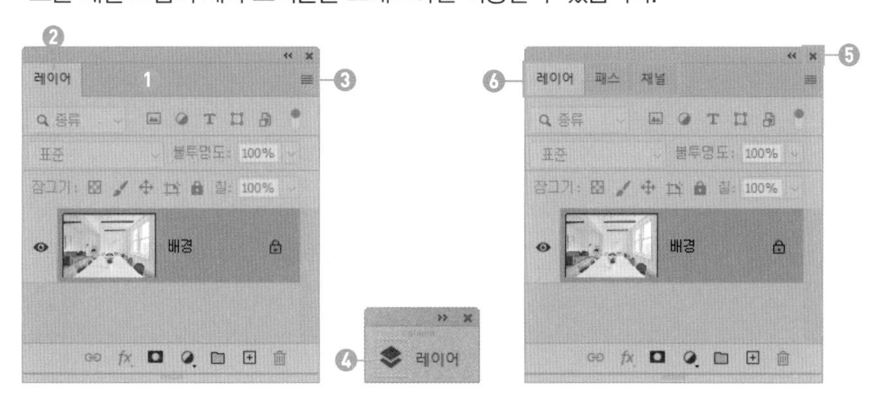

❶ 패널 제목 표시줄 ❷ 패널 탭 ❸ 패널(플라이아웃) 메뉴 ❹ 패널 아이콘 ❺ 패널 닫기 ❻ 패널 그룹

3) 작업 영역 변경

[창]–[작업 영역] 메뉴는 작업하는 종류에 따라서 포토샵 작업 영역을 변경할 수 있습니다. 작업을 하다가 작업 영역이 복잡해졌을 때 [창]–[작업 영역]–[필수 재설정] 메뉴를 클릭하면 기본값으로 재설정할 수 있습니다.

2 포토샵 기본 사용법

1) 이미지 확대/축소/화면 이동

포토샵에서 이미지를 확대하여 섬세한 작업을 하는 경우가 많으므로 이미지 확대/축소/화면 이동 관련된 기능은 매우 중요합니다. [돋보기 도구]와 [손 도구]를 사용할 수도 있지만 단축키를 사용하는 경우가 많습니다.

❶ **확대/축소 :** Ctrl+Space를 누른 상태에서 클릭하면 확대되고, Alt+Space를 누른 상태에서 클릭하면 축소되며, 좌우로 드래그하면 확대 또는 축소됩니다. 또 다른 방법으로 Alt를 누른 상태에서 마우스 휠을 위로 올리면 확대되고, 아래로 내리면 축소됩니다. 키보드만을 사용하려면 Ctrl++는 확대되고, Ctrl+-는 축소됩니다.

❷ **화면 이동 :** 확대된 이미지의 다른 영역을 보려면 Space를 누른 상태에서 드래그합니다.

Tip 돋보기 도구의 [스크러비 확대/축소] 옵션이 체크 해제가 되어 있을 때 : Ctrl+Space를 누른 상태에서 드래그하면 드래그하는 영역만큼 이미지가 확대됩니다.

2) 화면 비율

화면 비율은 제목 표시줄에서 확인이 가능하며, 상태 표시줄에서 수치 값을 넣어서 조절할 수 있습니다. [보기]-[100%] 메뉴 또는 [돋보기 도구]를 더블 클릭하면 100% 비율로 볼 수 있으며, [보기]-[화면 크기에 맞게 조정] 메뉴 또는 [손 도구]를 더블 클릭하면 화면 크기에 맞게 비율이 조정됩니다.

Tip 100% 비율 보기 단축키는 Ctrl+1이며, 화면 크기에 맞게 조정 단축키는 Ctrl+0입니다.

3) 색상 선택

색상을 설정하기 위해서는 툴 바의 [전경색(또는 배경색) 설정] 아이콘을 누른 후 색상 피커 창에서 원하는 색상을 선택하거나 색상 값을 입력합니다. 색상 피커 창의 바깥으로 마우스를 이동하여 이미지에서 원하는 색상을 클릭하면 색상 추출 기능을 사용할 수 있습니다. 이 외에도 [색상] 패널이나 자주 사용하는 색상을 모아 놓은 [색상 견본] 패널에서 색상을 설정할 수 있습니다.

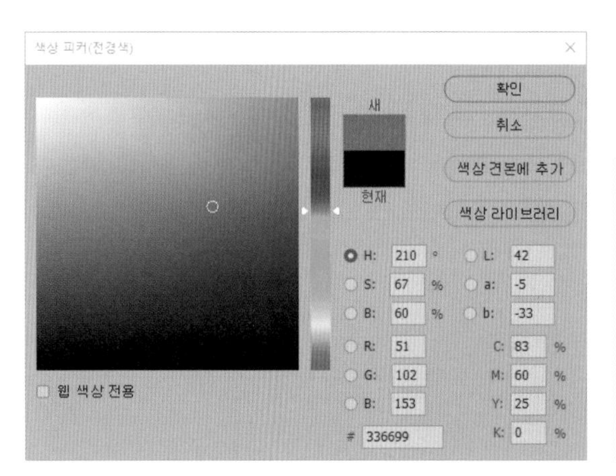

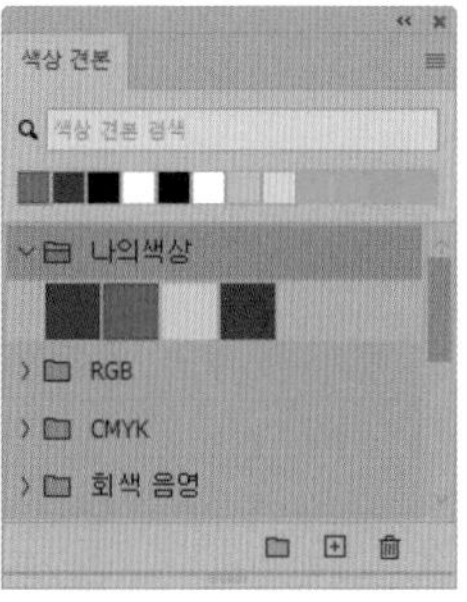

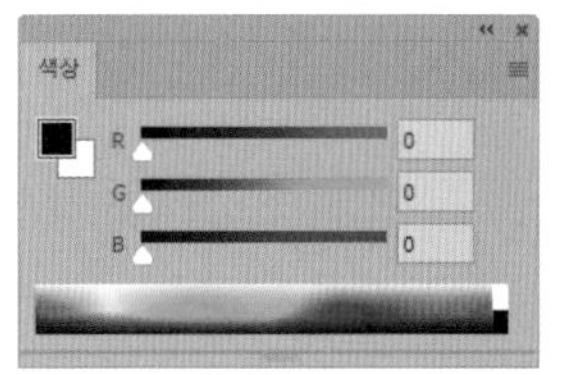

Tip RGB의 각각 2자리를 16진수로 변환한 색상 값을 Hex 코드라고 합니다.(예 #3366cc)

4) 눈금자와 안내선

눈금자는 작업할 이미지나 요소를 위치시켜 주는 데 도움을 줍니다. [보기]-[눈금자] 메뉴 또는 단축키 Ctrl+R을 사용하면 작업 영역의 맨 위와 왼쪽에 나타납니다. 안내선은 개체를 이동하거나 편집하는 데 도움을 주며, 최종 결과물에서는 표시되지 않습니다. 눈금자에서 드래그하면 가로 또는 세로의 안내선을 만들 수 있습니다. [이동 도구]를 사용하면 안내선의 위치를 변경할 수 있으며, 안내선을 눈금자로 드래그하면 삭제됩니다.

❶ [보기]-[표시자] **메뉴 :** 안내선, 격자, 레이어 가장자리 등 표시자를 보이거나 보이지 않도록 합니다. 단축키는 Ctrl+H입니다.

❷ [보기]-[안내선 잠그기] **메뉴 :** 만들어진 안내선이 이동되지 않도록 잠급니다.

❸ [보기]-[안내선 지우기] **메뉴 :** 현재 있는 안내선을 모두 삭제합니다.

❹ [보기]-[새 안내선] **메뉴 :** 위치 값을 넣어서 가로 또는 세로 안내선을 만듭니다.

❺ [보기]-[스냅] **메뉴 :** 스냅을 사용하면 안내선, 선택 영역, 모양 등을 정확하게 배치할 수 있습니다. 스냅으로 인해 요소가 올바르게 배치되지 않을 경우 체크 해제해서 스냅을 사용하지 않도록 설정합니다.

Tip 눈금자 위에서 마우스 오른쪽 버튼을 클릭하거나 [편집]-[환경 설정]-[단위와 눈금자] 메뉴를 사용하면 눈금자의 단위를 설정할 수 있습니다.

실습 01

포토샵 패널과 작업 영역 조절하기

- [레이어] 패널을 이동한 후 패널 아이콘으로 변경하시오.
- [색상] 패널과 [색상 견본] 패널을 이동하여 패널 그룹으로 만드시오.
- 포토샵 작업 영역을 필수 재설정으로 초기화하시오.

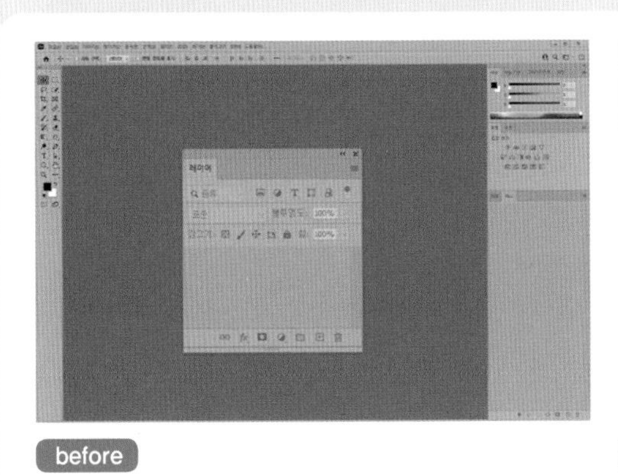
before

after

❶ [레이어] 패널 탭을 드래그하여 화면 가운데로 이동합니다.

❷ [레이어] 패널 오른쪽 위의 화살표를 클릭해서 패널 아이콘으로 설정합니다.

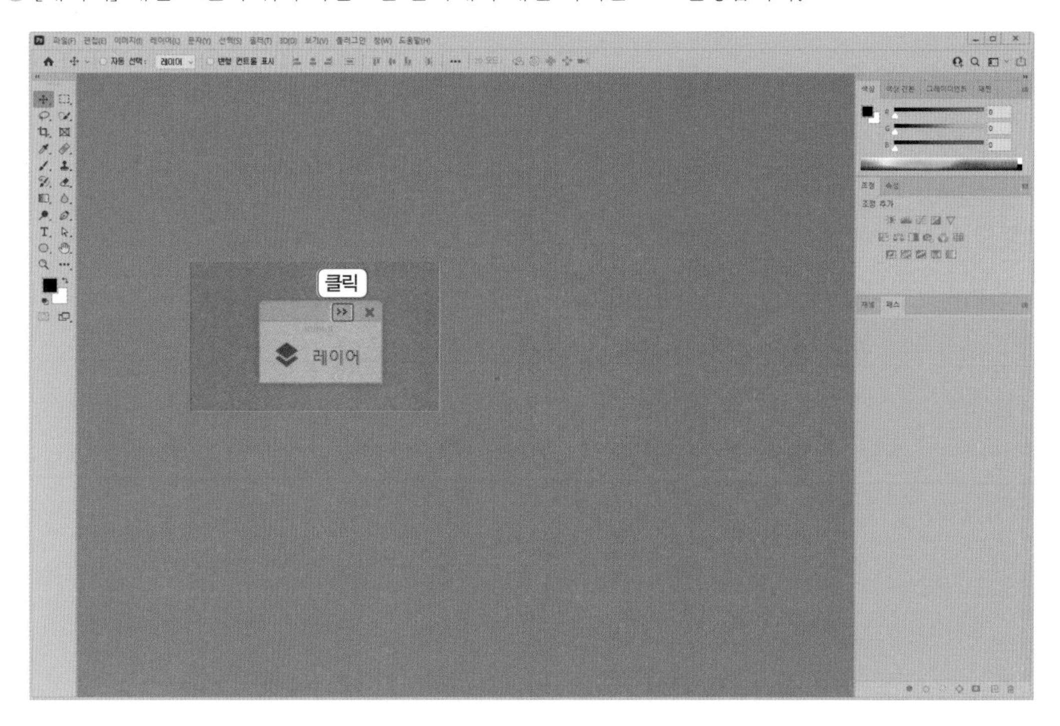

❸ [색상] 패널 탭을 드래그하여 화면 가운데로 이동합니다.

❹ [색상 견본] 패널 탭을 [색상] 패널로 드래그하여 패널 그룹으로 만듭니다.

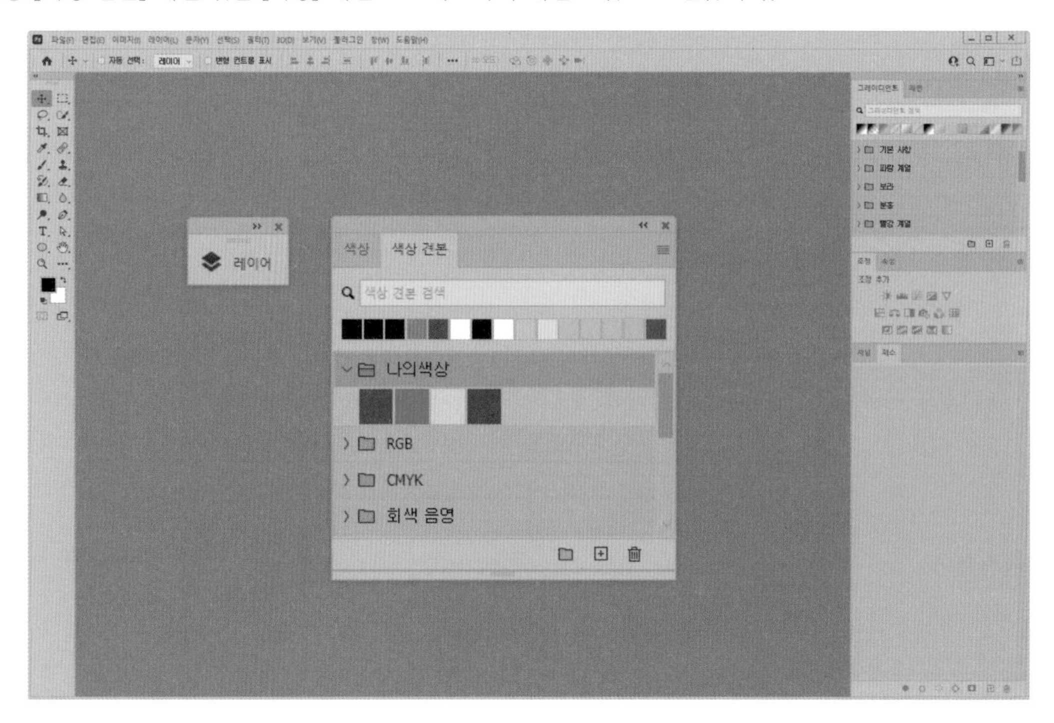

⑤ [창]–[작업 영역]–[필수 재설정] 메뉴를 선택해서 작업 영역을 초기화합니다.

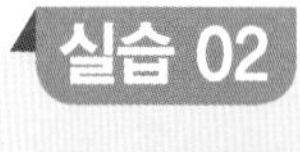

이미지 확대/축소 및 100% 보기

예제 파일 : 01–02고양이와꽃.jpg

- 단축키를 이용해서 꽃 부분을 확대하고 화면 이동하시오.
- 이미지를 100% 비율로 조정하시오.

before

after

❶ Ctrl + Space 를 누른 상태에서 꽃 부분을 드래그합니다.

❷ Space 를 누른 상태에서 꽃 부분이 화면 중앙에 오도록 화면 이동을 합니다.

❸ [돋보기 도구]를 더블 클릭하여 100% 화면 비율로 조정합니다.

Tip [보기]–[100%] 메뉴를 사용하거나, Ctrl + 1 단축키를 사용해도 됩니다.

실습 03

색상 선택하기

예제 파일 : 01-03꽃.jpg

- 전경색을 임의의 색상으로 설정하거나 색상값 '#336699'로 설정하시오.
- 사진의 꽃 부분 색상을 추출하시오.

before

after

① 툴 바의 전경색 설정을 클릭합니다.

② 색상 피커 창에서 임의의 색상을 클릭하거나 색상값 #336699를 입력합니다.

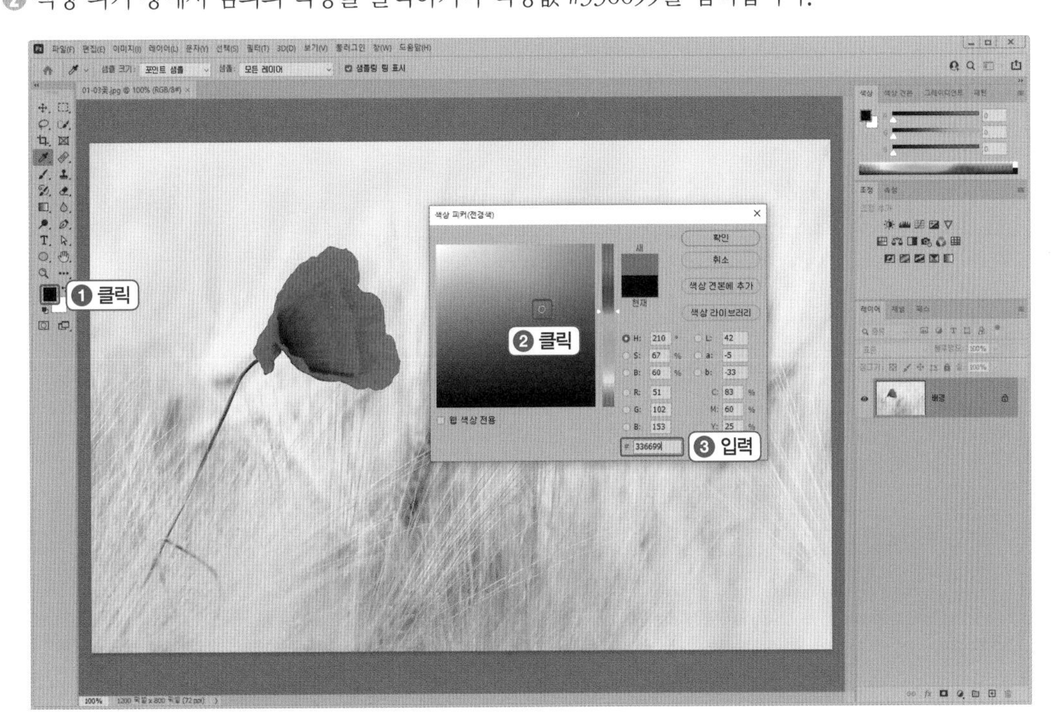

❸ 마우스를 꽃 부분으로 이동 후 클릭하여 색상을 추출합니다.

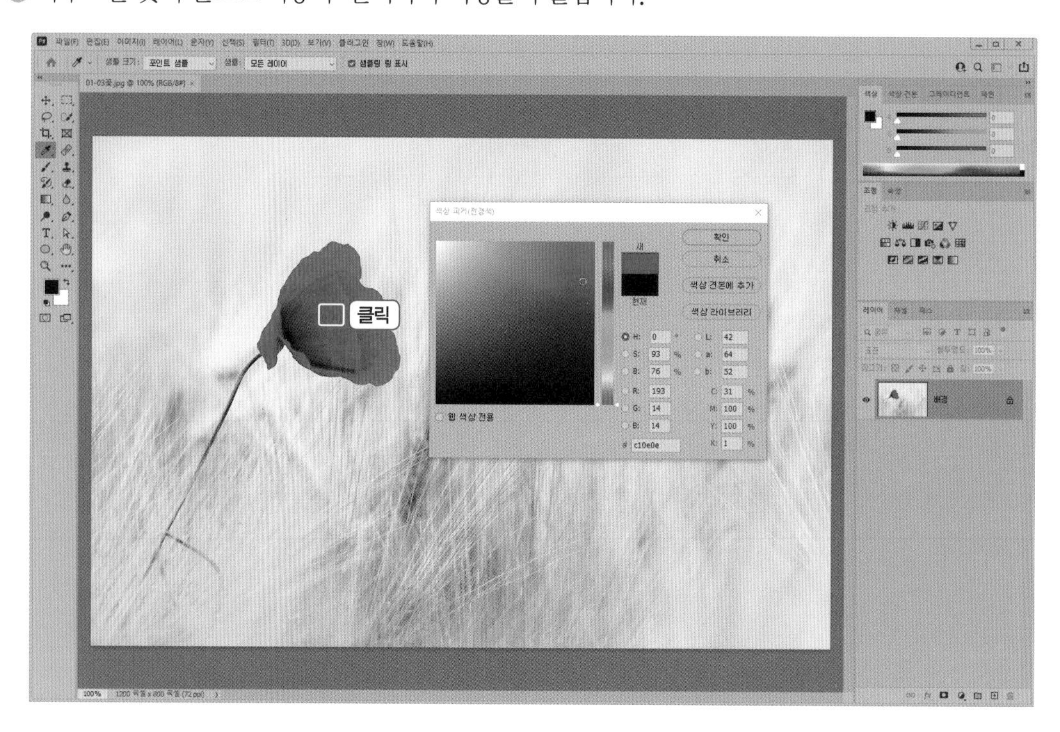

실습 04

눈금자와 안내선 표시하기

예제 파일 : 01-04아이와달.psd

- 눈금자를 표시하시오.
- 달의 위쪽과 왼쪽에 안내선을 만드시오.

❶ [보기]-[눈금자] 메뉴를 체크합니다.

Tip 눈금자 단축키는 Ctrl+R 입니다.

❷ 위쪽 눈금자에서 드래그하여 달의 위쪽에 안내선을 만들고, 왼쪽 눈금자에서 드래그하여 달의 왼쪽에 안내선을 만듭니다.

Tip [이동 도구]를 사용하면 안내선을 이동할 수 있습니다.

실/력/점/검

1 단축키를 이용해서 사람이 있는 부분을 확대하고 화면 이동하시오. 이미지를 100% 비율로 조정하시오.

예제 파일 : 01-ex01.jpg

▲ Before

▲ After

HINT

- 확대는 Ctrl+Space 단축키를 사용하며, 화면 이동은 Space를 사용합니다.
- [돋보기 도구]를 더블 클릭하면 100% 화면 비율로 조정됩니다.

2 가로 620픽셀, 세로 600픽셀 위치에 안내선을 만드시오.

예제 파일 : 01-ex02.psd

▲ Before

▲ After

HINT

- [보기]-[새 안내선] 메뉴는 위치 값을 입력해서 안내선을 제작할 수 있습니다.

CHAPTER

파일 및 이미지 관리

학습목표

- 이미지 처리 방식 이해하기
- 문서 새로 만들기
- 외부 이미지 가져오기
- 다양한 저장 방식 이해하기
- 이미지와 캔버스 크기 조절하기

실습

- 실습1 | 새로운 문서를 만들고 저장하기
- 실습2 | 웹용으로 저장하기
- 실습3 | 이미지와 캔버스 크기 변경하기
- 실습4 | 이미지 수평화하고 자르기

파일 및 이미지 관리

포토샵에서 새로운 파일을 만들고 외부의 이미지를 가져와서 작업 후 다양하게 저장하는 방법에 대해서 알아봅니다. 또한 이미지와 캔버스의 크기를 변경해 보면서 포토샵의 기본적인 파일과 이미지 관리 방법에 대해 알아봅니다.

1 이미지 처리 방식

포토샵 기능을 원활하게 사용하기 위해서 이미지 처리 방식에 대한 이해를 하고 있으면 좋습니다. 비트맵 처리 방식과 벡터 처리 방식으로 분류할 수 있으며, 특징은 아래와 같습니다.

1) 비트맵 방식

이미지를 픽셀(pixel)로 구성하는 방식이며, 픽셀은 색상 정보를 포함하고 있습니다. 자연스럽고 사실적인 표현이 필요한 사진에서 주로 사용하는 방식이며, 확대해서 보면 픽셀의 형태가 깨져 보이는 특징이 있습니다. 고품질의 이미지를 만들기 위해서는 해상도를 올려야 하지만 파일 용량이 커집니다. 포토샵에서는 브러시 작업, 이미지(픽셀) 지우기 등을 비트맵으로 처리합니다.

2) 벡터 방식

수학적인 계산에 의해 점(anchor point)과 선(path)을 정의하여 이미지를 만드는 방식입니다. 비교적 간단한 로고나 이미지 제작에 사용하며 확대해도 깨끗하게 보이는 특징이 있습니다. 포토샵에서는 [펜 도구], [모양 도구] 등을 벡터로 처리하며, 벡터 방식의 이미지를 비트맵으로 변환하는 것을 레스터화라고 합니다.

Tip 1인치에 들어가는 픽셀의 수를 해상도(Resolution) 또는 선명도라고 합니다. 해상도 단위는 ppi(pixel per inch)를 사용하며, 인쇄에서는 픽셀(pixel)이 점(dot)으로 표현되므로 dpi 단위를 사용하기도 합니다.

2 문서 새로 만들기

문서를 새로 만들기 위해서는 [파일]-[새로 만들기] 메뉴를 선택합니다. 최종 결과물의 크기는 얼마나 되는지, 어떤 미디어에 사용되는지 등에 따라 적절한 설정이 필요합니다.

1) 디지털 미디어 작업

디스플레이에서 이미지를 보는 웹, 모바일, 영상 등의 작업은 주로 픽셀(pixel) 단위를 사용합니다. 72ppi 해상도를 사용하는 것이 일반적이며, RGB 색상 모드를 사용할 것을 권장합니다. RGB 색상 모드는 Red, Green, Blue의 색을 빛으로 구현하며, 혼합하면 밝아지기 때문에 가산혼합이라고 합니다.

2) 프린트 미디어 작업

이미지를 출력(인쇄)하는 경우이며, 주로 cm, mm 등의 단위를 사용합니다. 일반적으로 150ppi ~300ppi의 고해상도를 사용해야 좋은 품질로 출력할 수 있으며, CMYK 색상 모드를 사용할 것은 권장합니다. Cyan, Magenta, Yellow, Black의 색으로 구성되며, 혼합하면 어두워지기 때문에 감산혼합이라고 합니다.

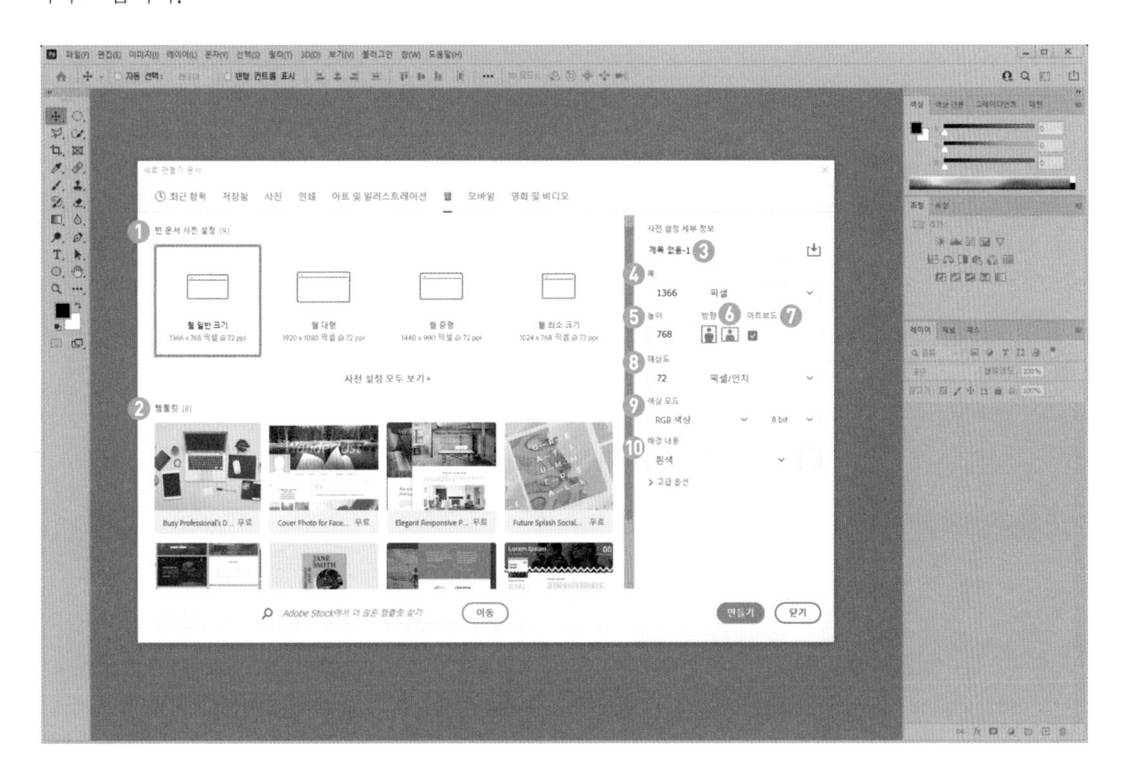

❶ **사전 설정 :** 작업하려고 하는 종류에 따라 사전 설정된 문서를 선택할 수 있습니다.

❷ **템플릿 :** 사전에 제작 된 템플릿을 선택하여 작업합니다.

❸ **제목 :** 문서 제목을 설정합니다.

❹ **폭 :** 문서의 가로 길이를 설정합니다.

❺ **높이 :** 문서의 세로 길이를 설정합니다.

❻ **방향 :** 문서를 세로 또는 가로 방향으로 설정합니다.

⑦ **아트보드(대지) :** 문서 내에 여러 캔버스를 생성할 수 있으며, 주로 여러 페이지를 작업하는 웹과 모바일 디자인에서 사용합니다.

⑧ **해상도 :** 이미지의 해상도를 설정합니다.

⑨ **색상 모드 :** 문서의 색상 모드를 선택합니다.

⑩ **배경 내용 :** 흰색, 투명, 사용자 정의 색상 등의 배경색을 설정합니다.

3 외부 이미지 가져오기

1) [파일]–[포함 가져오기] 메뉴

외부 파일을 현재 문서에 포함하면서 가져오며 현재 문서의 파일 크기가 커지게 됩니다.

2) [파일]–[연결 가져오기] 메뉴

외부 파일을 현재 문서로 링크하면서 가져오며 외부 파일이 수정되면 자동 업데이트됩니다. 주로 팀 단위로 작업하거나 반복해서 사용하는 파일의 경우에 사용하면 유용합니다.

Tip 가져 온 이미지는 고급 개체 속성을 가지게 되며 자유 변형, 고급 필터 등의 작업 시에 원본 이미지 정보를 잃어버리지 않는 비파괴 편집 작업을 하게 됩니다. 브러시 도구, 이미지(픽셀) 지우기 등 비트맵 방식의 편집 작업을 하려면 레이어 위에서 마우스 오른쪽 버튼을 클릭해서 [레이어 레스터화]합니다.

4 파일 형식(확장자)

1) PSD

포토샵 레이어, 마스크 등의 모든 정보들을 저장하는 가장 기본이 되는 원본 파일이며, 많은 정보들이 저장되므로 파일 크기가 큰 편입니다. 향후 다시 편집을 하기 위해서는 원본이 있어야 하며, 항상 저장하도록 합니다.

Tip 레이어는 포토샵 이미지를 구성하는 투명한 층을 의미합니다.

2) GIF

픽셀당 최대 256가지(8bit) 색상만으로 표현하며, 주로 로고, 캐릭터 등 색상이 단순한 이미지를 저장할 때 사용합니다. 투명한 배경과 애니메이션을 설정할 수 있으며, 파일의 크기가 작은 편입니다.

3) JPEG/JPG(손실 압축 이미지)

이미지의 품질을 조절하여 압축 저장하며 가장 많이 사용하는 이미지 형식입니다. 주로 사진을 저장할 때 사용하며, 품질이 높으면 파일 크기가 커지므로 적절한 품질로 조절합니다.

4) PNG(비손실 압축 이미지)

비손실 압축하여 저장하므로 JPG보다 품질이 좋으며, 파일 크기가 큰 편이고 투명도 표현이 가능합니다. 자연스러운 색상의 작은 이미지를 저장할 때 유용합니다.

Tip PNG-8은 8bit로 256가지 색상을 표현하며, PNG-24는 24bit로 자연스러운 색상을 표현합니다.

5 저장하기

1) [파일]-[저장하기] 메뉴

기본적으로 포토샵의 레이어 등 정보가 있는 psd 원본 파일로 저장되지만 어떤 파일을 작업하는가에 따라서 다른 형식으로 저장되기도 합니다. Ctrl+S 단축키를 사용합니다.

2) [파일]-[다른 이름으로 저장] 메뉴

파일의 이름과 형식을 변경해서 저장합니다.

3) [파일]-[내보내기]-[PNG로 빠른 내보내기] 메뉴

원본에 가까운 품질로 투명한 이미지 영역을 설정하여 PNG 형식으로 빠르게 저장할 수 있습니다. [파일]-[내보내기]-[내보내기 기본 설정] 메뉴에서 PNG 외의 형식으로 변경할 수 있습니다.

4) [파일]-[내보내기]-[내보내기 형식] 메뉴

일반적으로 많이 사용되는 PNG, JPG, GIF, SVG 형식으로 빠르게 저장할 수 있으며, 이미지 크기 비율과 접미어를 설정할 수 있습니다. 특정 레이어에서 마우스 오른쪽 버튼을 클릭하면 해당 레이어만 내보내기 할 수 있습니다.

5) [파일]-[내보내기]-[레이어를 파일로] 메뉴

접두어와 파일 유형을 설정하여 각각의 레이어를 파일로 저장합니다.

6) [파일]-[내보내기]-[웹용으로 저장(레거시)] 메뉴

주로 웹에서 많이 사용되는 GIF, JPG, PNG 등의 형식을 다양한 옵션을 설정하면서 최종 결과를 확인 후 저장합니다.

❶ **최적화 탭 :** 이미지 형식과 설정이 적용된 결과 이미지를 미리 보여줍니다.

❷ **사전 설정 :** 미리 설정된 형식으로 저장할 수 있습니다.

❸ **설정 :** 이미지 형식을 선택할 수 있으며 세부적인 옵션을 설정합니다. JPG는 품질을 조절하면서 저장하고, GIF와 PNG는 투명하게 저장하려면 반드시 [투명도] 옵션을 체크합니다.

❹ **색상표 :** GIF와 PNG-8 형식으로 저장할 때 사용하는 색상을 보여줍니다.

❺ **이미지 크기 :** 이미지 크기를 변경해서 저장할 때 사용합니다.

6 이미지와 캔버스 설정

1) 이미지 크기 변경하기

[이미지]-[이미지 크기] 메뉴를 사용하여 이미지의 크기와 해상도 등을 조절합니다.

➊ **비율 제한 :** 이미지의 폭(가로)과 높이(세로) 비율을 유지하거나 해제할 수 있습니다.

➋ **폭 :** 이미지의 가로 길이를 설정합니다.

➌ **높이 :** 이미지의 세로 길이를 설정합니다.

➍ **해상도 :** 이미지의 해상도, 즉 1인치당 픽셀 수를 설정합니다. 일반적으로 72ppi를 사용하며, 인쇄할 때는 150ppi~300ppi 정도의 해상도를 사용합니다.

➎ **리샘플링 :** 이미지의 크기를 변경할 때 픽셀 수를 자동으로 조절합니다. [리샘플링] 옵션이 해제된 상태에서는 이미지 크기와 해상도가 서로 영향을 주면서 자동으로 변경됩니다.

Tip [리샘플링] 옵션을 해제하는 경우는 주로 출력할 때(센티미터, 인치 등 단위) 사용합니다.

2) 이미지 회전

[이미지]–[이미지 회전] 메뉴를 사용하여 90도, 180도 등의 각도로 회전할 수 있습니다. 임의의 각도를 입력해서 회전할 수도 있으며, 캔버스를 가로 또는 세로로 뒤집기 할 수 있습니다.

3) 캔버스 크기 변경하기

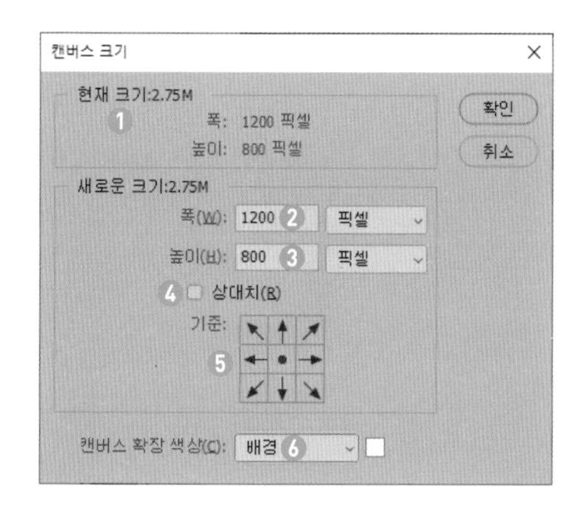

[이미지]–[캔버스 크기] 메뉴를 사용하여 캔버스(작업 공간) 크기를 변경합니다.

➊ **현재 크기 :** 현재 캔버스 크기 정보를 표시합니다.

➋ **폭 :** 캔버스의 가로 길이를 설정합니다.

➌ **높이 :** 캔버스의 세로 길이를 설정합니다.

➍ **상대치 :** [상대치] 옵션을 체크하면 현재 캔버스 크기를 기준으로 확장할 크기만 입력합니다. 마이너스 값을 입력하면 캔버스가 축소됩니다.

❺ **기준 :** 캔버스가 확장될 방향을 설정합니다. 기본적으로 가운데를 기준으로 모든 방향으로 확장됩니다.

❻ **캔버스 확장 색상 :** 캔버스가 확장되었을 때 영역의 전경, 배경 등 색상을 설정합니다.

Tip 폭과 높이를 현재 크기보다 작게 설정하면 캔버스가 축소되면서 잘리게 됩니다.

4) [이미지]-[자르기] 메뉴

선택 영역이 있을 경우 선택 영역을 기준으로 캔버스가 잘리게 되면서 크기가 변경됩니다.

5) 자르기 도구

자르기 도구를 사용하면 이미지에서 원하는 부분만 자를 수 있으며 수평이 맞지 않는 부분을 바로 잡아 자를 수도 있습니다. 이때 캔버스 크기가 변경됩니다.

❶ **자른 픽셀 삭제 :** 이 옵션을 체크하면 자르기를 했을 때 테두리 외부의 픽셀을 제거합니다. 체크하지 않으면 비파괴적으로 자르기를 하고 테두리 외부의 픽셀을 유지합니다.

❷ **내용 인식 :** 자르기를 할 때 캔버스가 확장되는 경우 확장된 영역을 내용 인식 기술을 사용하여 자동으로 채웁니다.

Tip 현재 이미지보다 자르기 영역을 크게 설정하면 캔버스가 확장됩니다.

실습 01

새로운 문서를 만들고 저장하기

예제 파일 : 02tree.png

- 웹 사전 설정을 기준으로 '폭 : 1200픽셀, 높이 : 800픽셀, 아트보드 : 사용 안함, 문서 이름 : tree'로 새 문서를 만드시오.
- '02tree.png' 이미지를 포함하여 가져오기하고, tree.psd 파일로 저장하시오.

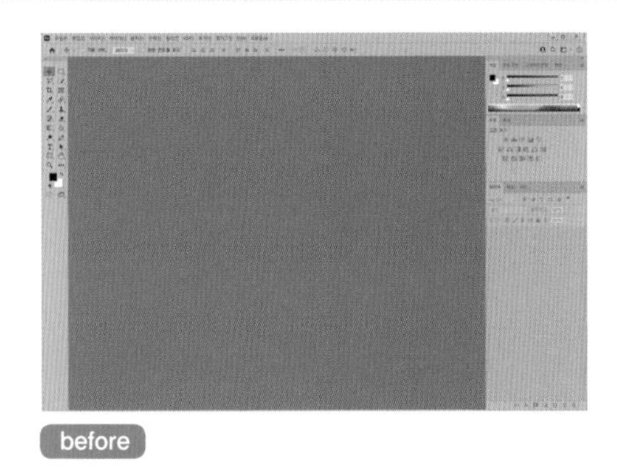

before

after

❶ [파일]–[새로 만들기] 메뉴를 클릭합니다.

❷ [새로 만들기 문서] 대화상자에서 다음과 같이 설정하고 [만들기] 버튼을 클릭합니다.

– 사전 설정 : 웹 – 문서 이름 : tree – 폭 : 1200픽셀

– 높이 : 800픽셀 – 아트보드 : 체크 해제

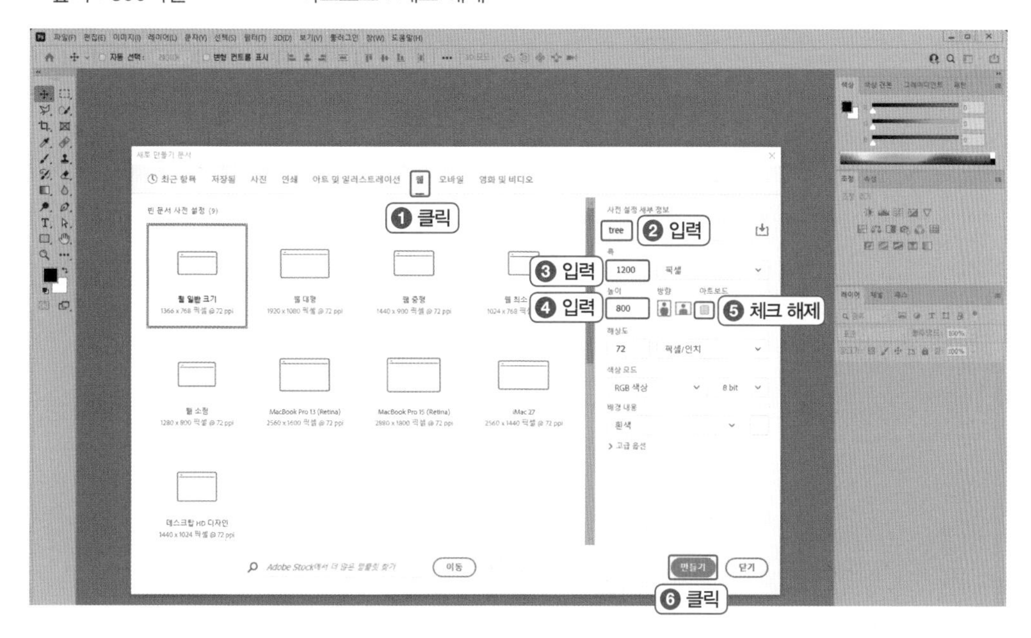

❸ [파일]–[포함 가져오기] 메뉴를 클릭하여 '02tree.png' 이미지를 가져옵니다.

❹ 옵션 바의 [확인] 버튼을 클릭하거나 이미지를 더블 클릭합니다.

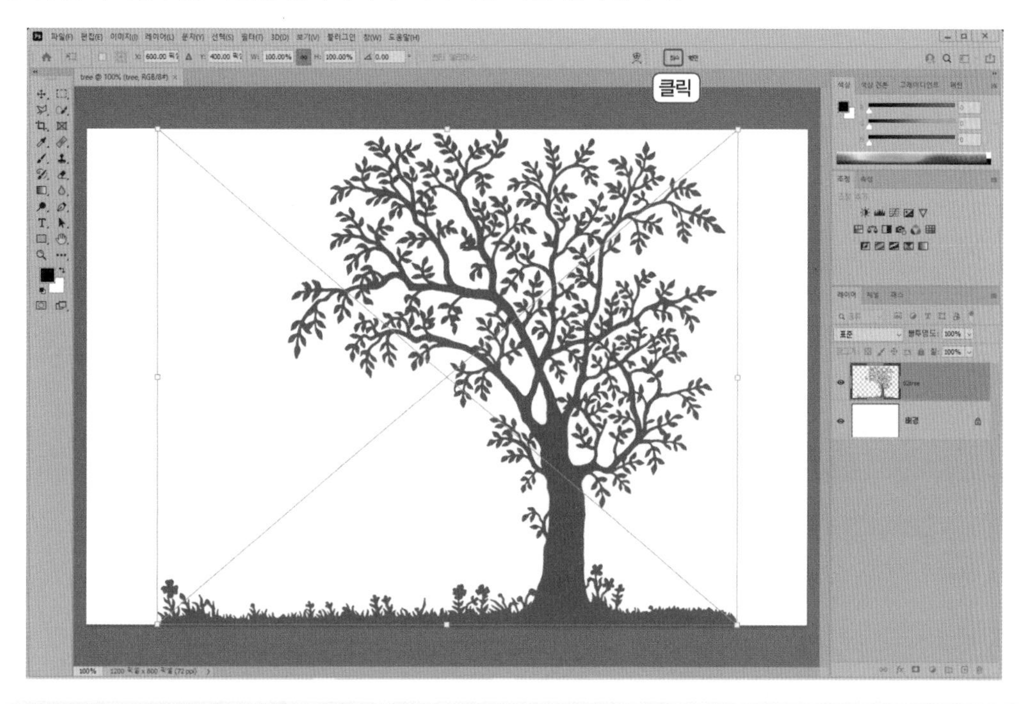

Tip 테두리 상자가 있는 상태에서 크기와 회전 조절을 할 수 있으며, 가져오기를 취소하려면 Esc를 누릅니다.

❺ [파일]-[저장] 메뉴를 클릭합니다.

❻ [파일 형식]을 Photoshop(*.PSD)으로 선택하고 저장합니다.

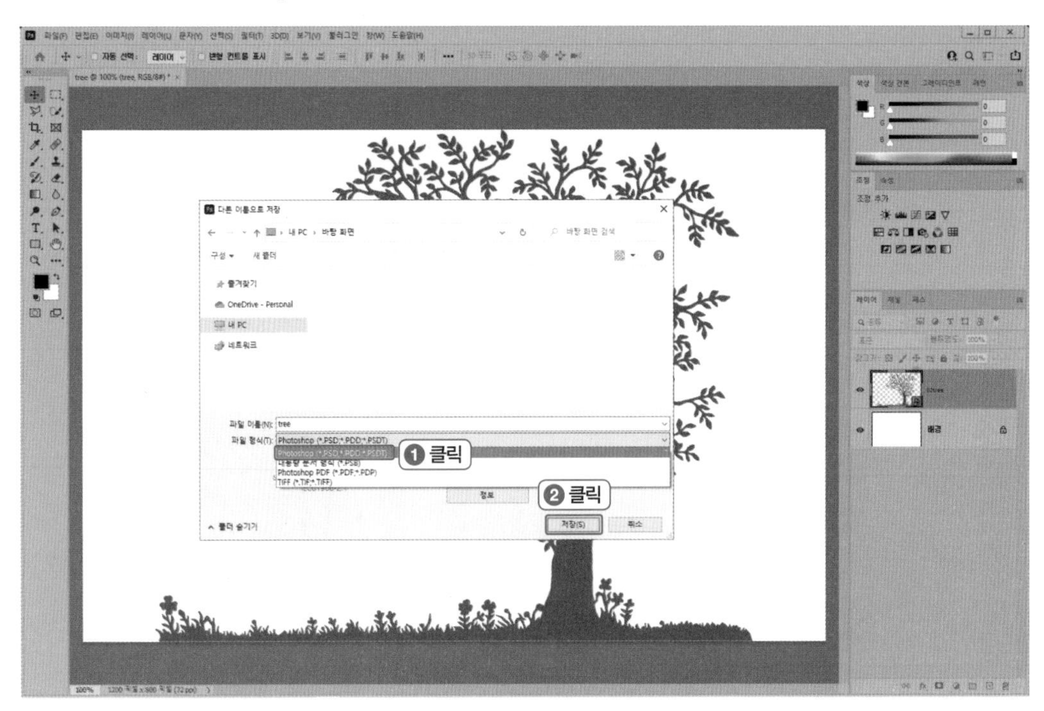

실습 02

웹용으로 저장하기

예제 파일 : 02-02화환.psd

• 웹용으로 저장하기 메뉴를 사용해서 JPG와 투명한 PNG로 각각 저장하시오.

before

after

❶ [파일]-[내보내기]-[웹용으로 저장(레거시)] 메뉴를 클릭합니다.

❷ JPEG를 선택하고 품질을 조절한 후 [저장] 버튼을 클릭합니다.

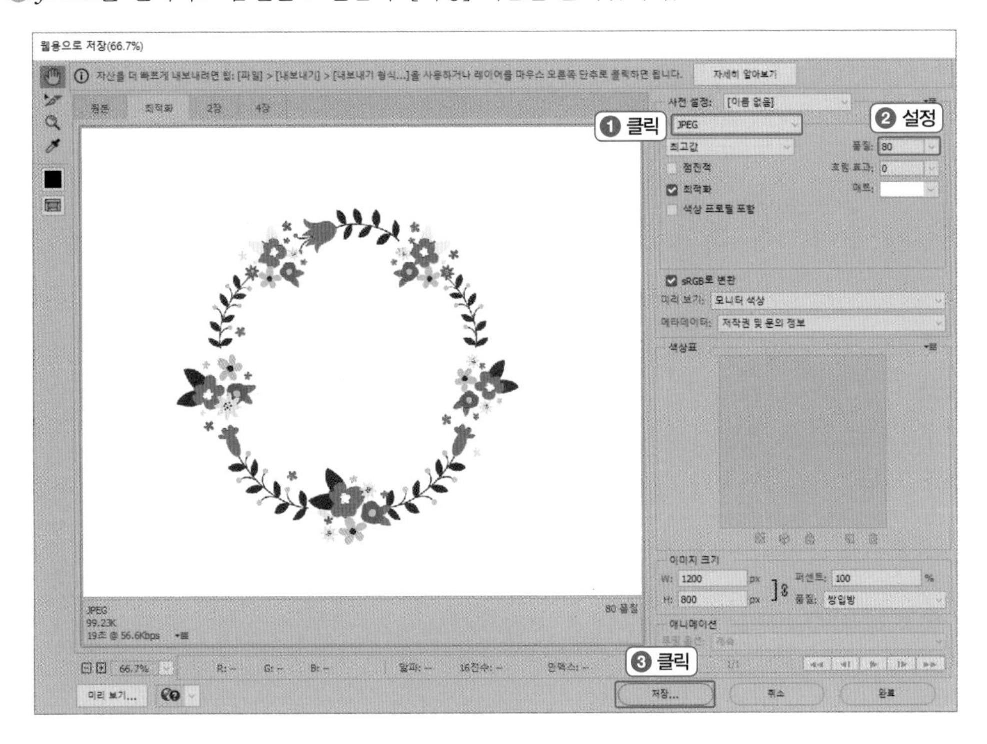

❸ [파일]-[내보내기]-[웹용으로 저장(레거시)] 메뉴를 클릭합니다.

❹ PNG-24를 선택하고 [투명도] 옵션을 체크한 후 [저장] 버튼을 클릭합니다.

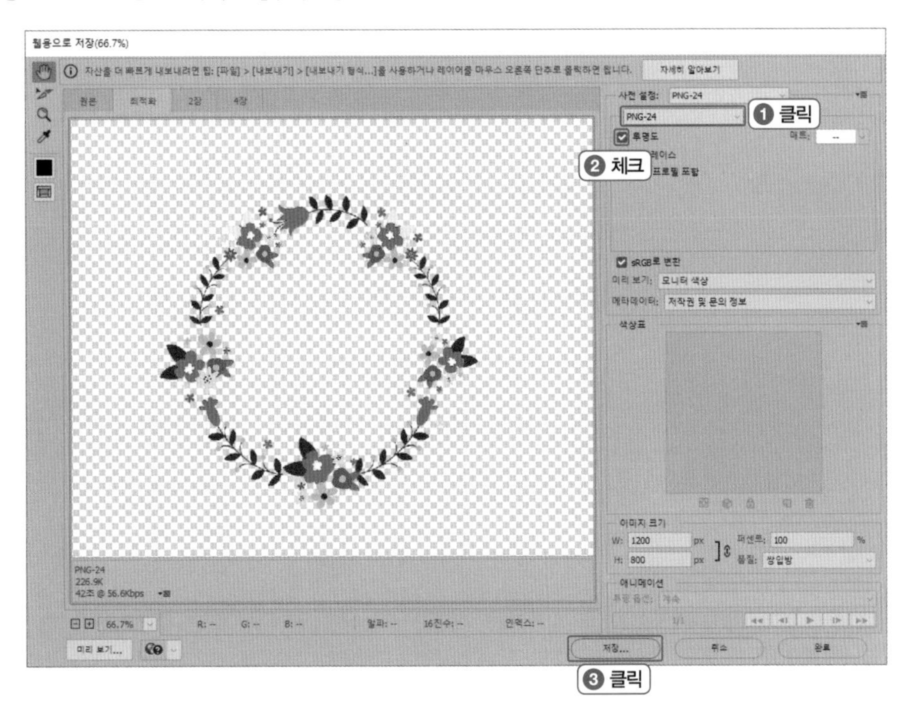

실습 03

이미지와 캔버스 크기 변경하기

예제 파일 : 02-03고양이.jpg

- 이미지 크기를 리샘플링 옵션을 적용하여 '폭 : 1050픽셀, 높이 : 700픽셀'로 변경하시오.
- 캔버스 크기를 '폭 : 50픽셀, 높이 : 50픽셀'로 확장하시오.

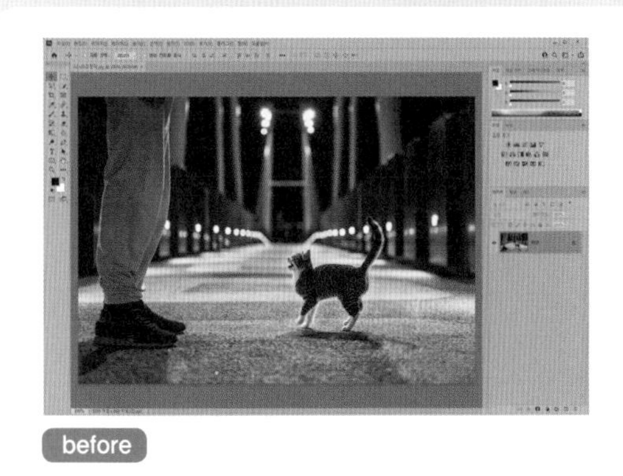

before

after

❶ [이미지]–[이미지 크기] 메뉴를 클릭합니다

❷ [리샘플링] 옵션을 체크하고 '폭 : 1050픽셀, 높이 : 700픽셀'로 입력하고 [확인] 버튼을 클릭합니다.

Tip 작업 과정을 되돌리고 싶으면 Ctrl+Z를 누르고, 다시 실행하고 싶으면 Ctrl+Shift+Z를 누릅니다.

❸ [이미지]–[캔버스 크기] 메뉴를 클릭합니다.

❹ [상대치] 옵션을 체크하고 '폭 : 50픽셀, 높이 : 50픽셀, [캔버스 확장 색상] 옵션 : 배경(흰색)'으로 설정하고 [확인] 버튼을 클릭합니다.

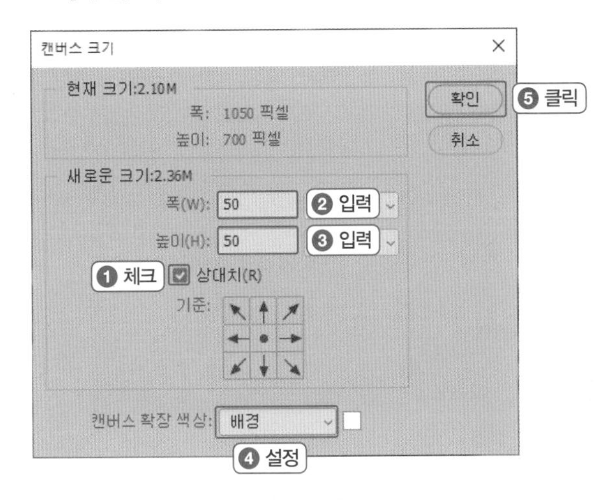

Tip [상대치] 옵션을 체크하지 않는다면 '폭 : 1100픽셀, 높이 : 750픽셀'로 설정합니다.

❺ 흰색의 테두리 두께가 25픽셀이 된 캔버스를 확인합니다.

실습 04

이미지 수평화하고 자르기

예제 파일 : 02-04등대.jpg

- 자르기 도구를 사용해서 이미지를 수평으로 조정하시오.
- 자르기 도구의 내용 인식 옵션을 사용하시오.

before

after

❶ [자르기 도구]를 선택하고 옵션 바의 [내용 인식]을 체크합니다.

❷ 이미지 테두리 근처에 마우스를 위치하고 드래그(회전)하면서 이미지의 수평을 맞춥니다.

❸ 옵션 바의 [확인] 버튼을 클릭하거나 이미지를 더블 클릭합니다.

④ 캔버스의 확장된 부분은 채워지면서 이미지가 수평으로 조정된 것을 확인합니다.

실/력/점/검

1 웹 사전 설정을 기준으로 '폭 : 1000픽셀, 높이 : 1000픽셀, 아트보드 : 사용 안함, 배경 색상(내용) : #ffff00, 문서 이름 : 동물일러스트'로 새로운 문서를 만드시오.

'02동물일러스트.png' 이미지를 포함하여 가져오기 하고, '동물일러스트.jpg' 파일로 저장하시오.

예제 파일 : 02동물일러스트.png

▲ Before

▲ After

HINT

- [파일]-[포함 가져오기] 메뉴를 사용하여 외부 이미지를 가져옵니다.
- [파일]-[내보내기]-[웹용으로 저장(레거시)] 메뉴를 사용해서 jpg 파일로 저장합니다.

2 '가로 : 1200픽셀, 폭 : 800픽셀'로 이미지 크기를 조정하시오.

캔버스 크기를 '폭 : 40픽셀, 높이 : 40픽셀, 색상 : #e3d2b8'로 확장하시오.

예제 파일 : 02-ex02인테리어.jpg

▲ Before

▲ After

HINT

- [이미지]-[이미지 크기] 메뉴를 활용합니다.
- [이미지]-[캔버스 크기] 메뉴에서 [상대치] 옵션을 체크하면 현재 캔버스 크기를 기준으로 조절할 수 있고, [캔버스 확장 색상]의 기타에서 색상을 설정합니다.

CHAPTER 03

선택 작업

학습목표

- 선택 윤곽 도구 이해하기
- 올가미 도구 이해하기
- 빠르게 선택하기
- 선택 영역 추가, 빼기, 교차
- 이동 도구 이해하기

실습

- 실습1 | 사각형 선택 윤곽 도구를 활용한 색칠하기
- 실습2 | 원형 선택 윤곽 도구를 활용한 테두리 만들기
- 실습3 | 원형 선택 윤곽 도구를 활용한 이미지 합성
- 실습4 | 페더와 반전 선택을 활용한 색칠하기
- 실습5 | 올가미 도구로 이미지 이동하고 복제하기
- 실습6 | 다각형 올가미 도구를 활용한 이미지 합성
- 실습7 | 자동 선택 도구를 활용한 이미지 합성
- 실습8 | 개체 선택 도구를 활용한 이미지 복제

선택 작업

포토샵에서는 이미지의 특정 부분을 선택 후 이동하고 배치하는 작업이 중요합니다. 이번 장에서는 다양한 선택 도구와 이동 도구 활용법에 대해 학습합니다.

1 선택 윤곽 도구

포토샵에서 [선택 윤곽 도구]는 기본적인 선택 도구이며 사각형, 원 등 4가지 선택 방법을 제공하고 있습니다. 드래그하면 선택 영역이 만들어지고, 선택 영역을 이동하기 위해서는 선택 영역을 드래드하거나 또는 방향키를 사용하면 됩니다. 선택 영역을 해제하기 위해서는 [선택]–[선택 해제] 메뉴를 사용해도 되지만 Ctrl+D 단축키를 많이 사용합니다.

사각형 선택 윤곽 도구 M ❶
원형 선택 윤곽 도구 M ❷
단일 행 선택 윤곽 도구 ❸
단일 열 선택 윤곽 도구 ❹

❶ **사각형 선택 윤곽 도구 :** 사각형 선택 영역을 만듭니다.

❷ **원형 선택 윤곽 도구 :** 원형 선택 영역을 만듭니다.

❸ **단일 행 선택 윤곽 도구 :** 1px의 행 선택 영역을 만듭니다.

❹ **단일 열 선택 윤곽 도구 :** 1px의 열 선택 영역을 만듭니다.

Tip 사각형, 원형 선택 윤곽 도구는 Shift, Alt와 함께 많이 사용합니다.
① 정원, 정사각형 선택 : Shift를 누른 상태에서 드래그하여 선택 영역을 만듭니다.
② 중심점을 기준으로 선택 : Alt를 누른 상태에서 드래그하여 선택 영역을 만듭니다.
③ 중심점을 기준으로 정원, 정사각형 선택 : Shift와 Alt를 누른 상태에서 드래그하여 선택 영역을 만듭니다.

2 올가미 도구

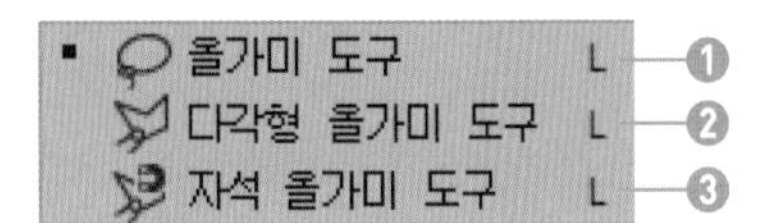

❶ **올가미 도구 :** 드래그하면서 자유롭게 선택 영역을 만듭니다.

❷ **다각형 올가미 도구 :** 클릭하면서 직선 선택 영역을 만듭니다.

❸ **자석 올가미 도구 :** 색상 대비가 높은 이미지의 테두리를 마우스를 이동하면 스냅하면서 선택 영역을 만듭니다.

❸ 빠르게 선택하기

포토샵에서 개체 선택 도구, 빠른 선택 도구, 자동 선택 도구를 사용하면 이미지의 색상 정보를 파악하여 빠르게 선택 영역을 만들 수 있습니다.

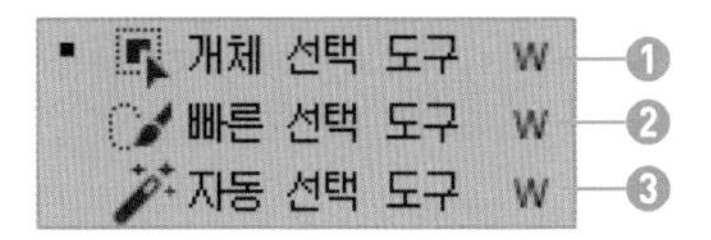

❶ **개체 선택 도구 :** 이미지에서 윤곽이 분명한 개체 주위를 드래그하면 드래그한 영역 내의 개체를 자동으로 선택합니다.

❷ **빠른 선택 도구 :** 조정이 가능한 둥근 브러시 모양을 사용하여 마치 페인팅하듯이 드래그하면 유사한 색상 영역을 빠르게 선택합니다.

❸ **자동 선택 도구 :** 이미지를 클릭하면 클릭한 부분의 색상을 기준으로 유사한 색상 영역을 한 번에 선택합니다. 허용치 옵션에 따라 선택되는 색상 범위가 달라지며 높은 값을 지정할수록 넓은 범위의 색상이 선택됩니다.

❹ 선택 영역 추가, 빼기, 교차

선택 도구를 사용할 때 옵션 바의 아이콘을 클릭하면 선택 영역의 추가, 빼기, 교차 기능을 사용할 수 있습니다.

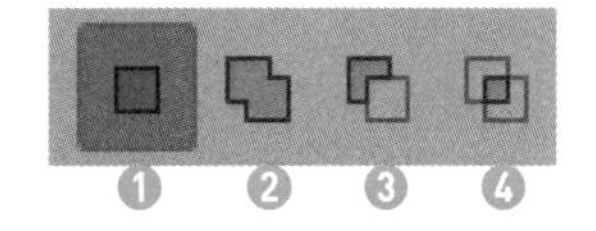

❶ **새 선택 영역 :** 새로운 영역을 선택합니다.

❷ **선택 영역에 추가 :** 기존 선택 영역에서 새로운 선택 영역을 추가합니다.

❸ **선택 영역에서 빼기 :** 기존 선택 영역에서 새로운 선택 영역을 뺍니다.

❹ **선택 영역과 교차 :** 기존 선택 영역과 새로운 선택 영역의 교차되는 영역을 선택합니다.

Tip 선택 도구를 사용할 때 단축키를 사용하면 옵션 바의 아이콘을 클릭하지 않더라도 빠르게 선택 작업을 할 수 있습니다.
- 선택 영역에 추가 : Shift를 누른 상태에서 선택합니다.
- 선택 영역에서 빼기 : Alt를 누른 상태에서 선택합니다.
- 선택 영역과 교차 : Shift와 Alt를 누른 상태에서 선택합니다.

5 이동 도구

이동 도구는 이미지를 이동하고 배치하는 도구입니다. 다른 작업 창으로도 이미지 이동이 가능하며, 안내선을 이동할 때도 사용할 수 있습니다.

❶ **자동 선택 :** 이 옵션이 체크된 상태에서 오브젝트를 클릭하면 오브젝트가 있는 레이어가 자동으로 선택되고 드래그하면 드래그한 영역의 모든 오브젝트의 레이어가 선택됩니다. 만약 옵션이 체크되어 있지 않을 때는 Ctrl을 누른 상태에서 오브젝트를 클릭하면 됩니다.

❷ **레이어 또는 그룹 선택 :** 선택한 오브젝트가 그룹일 때는 그룹 전체가 선택됩니다.

❸ **변형 컨트롤 표시 :** 오브젝트에 조절 박스가 생겨서 크기를 조절하거나 회전할 수 있습니다.

❹ **정렬 및 분포 :** 여러 레이어를 선택(다중 선택) 후 정렬 및 분포를 합니다.

Tip 이미지를 이동할 때 Alt를 누르면 복제되며, Shift를 누르면 이동하는 방향에 따라 수평/수직/45도 각도로 이동됩니다.

실습 01

사각형 선택 윤곽 도구를 활용한 색칠하기

예제 파일 : 03-01액자.jpg, 03꽃.png

액자의 그림을 흰색으로 칠하고 꽃 이미지를 합성하시오.

❶ [사각형 선택 윤곽 도구]를 선택한 후 액자의 그림 부분을 드래그하여 선택합니다.

❷ [편집]–[칠] 메뉴를 클릭하고, 내용은 흰색으로 설정하여 [확인] 버튼을 클릭합니다.

❸ Ctrl + D 를 눌러 선택 해제합니다.

④ [파일]-[포함 가져오기] 메뉴를 클릭하고, '03꽃.png'를 선택하여 [가져오기] 버튼을 클릭합니다.

⑤ 액자와 어울리도록 배치한 후 이미지 위를 더블 클릭하여 완료합니다.

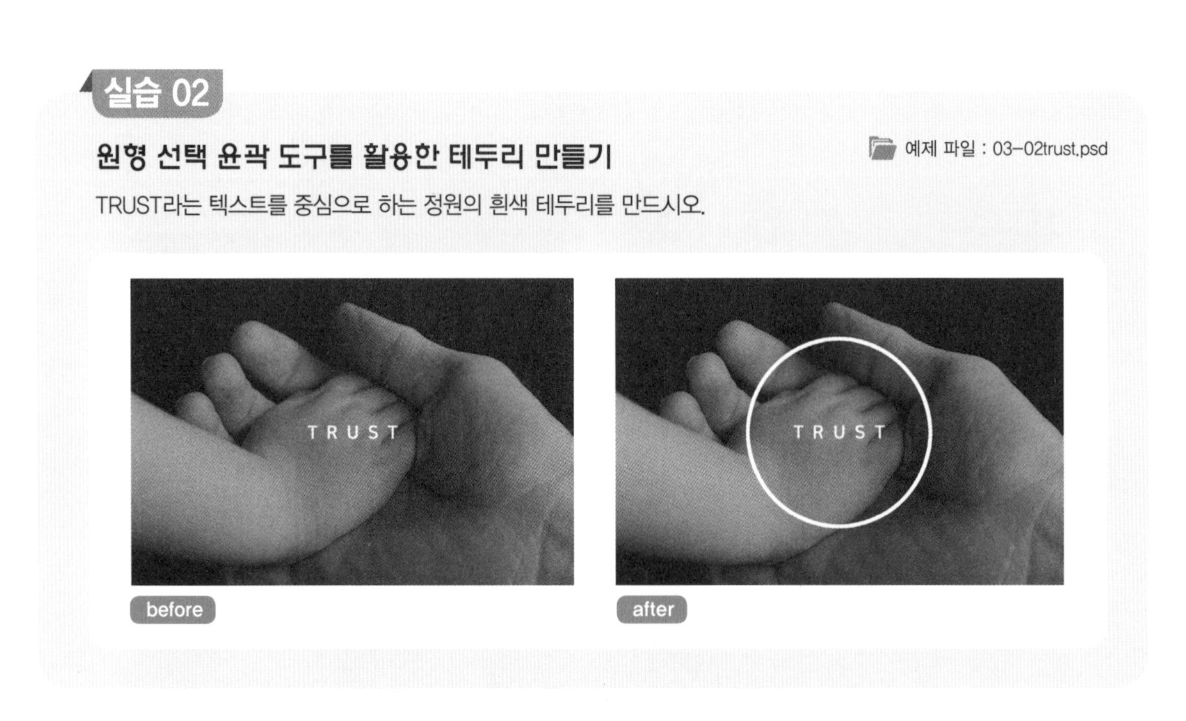

① '원' 레이어를 선택합니다.

※ 레이어 관련 내용은 Chapter 04에서 자세하게 다룹니다.

❷ [원형 선택 윤곽 도구]를 선택합니다.

❸ Shift + Alt 를 누른 상태로 'U' 글자를 기준으로 드래그하여 정원의 선택 영역을 만듭니다.

❹ [편집]–[획] 메뉴를 클릭합니다.

❺ '폭 : 10px, 색상: 흰색'으로 설정하여 [확인] 버튼을 클릭합니다.

⑥ Ctrl + D 를 눌러 선택 해제합니다.

실습 03

원형 선택 윤곽 도구를 활용한 이미지 합성

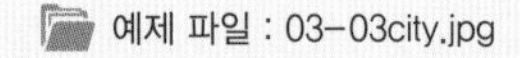
예제 파일 : 03-03city.jpg

원형 선택 윤곽 도구로 달을 선택 후 도시 이미지에 합성하시오.

before

after

❶ '03moon.jpg' 파일을 열고, [원형 선택 윤곽 도구]를 선택합니다.

❷ Shift 를 누른 상태로 달을 드래그하여 정원의 선택 영역을 만듭니다.

Tip 드래그하는 도중에 Space 를 동시에 누르면 선택 영역의 위치를 이동할 수 있습니다.

❸ Ctrl + C 를 눌러 선택 영역의 이미지를 복사합니다.

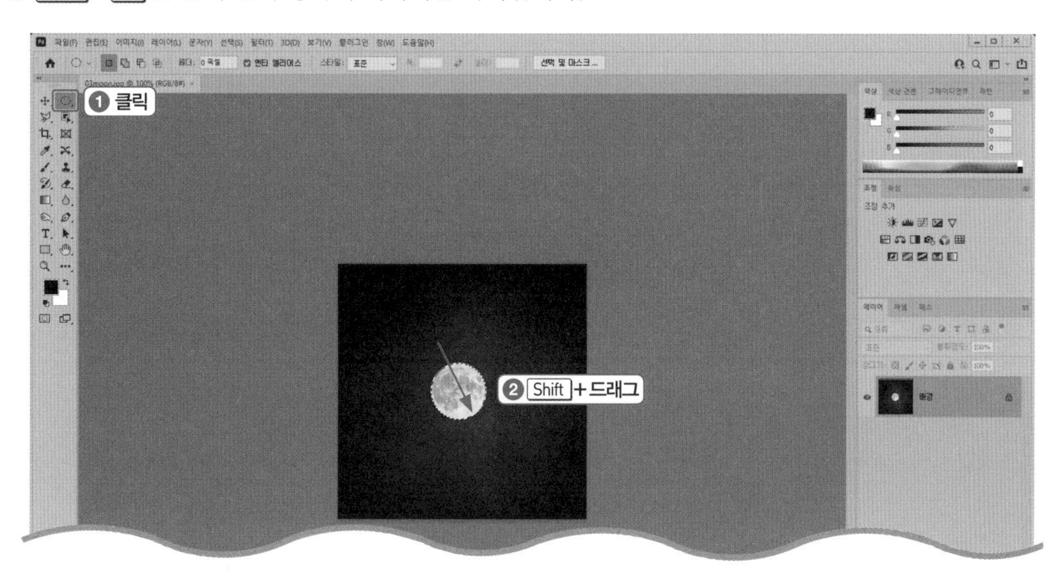

❹ '03-03city.jpg' 파일을 열고, Ctrl + V 를 눌러 복사된 이미지를 붙여넣기합니다.

❺ [이동 도구]를 사용하여 달의 위치를 조절합니다.

실습 04

페더와 반전 선택을 활용한 색칠하기

예제 파일 : 03-04dog.jpg

원형 선택 도구를 사용하여 강아지를 중심으로 테두리를 부드럽게 선택하시오.
바깥쪽 부분을 흰색으로 칠하시오.

before

after

❶ [원형 선택 윤곽 도구]를 선택합니다.

❷ 옵션 바에서 [페더] 값을 50px로 입력합니다.

❸ Shift + Alt 를 누른 상태로 강아지를 기준으로 드래그하여 정원의 선택 영역을 만듭니다.

Tip 페더 옵션은 선택 영역의 가장자리를 부드럽게 만들어주며 값을 높게 설정할수록 더 부드럽게 표현됩니다. 선택 영역을 만들기 전에 값을 미리 설정해야 하는데, 만약 선택 영역을 만든 후에 설정하고 싶다면 [선택]-[수정]-[페더] 메뉴를 사용하면 됩니다.

④ [선택]–[반전] 메뉴를 클릭합니다.

⑤ [편집]–[칠] 메뉴를 클릭하고, 내용은 흰색으로 설정하여 [확인] 버튼을 클릭합니다.

⑥ Ctrl + D 를 눌러 선택 해제합니다.

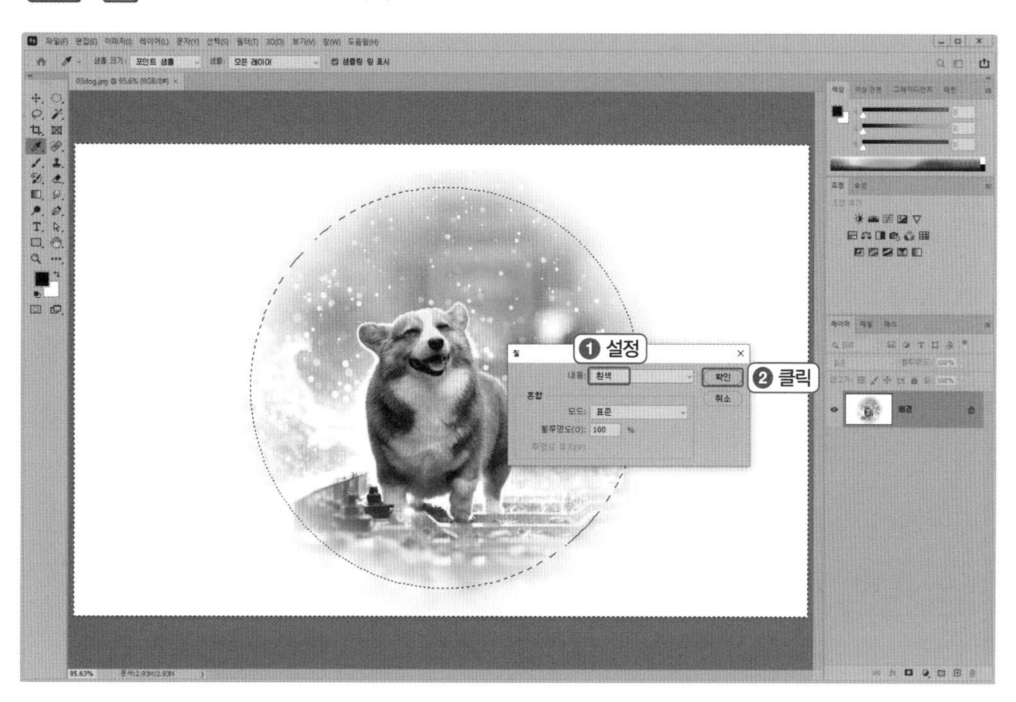

실습 05

올가미 도구로 이미지 이동하고 복제하기

예제 파일 : 03-05heart.jpg

올가미 도구를 사용하여 하트를 선택 후 이동하고 복제하시오.

➊ [올가미 도구]를 선택합니다.

➋ 하트 주위를 드래그하면서 선택합니다.

➌ [이동 도구]를 사용하여 선택한 하트를 이동합니다.

➍ Ctrl + D 를 눌러 선택 해제합니다.

Tip 배경 레이어에서 작업을 할 때 이미지가 이동 된 자리에는 배경색이 보이게 되므로 본 예제에서는 배경색이 흰색이어야 합니다.

⑤ [올가미 도구]로 또 다른 하트를 선택합니다.

⑥ [이동 도구]를 사용하여 Alt 누른 상태로 드래그하면 복제됩니다.

실습 06

다각형 올가미 도구를 활용한 이미지 합성

예제 파일 : 03-06창문.psd

창문을 삭제하여 하늘이 보이도록 합성하시오.

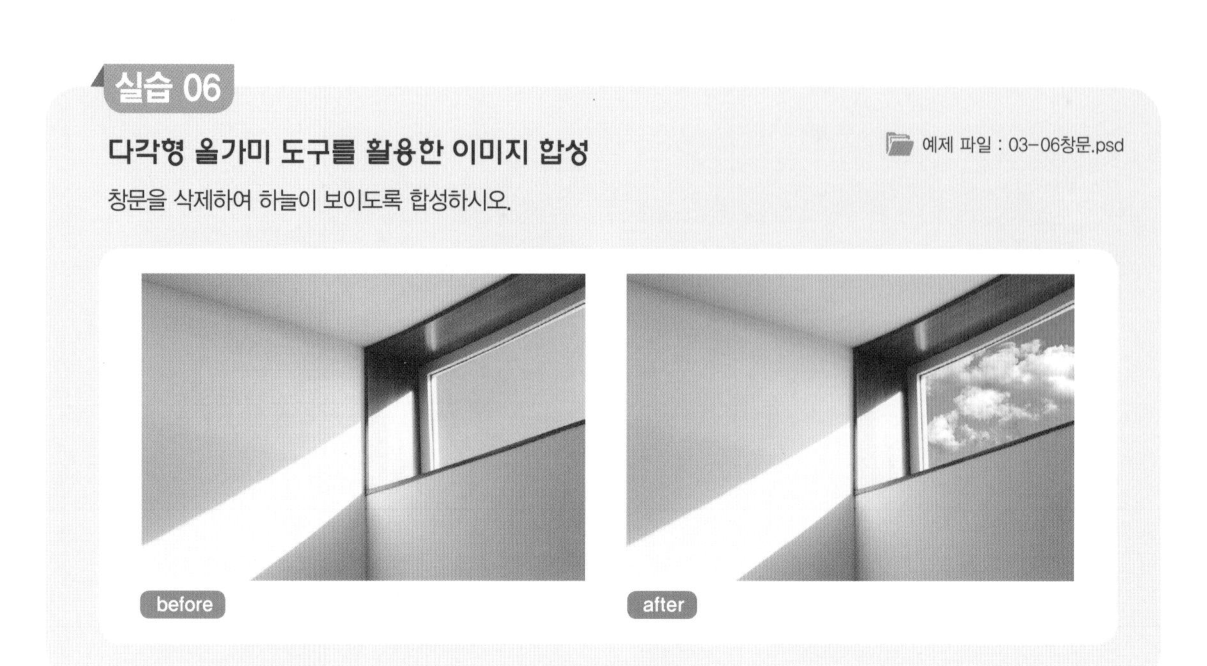

❶ '창문' 레이어를 선택합니다.

❷ [다각형 올가미 도구]를 선택합니다.

❸ 창문의 모서리 부분을 클릭하면서 선택합니다.(클릭한 시작점과 끝점이 만나면 선택이 완료됩니다.)

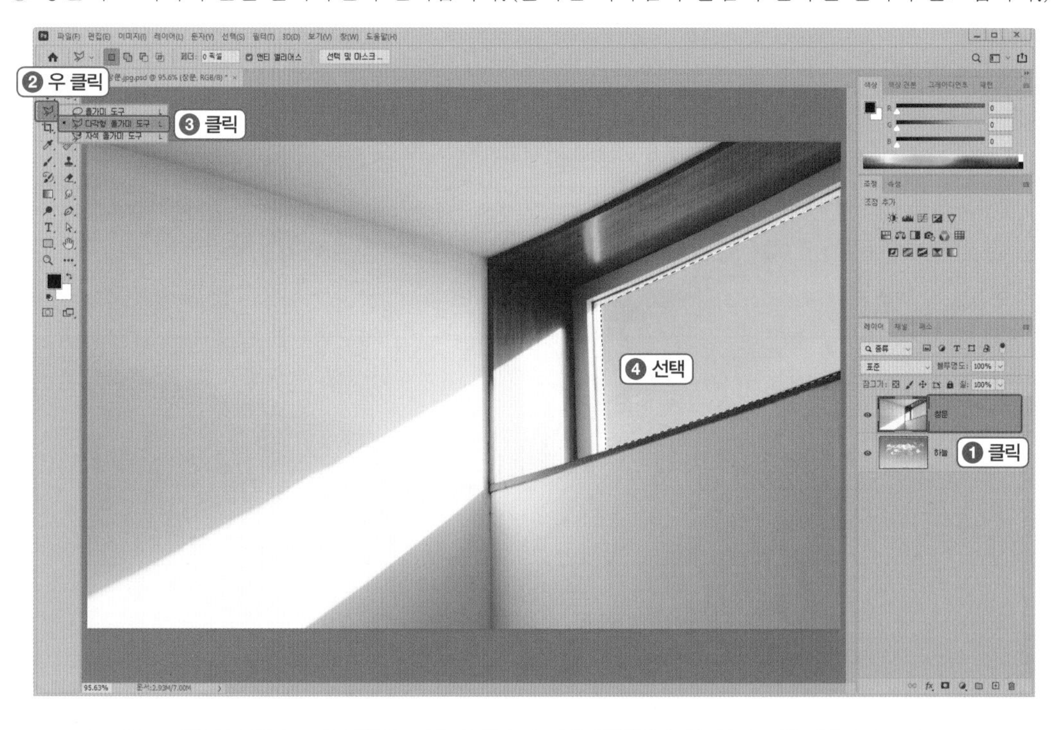

Tip 선택하는 도중에 클릭을 잘못했을 때 Delete 또는 Backspace를 누르면 취소됩니다.

④ [편집]–[지우기] 메뉴를 누르면 선택 영역이 삭제되고 하늘이 보입니다.

Tip Delete 를 눌러도 지우기 할 수 있습니다.

⑤ Ctrl + D 단축키를 눌러 선택을 해제합니다.

⑥ '하늘' 레이어를 선택 후 [이동 도구]로 하늘이 잘 보이도록 위치를 조절합니다.

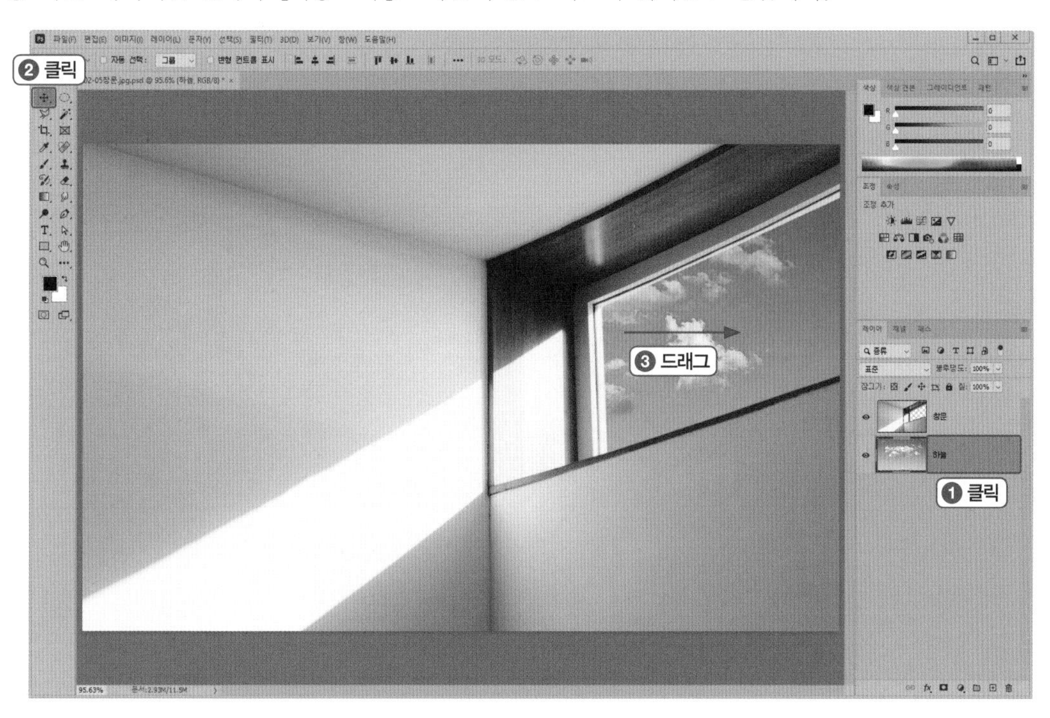

실습 07

자동 선택 도구를 활용한 이미지 합성

예제 파일 : 03-07광고.jpg, 03몬스테라.jpg

광고 이미지에 식물 이미지를 합성하시오.

❶ [자동 선택 도구]를 선택하고, [허용치] 옵션을 30으로 설정합니다.

Tip 허용치의 값이 클수록 유사한 색상 영역을 선택하는 범위가 넓어집니다.

❷ '03몬스테라.jpg' 파일을 열어서 흰색 영역을 클릭하여 선택합니다.

❸ [선택]-[반전] 메뉴를 클릭합니다.

❹ Ctrl+C를 눌러 선택 영역의 이미지를 복사합니다.

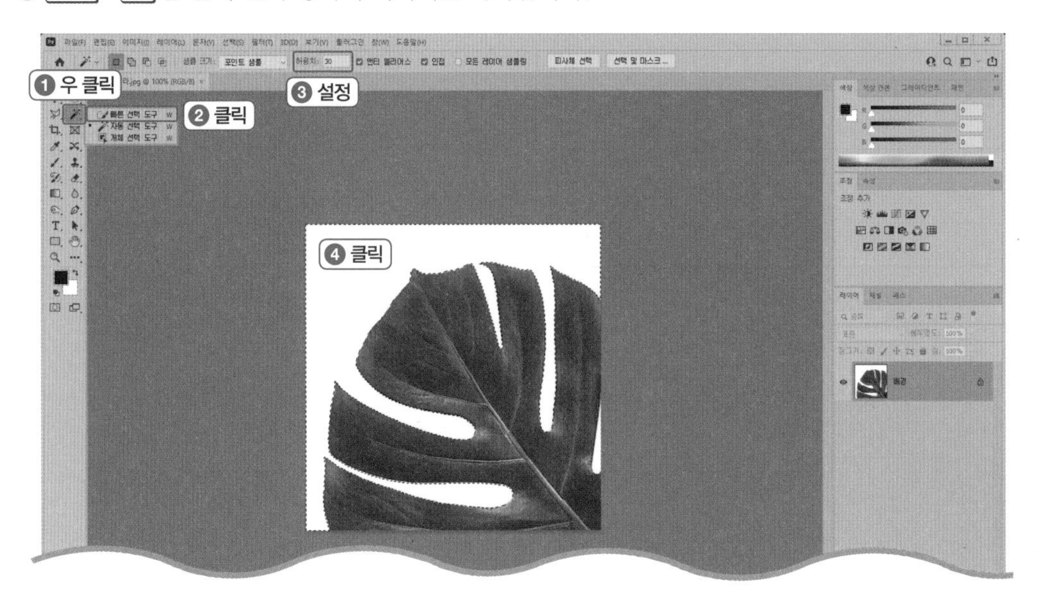

❺ '03-07광고.jpg' 파일을 연 후 광고 이미지에서 Ctrl+V를 눌러 복사된 식물 이미지를 붙여넣기합니다.

❻ [이동 도구]를 사용하여 위치를 조절합니다.

실습 08

개체 선택 도구를 활용한 이미지 복제

예제 파일 : 03-08열기구.jpg

열기구를 선택한 후 복사하고 이동하시오.

❶ [개체 선택 도구]를 선택합니다.

❷ 열기구 주위를 사각형으로 드래그하면 열기구가 자동으로 선택됩니다.

Tip 옵션 바에서 [모드]를 올가미로 설정하면 자유롭게 선택할 수 있습니다.

③ [이동 도구]를 사용하여 Alt 를 누른 상태로 드래그하면 복제됩니다.

실/력/점/검

❶ 안내선에 맞춰서 사각형으로 선택하시오. 선택 영역 안쪽으로 10픽셀의 흰색 사각형 테두리를 만드시오.

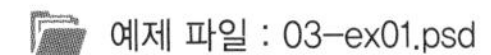
예제 파일 : 03-ex01.psd

▲ Before

▲ After

HINT

- [사각형 선택 윤곽 도구]를 사용합니다.
- [편집]–[획] 메뉴를 사용해서 테두리를 만듭니다.

❷ 03source.png 파일에서 임의의 식물을 선택하고 복사하시오. 복사한 이미지를 액자에 합성하시오.

예제 파일 : 03-ex02.psd, 03source.png

▲ Before

▲ After

HINT

- [올가미 도구]를 사용하면 사용자가 드래그하는 대로 이미지를 선택할 수 있습니다.

실/력/점/검

3 '건물' 레이어의 하늘 부분을 삭제하여 배경 이미지가 보이도록 하시오.

예제 파일 : 03-ex03.psd

▲ Before

▲ After

HINT

• [다각형 올가미 도구]를 사용합니다.

4 '빌딩' 레이어의 하늘 영역을 삭제하여 배경 이미지가 보이도록 하시오.

예제 파일 : 03-ex04.psd

▲ Before

▲ After

HINT

• [자동 선택 도구]를 사용합니다.

실/력/점/검

⑤ '03-ex05.psd' 이미지와 '03graymoon.jpg'의 달을 합성하시오.

예제 파일 : 03-ex05.psd, 03graymoon.jpg

▲ Before

▲ After

HINT

• [원형 선택 윤곽 도구]를 사용합니다.

⑥ 이미지의 테두리에 검은색 페더 효과를 적용하시오.

예제 파일 : 03-ex06.psd

▲ Before

▲ After

HINT

• [페더] 옵션은 선택 영역의 가장자리를 부드럽게 만들어주며 값을 높게 설정할수록 더 부드럽게 표현됩니다.
• [선택]-[반전] 메뉴를 사용하면 선택된 이외의 영역을 선택합니다.

레이어 작업 1

Adobe Certified Professional Photoshop

학습목표

- 레이어 개념 이해하기
- 레이어 패널의 구성 이해하기
- 레이어 주요 기능 활용하기
- 이미지 자유 변형하기

실습

- 실습1 | 레이어 가시성을 설정하고 순서 바꾸기
- 실습2 | 레이어 정렬과 그룹 만들기
- 실습3 | 이미지 비율 변형하기
- 실습4 | 이미지 가로/세로로 뒤집기
- 실습5 | 이미지 왜곡하기
- 실습6 | 이미지 선택하고 복사한 레이어 만들기
- 실습7 | 새칠 레이어로 배경 색상 변경하기

레이어 작업 1

레이어(Layer)는 투명한 층을 의미하며 여러 장의 레이어가 겹쳐져서 하나의 이미지를 만들게 되는데 포토샵 작업에서 핵심이라고 할 수 있습니다. 이번 장에는 레이어 개념을 살펴보고 레이어 패널과 레이어 관련 기능에 대해 학습합니다.

1 레이어 개념과 패널

1) 레이어 개념

레이어는 투명한 층을 뜻하며 여러 개의 레이어를 겹쳐서 하나의 이미지를 만듭니다. 레이어의 투명한 부분을 통해 아래의 레이어까지 볼 수 있으며, 레이어 패널을 사용하면 효율적으로 관리할 수 있습니다.

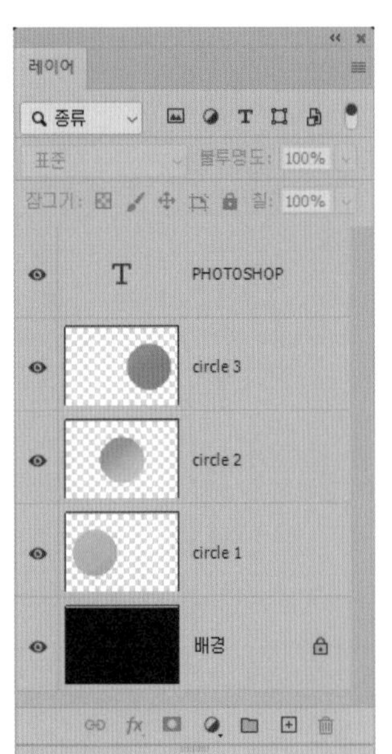

Tip 이미지에서 격자 모양은 투명한 부분이라는 의미입니다.

2) 레이어 패널

포토샵 작업은 선택된 레이어가 기준이 되므로 레이어 패널에서 현재 어떤 레이어가 선택되어 있는지와 순서를 항상 확인하며 작업합니다. 순서를 변경할 레이어(또는 레이어 그룹)를 선택 후 위쪽이나 아래쪽으로 드래그하면 순서가 변경되고 이름을 더블 클릭하면 이름을 변경할 수 있습니다.

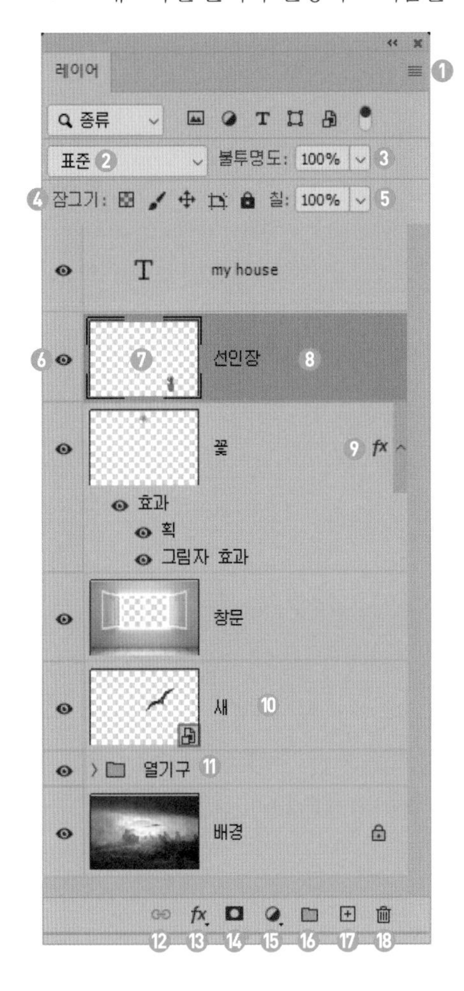

① **레이어 패널 메뉴**

② **혼합 모드 :** 선택된 레이어와 아래 레이어의 색상 값을 혼합합니다.

③ **불투명도 :** 선택된 레이어의 투명도를 설정합니다. 기본 값 100%는 불투명한 것이고, 0%가 될수록 투명해집니다.

④ **잠그기 :** 레이어의 속성을 제한합니다.

- **투명 픽셀 잠그기 :** 레이어의 투명한 부분은 편집을 제한하고 불투명한 부분만 편집합니다.
- **이미지 픽셀 잠그기 :** 레이어의 이미지가 있는 부분의 수정을 제한합니다.
- **위치 잠그기 :** 레이어 및 대지(아트보드)의 위치 이동을 제한합니다.
- **대지와 프레임 내부 및 외부에 자동 중첩 방지 :** 대지를 사용할 경우 요소들을 다른 대지로 이동을 제한합니다.
- **모두 잠그기 :** 위의 모든 기능을 제한합니다.

⑤ **칠(채우기 불투명도) :** 레이어 스타일이 적용된 경우 레이어 스타일은 제외하고 레이어의 불투명도만 조절합니다.

⑥ **가시성 아이콘 :** 레이어를 보이게 하거나 보이지 않게 설정합니다.

⑦ **레이어 축소판 :** 레이어 이미지를 미리 보여주며, 레이어 패널 메뉴의 [패널 옵션]에서 크기를 조절할 수 있습니다.

⑧ 현재 선택된 레이어입니다.

⑨ **레이어 스타일 적용된 레이어 :** 레이어 스타일이 적용된 레이어입니다.

⑩ **고급 개체 :** 레이어 축소판 우측 아래에 고급 개체 아이콘 표시가 있습니다.

⑪ **레이어 그룹 :** 레이어가 그룹으로 구성되어 있습니다.

⑫ **레이어 연결 :** 두 개 이상의 선택된 레이어들을 연결합니다.

⑬ **레이어 스타일 :** 레이어에 경사와 엠보스, 획(테두리), 그림자 등의 스타일을 적용합니다.

⑭ **레이어 마스크 :** 레이어의 영역을 가려주는 역할을 하는 레이어 마스크를 생성합니다.

⑮ **새 칠 또는 조정 레이어 :** 단색 등의 레이어 또는 이미지를 보정할 수 있는 조정 레이어를 생성합니다.

⑯ **새 그룹 :** 레이어 그룹을 생성합니다.

⑰ **새 레이어 :** 투명한 새 레이어를 생성하며 비트맵 작업 시에는 새롭게 레이어를 생성하고 작업하는 것이 좋습니다.

⑱ **레이어 삭제(휴지통) :** 레이어를 선택 후 아이콘을 클릭하면 삭제됩니다. 또한 레이어, 레이어 스타일, 고급 필터를 레이어 삭제 아이콘으로 드래그하면 삭제됩니다.

> Tip [이동 도구]의 자동 선택 옵션이 체크되어 있지 않을 때 Ctrl을 누른 상태에서 편집 영역의 오브젝트를 클릭하면 오브젝트가 포함된 레이어가 바로 선택됩니다.

2 배경 및 일반 레이어 변환

맨 아래에 있는 레이어를 배경 레이어라고 하며, 한 문서에 한 개의 배경 레이어만 있습니다. 배경 레이어는 투명한 영역이 없으며 임의로 이동하거나 혼합모드, 불투명도를 변경할 수 없고 일반 레이어로 변환해야 이러한 특성을 변경할 수 있습니다.

❶ **배경 레이어를 일반 레이어로 변환 :** 레이어 패널에서 배경 레이어를 더블 클릭합니다. 또는 [레이어]–[새로 만들기]–[배경에서 레이어 가져오기] 메뉴를 선택하거나, 배경 레이어 위에서 마우스 오른쪽 버튼을 클릭 후 [배경에서 레이어 가져오기]를 선택합니다.

❷ **일반 레이어를 배경 레이어로 변환 :** [레이어]–[새로 만들기]–[레이어에서 배경 가져오기] 메뉴를 선택합니다. 레이어의 모든 투명 영역이 배경색으로 변환되고 레이어 패널의 맨 아래로 이동합니다.

3 레이어와 레이어 그룹 만들기

1) 새로운 레이어 만들기

❶ 레이어 패널의 [새 레이어] 아이콘을 클릭하면 새로운 투명 레이어가 만들어집니다.

❷ 레이어에 선택 영역이 있을 경우 [레이어]–[새로 만들기]–[복사한 레이어] 메뉴를 선택하면 선택 영역의 이미지를 복사하면서 레이어를 만들고, [레이어]–[새로 만들기]–[오린 레이어] 메뉴를 선택하면 이미지를 잘라내면서 레이어를 만듭니다.

> Tip 선택 영역이 있을 경우 마우스 오른쪽 버튼을 클릭하면 [복사한 레이어]와 [오린 레이어] 메뉴가 활성화됩니다.

2) 레이어 그룹 만들기

[새 그룹] 아이콘을 클릭하면 새로운 레이어 그룹이 만들어지고, 레이어가 다중 선택된 상태에서 [새 그룹] 아이콘을 클릭하면 선택된 레이어들이 그룹으로 만들어집니다.

3) 레이어 또는 레이어 그룹 복제

복제할 레이어나 레이어 그룹을 선택 후 [새 레이어] 아이콘으로 드래그합니다. 또는 [레이어] 메뉴나 레이어 패널 메뉴에서 [레이어 복제]나 [그룹 복제]를 선택합니다. 단축키로는 Ctrl+J를 사용할 수 있습니다.

Tip 레이어 또는 레이어 그룹을 선택 후 [이동 도구]를 사용해서 Alt를 누르고 드래그하면 이동하면서 복제할 수 있습니다.

4 레이어 다중 선택

레이어를 여러 개 선택하려면 Ctrl을 누른 상태에서 레이어 이름을 클릭하면 되고, 위쪽과 아래쪽 사이의 모든 레이어를 선택하려면 Shift를 사용해서 위쪽과 아래쪽 레이어 이름을 클릭하면 됩니다. 이렇게 다중 선택된 레이어는 이동, 회전 등의 변형 작업이 함께 적용됩니다.

Tip Ctrl을 누른 상태에서 레이어 축소판을 클릭하면 레이어의 투명 영역을 제외한 레이어 영역을 선택 영역으로 만듭니다.

5 레이어 병합

레이어는 포토샵의 원본 소스이므로 레이어 병합 기능은 주의해서 사용해야 합니다. 하지만 필요에 따라서 레이어 패널 메뉴의 여러 병합 메뉴를 사용합니다.

❶ [레이어 병합] **메뉴** : 두 개 이상의 레이어를 선택했을 때 메뉴가 활성화되며 병합합니다. Ctrl+E 단축키를 사용할 수 있습니다.

❷ [아래 레이어와 병합] **메뉴** : 레이어가 하나만 선택되었을 때 메뉴가 활성화되며 선택된 레이어의 아래 레이어와 병합합니다.

❸ [보이는 레이어 병합] **메뉴** : 가시성 아이콘이 해제되어 있는(보이지 않는) 레이어를 제외하고 보이는 모든 레이어를 병합합니다.

❹ [배경으로 이미지 병합] **메뉴** : 보이지 않는 레이어는 폐기되면서 모든 레이어를 병합하여 배경 레이어로 만듭니다.

6 레이어 변형

포토샵에서 레이어의 비율, 회전, 뒤집기 등 변형은 자주 사용하는 편집 작업입니다. 조절점을 드래그하면서 레이어에 있는 오브젝트를 변형할 수 있습니다. 변형 작업하기 전에 레이어를 고급 개체로 변환하면 이미지의 원본 정보는 유지하며 비파괴 편집이 이루어집니다. 특히 고급 개체에 여러 번의 변형 작업을 하더라도 조절점이 모서리와 꼭짓점에 유지됩니다.

1) [편집]–[변형] 메뉴

❶ **비율 :** 오브젝트 비율을 조절합니다.

❷ **회전 :** 오브젝트를 회전합니다.

❸ **기울이기 :** 오브젝트의 기울이기를 조절합니다.

❹ **왜곡 :** 조절점을 각각 드래그하며 오브젝트를 왜곡합니다.

❺ **원근 :** 오브젝트에 원근 효과를 낼 수 있습니다.

❻ **뒤틀기 :** 격자를 조절하며 오브젝트를 뒤틀기 할 수 있습니다.

❼ **180도 회전 :** 오브젝트를 180도 회전합니다.

❽ **시계 (반대) 방향으로 90도 회전 :** 오브젝트를 시계 (반대) 방향으로 90도 회전합니다.

❾ **가로로(세로로) 뒤집기 :** 오브젝트를 가로로(세로로) 뒤집기 합니다.

2) [편집]–[자유 변형] 메뉴

비율, 회전 등의 변형을 자유롭게 할 수 있습니다. 메뉴 선택 후 오브젝트 위에서 마우스 오른쪽 버튼을 클릭하면 다양한 변형 메뉴들이 나타납니다.

Tip 자유 변형은 단축키 Ctrl+T를 많이 사용합니다.

실습 01

레이어 가시성을 설정하고 순서 바꾸기

예제 파일 : 04-01night scape.psd

• 보이지 않는 레이어를 모두 보이도록 설정하시오.
• 달이 프레임 아래에 보이도록 설정하시오.

before

after

❶ '달' 레이어와 '프레임' 레이어의 가시성 아이콘을 클릭합니다.

❷ '달' 레이어를 '프레임' 레이어 아래로 드래그합니다.

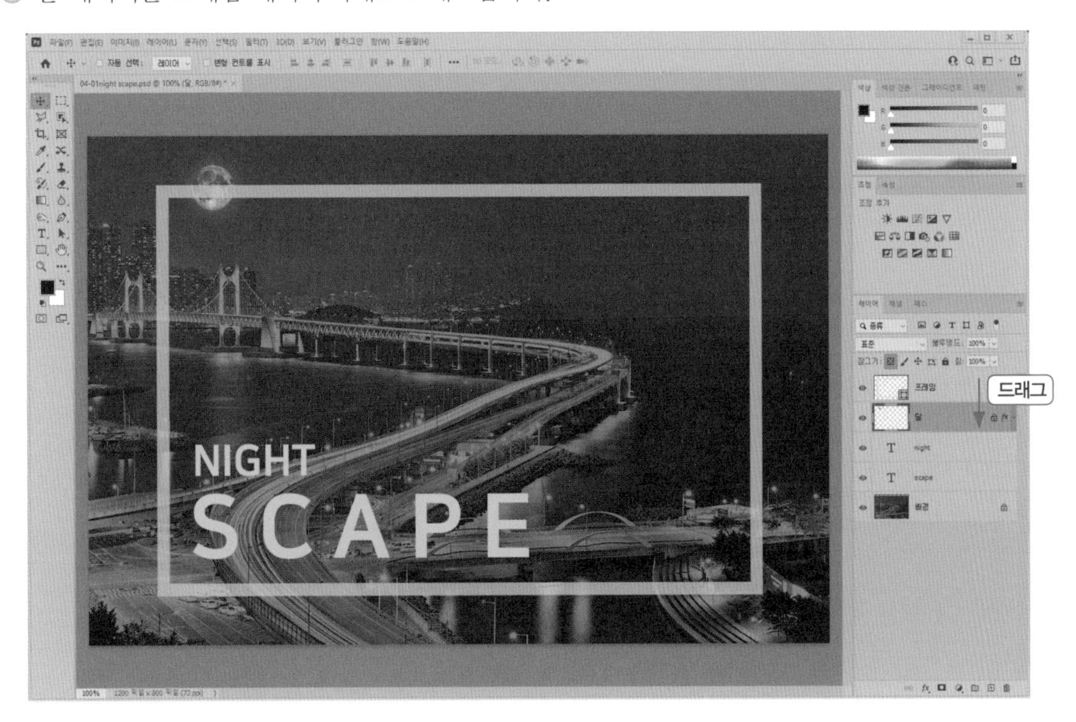

실습 02

레이어 정렬과 그룹 만들기

예제 파일 : 04-02phone.psd

- 아이콘들을 정렬하고 간격을 동일하게 하시오.
- 아이콘들을 위로 20픽셀 이동하시오.
- 아이콘 그룹을 만들고 이름을 '아이콘'으로 설정하시오.

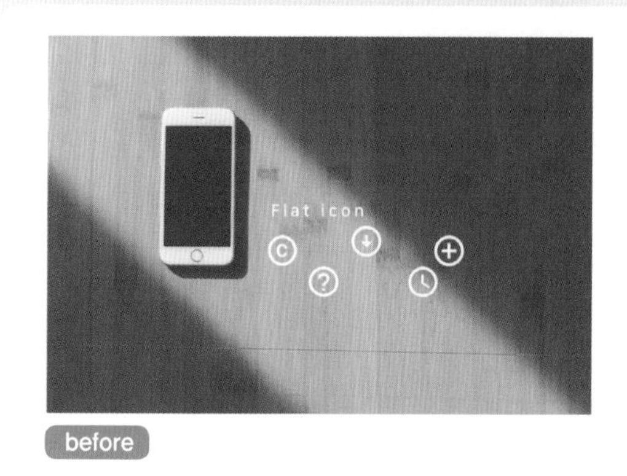

before

after

❶ Ctrl 을 누른 상태에서 아이콘 레이어들의 이름을 클릭하여 다중 선택합니다.

Tip Shift 를 누른 상태에서 처음과 마지막 레이어를 클릭해도 다중 선택됩니다.

❷ [이동 도구]를 선택하고 옵션 바에서 [맞춤 및 분포] 아이콘을 클릭합니다.

❸ [맞춤 대상]을 '선택'으로 설정합니다.

❹ '맞춤 : 수직 가운데 맞춤, 분포 : 수평 중앙 분포' 아이콘을 클릭합니다.

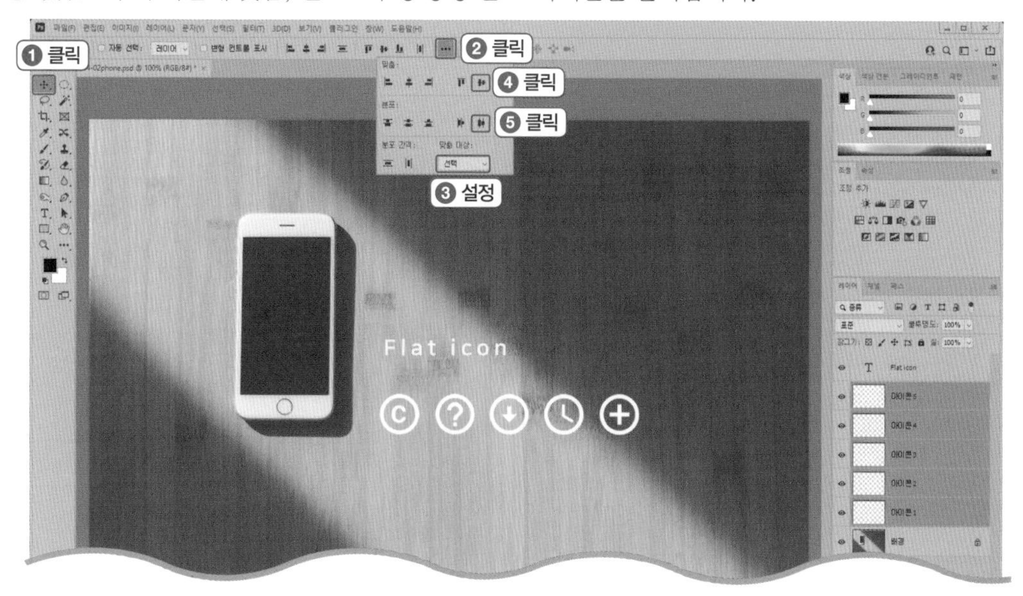

Tip [맞춤 대상]을 캔버스로 설정하면 캔버스를 기준으로 맞춤이 됩니다.

❺ Shift 를 누른 상태에서 [위로] 방향키를 2번 눌러 20픽셀 이동합니다.

Tip [이동 도구]를 선택하고 방향키를 사용하면 1픽셀 이동되고, Shift 를 함께 사용하면 10픽셀 이동됩니다.

⑥ [레이어 그룹] 아이콘을 클릭합니다.

⑦ 레이어 그룹 이름을 더블 클릭해서 '아이콘'으로 입력합니다.

실습 03

이미지 비율 변형하기

예제 파일 : 04-03icecream.psd

- 아이콘 레이어를 고급 개체로 변환하시오.
- 아이콘 이미지 비율을 작게 줄이시오.

❶ '아이콘' 레이어에서 마우스 오른쪽 버튼을 클릭 후 [고급 개체로 변환] 메뉴를 선택합니다.

❷ [편집]-[자유 변형] 메뉴를 클릭하거나 Ctrl+T 단축키를 누릅니다.

Tip [편집]-[변형]-[비율] 메뉴를 사용해도 됩니다.

❸ 중심을 기준으로 비율을 줄이기 위해 Alt 를 누른 상태에서 조절점을 드래그합니다.

Tip Shift 를 사용하면 이미지의 가로세로 비율을 유지하지 않고 변형됩니다.

❹ 아래 방향으로 드래그하여 위치를 조정합니다.

❺ 옵션 바의 [확인] 버튼을 클릭하거나 이미지를 더블 클릭하면 변형이 완료됩니다.

실습 04

이미지 가로/세로로 뒤집기

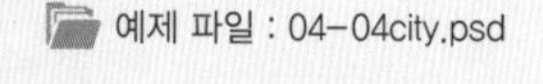

• 분할된 각각의 이미지를 가로 또는 세로로 뒤집기 하시오.

before

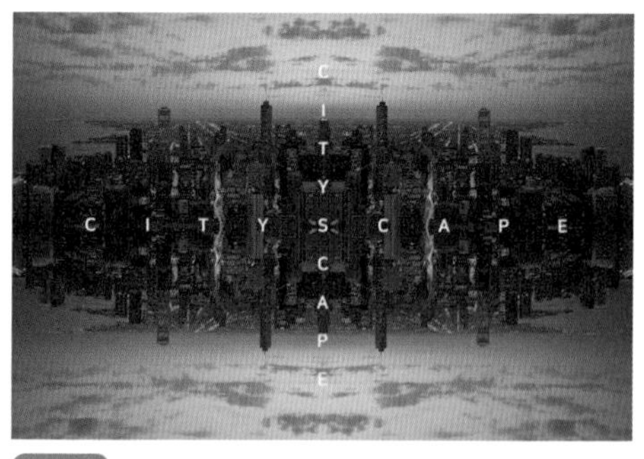

after

❶ 'city02' 레이어를 선택하고 [편집]–[변형]–[가로로 뒤집기] 메뉴를 클릭합니다.

Tip Ctrl+T 단축키를 누르고, 마우스 오른쪽 버튼을 클릭하여 [가로로 뒤집기]를 선택해도 됩니다.

❷ 'city03' 레이어를 선택하고 [편집]–[변형]–[세로로 뒤집기] 메뉴를 클릭합니다.

③ 'city04' 레이어를 선택하고 [편집]-[변형]-[가로로 뒤집기] 메뉴를 클릭합니다.

④ 'city04' 레이어가 선택된 상태에서 [편집]-[변형]-[세로로 뒤집기] 메뉴를 클릭합니다.

실습 05

이미지 왜곡하기

예제 파일 : 04-05notebook.psd, 04풍경.jpg

- '04풍경.jpg' 이미지를 포함하여 가져오기 하시오.
- '04풍경.jpg' 이미지를 노트북 화면에 맞게 합성하시오.

before

after

❶ [파일]-[포함 가져오기] 메뉴를 클릭해서 '04풍경.jpg' 이미지를 가져옵니다.

❷ Ctrl 을 누른 상태에서 조절점을 드래그하여 노트북 화면에 맞춥니다.

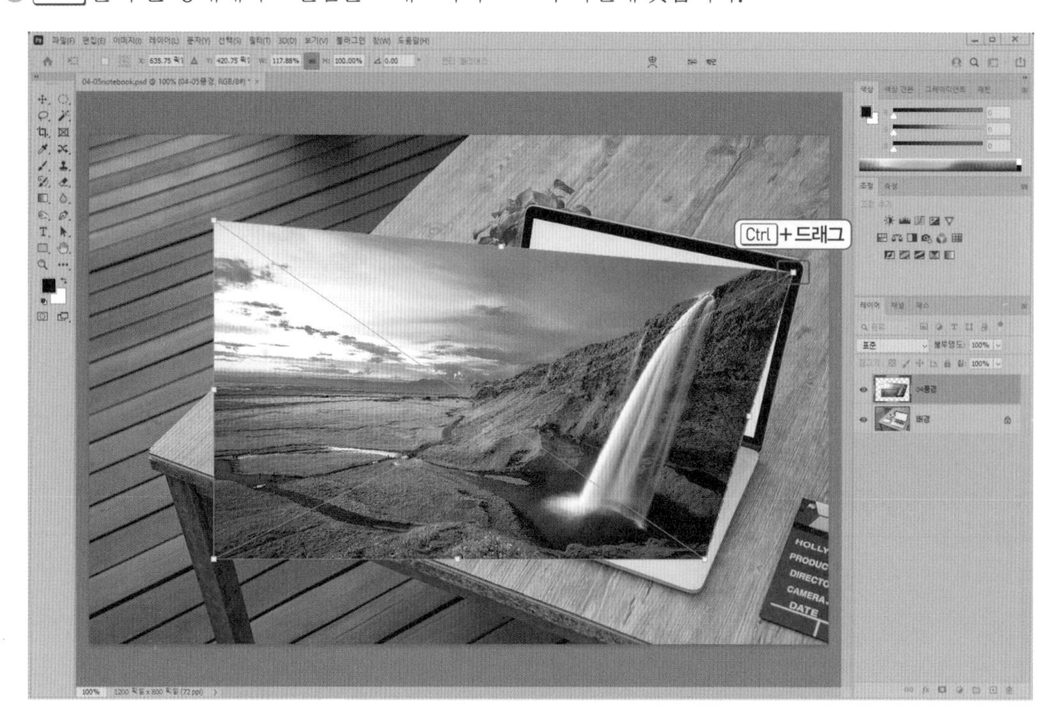

Tip 포함 가져오기 하면 기본적으로 자유 변형의 상태가 됩니다. 이때 Ctrl 을 누르고 조절점을 드래그하면 왜곡 기능을 사용할 수 있습니다.

❸ 옵션 바의 [확인] 버튼을 클릭하거나 이미지를 더블 클릭하면 변형 완료됩니다.

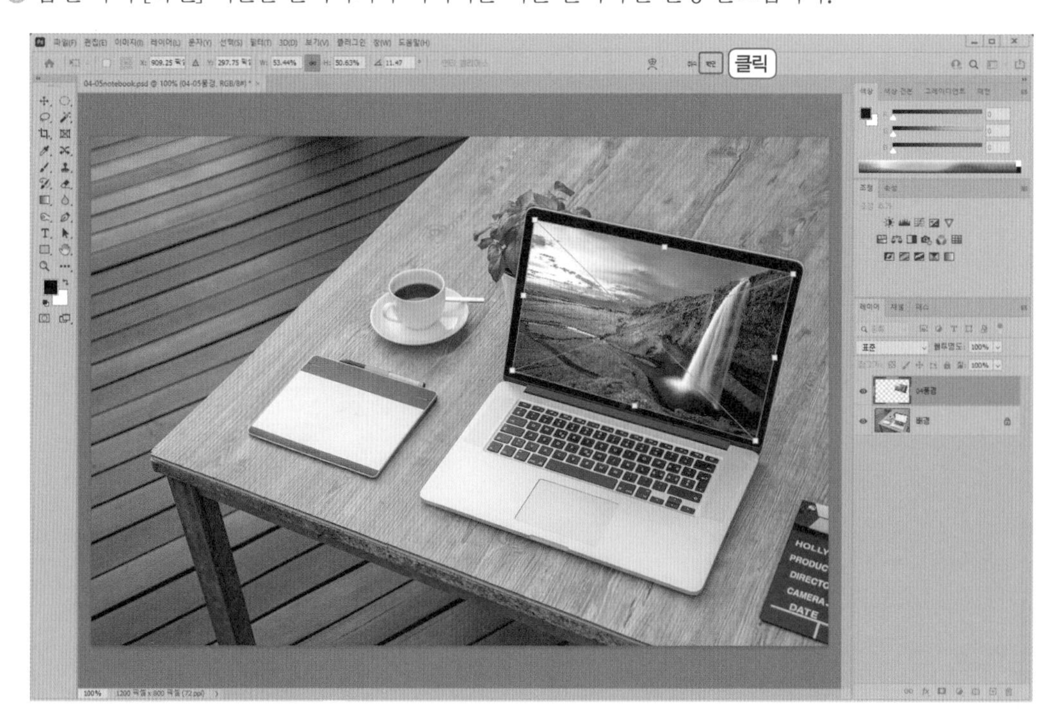

실습 06

이미지 선택하고 복사한 레이어 만들기

예제 파일 : 04-06health.psd

- 이미지의 잎을 선택한 후 복사하여 새로운 레이어로 만드시오.
- 잎의 위치를 이동하고 비율, 회전 변형을 하시오.

❶ [개체 선택] 도구를 사용하여 이미지의 잎 주위를 드래그해서 선택합니다.

② 마우스 오른쪽 버튼을 클릭해서 [복사한 레이어]를 클릭합니다.

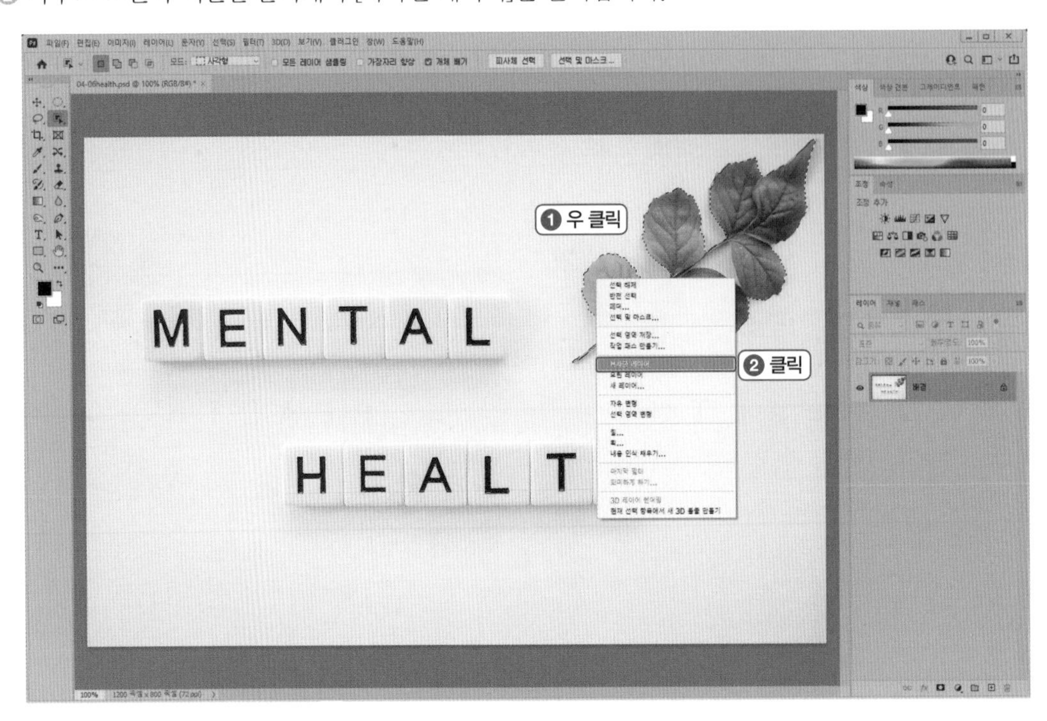

③ 단축키 Ctrl+T를 누릅니다.

④ 왼쪽 아래로 위치 이동을 하고 조절점을 드래그하여 비율과 회전 변형을 합니다.

⑤ 옵션 바의 [확인] 버튼을 클릭하거나 이미지를 더블 클릭하면 변형 완료됩니다.

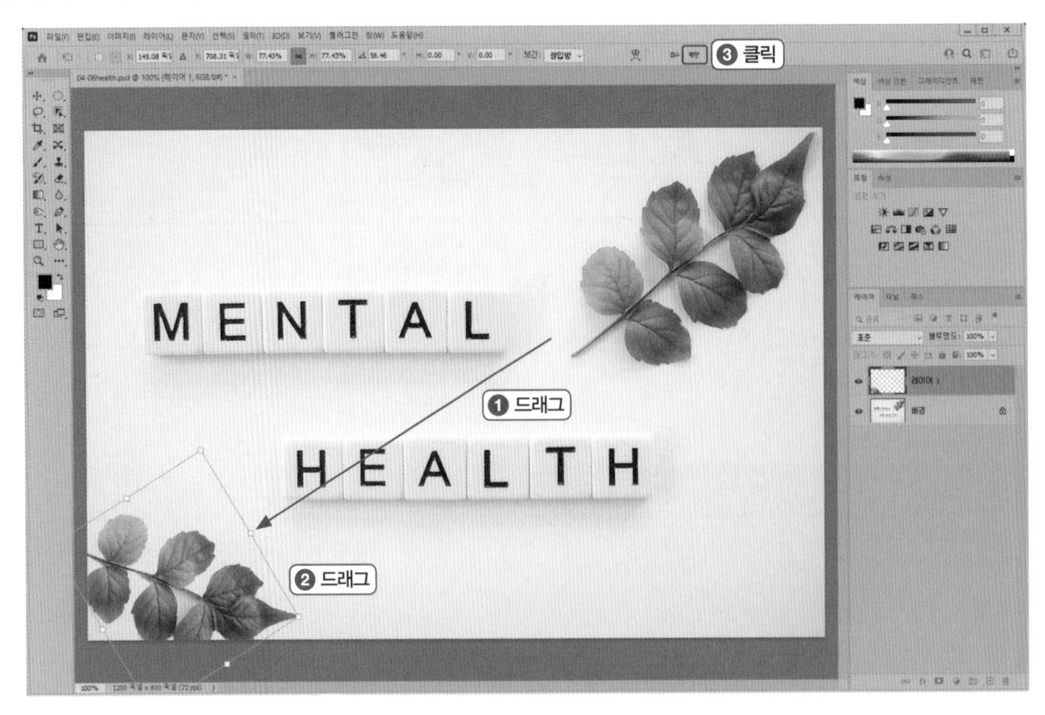

실습 07

새칠 레이어로 배경 색상 변경하기

예제 파일 : 04-07logo.psd

• 새칠 레이어를 사용하여 배경 색상을 '#66cccc'로 변경하시오.

❶ [레이어] 패널에서 [새 칠 레이어] 아이콘을 클릭하여 [단색] 메뉴를 선택합니다.

② 색상 피커에서 '66cccc'를 입력하여 색상을 설정합니다.

③ [확인] 버튼을 클릭합니다.

실/력/점/검

1 ORANGE 글자가 원 위에서 보이도록 설정하시오. ORANGE 레이어와 원 레이어를 '내용'이라는 그룹으로 만드시오.

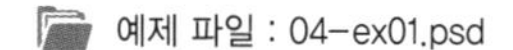
예제 파일 : 04-ex01.psd

▲ Before

▲ After

HINT

- 레이어 가시성 아이콘을 사용하여 레이어를 보이도록 설정합니다.
- 레이어를 다중 선택한 후 그룹 만들기를 합니다.

2 안내선을 기준으로 이미지 오른쪽을 선택 후 복사한 레이어로 만드시오. 복사한 레이어를 왼쪽으로 이동 후 가로로 뒤집기를 하시오.

예제 파일 : 04-ex02.psd

▲ Before

▲ After

HINT

- 이미지를 선택 후 오른쪽 버튼을 클릭하여 [복사한 레이어] 메뉴를 사용합니다.
- [편집]-[변형]-[가로로 뒤집기] 메뉴 또는 Ctrl+T 단축키를 사용합니다.

실 / 력 / 점 / 검

3 '04산.jpg' 이미지를 노트북 화면에 합성하시오.

예제 파일 : 04-ex03.psd, 04산.jpg

▲ Before

▲ After

HINT

- [파일]-[포함 가져오기] 메뉴를 사용합니다.
- Ctrl 을 누르면서 조절점을 드래그하면 왜곡 기능을 사용할 수 있습니다.

4 'DON'T PANIC' 글자 이미지 비율을 작게 변형하시오.

예제 파일 : 04-ex04.psd

▲ Before

▲ After

HINT

- Ctrl 또는 Shift 를 사용해서 레이어를 다중 선택합니다.
- Ctrl + T 단축키를 사용해서 비율을 조절하며, Alt 를 누른 상태에서 드래그하면 가운데를 기준으로 조절됩니다.

CHAPTER 05 문자 작업

학습목표

- 다양한 문자 입력 방법
- 옵션 바를 사용한 문자 설정하기
- 문자 패널을 사용한 문자 설정하기
- 단락 패널을 사용한 단락 설정하기

실습

- 실습1 | 기본 문자 입력하기
- 실습2 | 문자 수정하기
- 실습3 | 문자 단락으로 입력하기
- 실습4 | 문자 뒤틀기
- 실습5 | 문자 회전하기
- 실습6 | 문자 레스터화

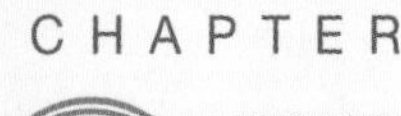

CHAPTER 05

문자 작업

이번 장에서는 문자를 입력하고 수정하는 방법에 대해서 학습합니다. 옵션 바와 문자 패널에서 글꼴, 스타일, 크기 등 문자 속성을 설정하여 다양한 문자 그래픽 제작에 대해 학습합니다.

1 문자 입력

1) 문자 입력 도구

❶ **수평 문자 도구 :** 가로 문자를 입력합니다.

❷ **세로 문자 도구 :** 세로 문자를 입력합니다.

❸ **수평 문자 마스크 도구 :** 가로 문자를 선택 영역으로 설정합니다.

❹ **세로 문자 마스크 도구 :** 세로 문자를 선택 영역으로 설정합니다.

2) 문자 입력 방식 분류

❶ **포인트(Point) 문자 :** 문자 도구를 캔버스에 클릭 후 입력하는 방식이며 보통 간단한 문자를 만들 때 사용합니다. 입력 도중에 Enter 를 누르면 각 줄은 단락으로 나눠지게 됩니다.

❷ **단락(Paragraph) 문자 :** 문자 도구를 캔버스에 드래그한 후 문자 박스를 만들어 입력합니다. 보통 내용이 많을 경우에 사용하며 박스의 크기 내에 문자가 입력됩니다.

3) 입력 완료 방법

문자 도구를 캔버스에 클릭 또는 드래그하여 입력하고 완료하기 위해서는 아래와 같은 방법이 있습니다.

❶ 옵션 바의 [확인] 버튼을 클릭합니다.

❷ 단축키 Ctrl + Enter 를 누릅니다.

❸ 임의의 도구를 선택합니다. 일반적으로 [이동 도구]를 선택하는 경우가 많습니다.

Tip 문자 입력을 하면 [레이어] 패널에 문자 레이어가 생성됩니다. 문자 레이어는 문자의 속성을 유지하고 있으므로 언제든지 수정이 가능합니다.

2 문자 옵션 바

문자 도구를 선택했을 때 나타나는 옵션 바의 항목에 대해서 알아봅니다.

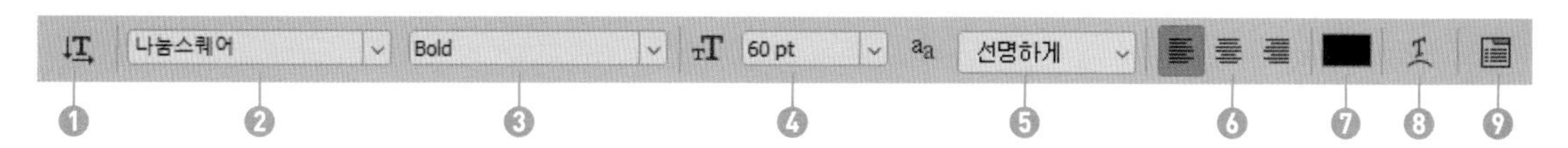

❶ **텍스트 방향 켜기/끄기 :** 문자 방향을 가로 또는 세로로 변경합니다.

❷ **글꼴 :** 문자 모양을 변경합니다.

❸ **글꼴 스타일 :** Light(얇게), Regular(보통), Bold(굵게) 등 문자 스타일을 변경합니다. 글꼴에 따라서 스타일이 없을 수도 있습니다.

❹ **글꼴 크기 :** 문자의 크기를 조절합니다. pt는 문자 측정 단위이며, 1pt는 $\frac{1}{72}$ 인치입니다.

❺ **앤티 앨리어싱 :** 문자의 가장자리를 부드럽게 변경합니다. 부드럽게 처리하는 것이 절대적으로 좋은 것은 아니며, 문자 크기가 작을 때는 앤티 앨리어싱이 없는 것이 가독성에 좋을 수 있습니다.

❻ **정렬 :** 문자 또는 단락을 왼쪽, 가운데, 오른쪽으로 정렬합니다.

❼ **글꼴 색상 :** 문자의 색상을 변경합니다.

❽ **문자 뒤틀기 :** 다양한 문자 뒤틀기 효과를 선택합니다.

❾ **문자 및 단락 패널 켜기/끄기 :** 문자 및 단락 패널을 표시합니다.

3 문자와 단락 패널

문자와 단락 패널은 [문자 도구]를 선택 후 옵션 바에서 [문자 및 단락 패널 켜기] 아이콘을 클릭하면 표시됩니다. 또는 [창] 메뉴에서 선택할 수 있습니다.

1) 문자 패널

문자를 입력하기 전과 후에 설정할 수 있는 [문자] 패널의 항목에 대해서 알아봅니다.

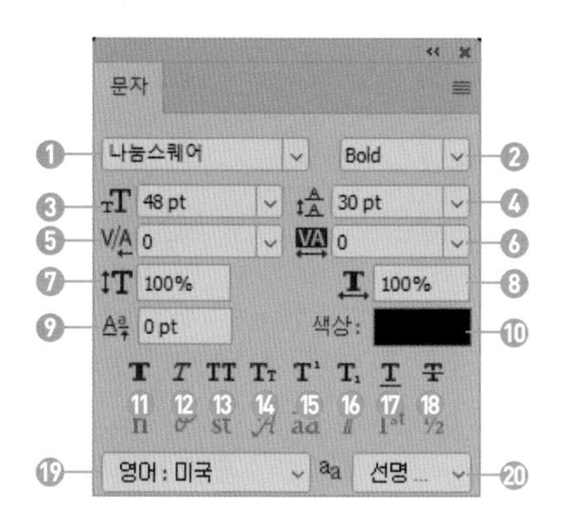

❶ **글꼴 :** 문자 모양을 변경합니다.

❷ **글꼴 스타일 :** Light(얇게), Regular(보통), Bold(굵게) 등 문자 스타일을 변경합니다. 글꼴에 따라서 스타일이 없을 수도 있습니다.

❸ **글꼴 크기 :** 문자의 크기를 조절합니다.

❹ **행간 :** 문자가 두 줄 이상일 때 줄 사이의 간격을 조절합니다.

❺ **커닝 :** 두 문자 사이의 간격을 조절합니다.

⑥ **자간 :** 선택한 문자들 사이의 간격을 조절합니다.

⑦ **세로 비율 :** 문자의 세로 비율을 조절합니다.

⑧ **가로 비율 :** 문자의 가로 비율을 조절합니다.

⑨ **기준선 이동 :** 선택한 문자의 기준선을 상하로 조절합니다.

⑩ **글꼴 색상 :** 문자의 색상을 변경합니다.

⑪ **볼드체 :** 문자를 굵게 표시합니다.

⑫ **이탤릭 :** 글자를 기울여서 표시합니다.

⑬ **모두 대문자 :** 영문을 모두 대문자로 표시합니다.

⑭ **작은 대문자 :** 영문 대문자를 작은 크기의 대문자로 표시합니다.

⑮ **위 첨자 :** 문자를 위 첨자로 표시합니다.

⑯ **아래 첨자 :** 문자를 아래 첨자로 표시합니다.

⑰ **밑줄 :** 글자 아래에 줄을 표시합니다.

⑱ **취소선 :** 글자 중간에 가로 선을 표시합니다.

⑲ **언어 :** 맞춤법 검사할 때 사용할 언어를 선택합니다.

⑳ **앤티 앨리어싱 :** 문자의 가장자리를 부드럽게 변경합니다.

2) 단락 패널

[단락] 패널을 사용하여 단락의 서식을 변경합니다. 포인트 문자 방식으로 입력했을 경우에는 Enter를 사용하여 나눈 각 줄이 하나의 단락입니다.

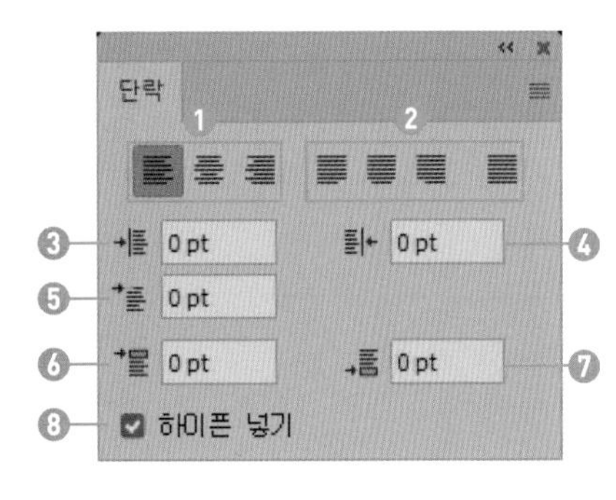

❶ **정렬 :** 문자 또는 단락을 왼쪽, 가운데, 오른쪽으로 정렬합니다.

❷ **강제 정렬 :** 단락 문자에만 사용할 수 있습니다. 양쪽 가장자리에 맞춰 정렬합니다.

- **마지막 줄 왼쪽 강제 정렬 :** 마지막 행을 왼쪽에 정렬하고 모든 행을 강제 정렬합니다.
- **마지막 줄 중앙 강제 정렬 :** 마지막 행을 중앙에 정렬하고 모든 행을 강제 정렬합니다.
- **마지막 줄 오른쪽 강제 정렬 :** 마지막 행을 오른쪽에 정렬하고 모든 행을 강제 정렬합니다.
- **모두 강제 정렬 :** 마지막 행을 포함하여 모든 행을 강제 정렬합니다.

❸ **왼쪽 들여쓰기 :** 단락의 왼쪽 여백을 들여쓰기 조절합니다.

❹ **오른쪽 들여쓰기 :** 단락의 오른쪽 여백을 들여쓰기 조절합니다.

❺ **첫 줄 왼쪽 들여쓰기 :** 단락의 첫 줄 들여쓰기를 조절합니다.

❻ **단락 앞 공백 :** 단락의 위쪽 여백을 조절합니다.

❼ **단락 뒤 공백 :** 단락의 아래쪽 여백을 조절합니다.

❸ **하이픈 :** 영문 단어가 길 때 다음 줄로 연결되는 경우 하이픈으로 표시됩니다.

4 문자 수정

❶ **전체 문자 수정 :** 수정하려고 하는 문자 레이어를 선택 후 [문자 도구]를 선택합니다. 옵션 바, 문자 패널, 단락 패널에서 속성을 조절하면 문자 레이어의 전체 문자가 수정됩니다.

❷ **일부 문자 수정(블록 지정) :** [이동 도구]를 사용하여 캔버스의 문자를 더블 클릭하거나 문자 레이어의 축소판 미리 보기를 더블 클릭한 후 문자를 드래그하여 블록 지정합니다. 또는 [문자 도구]로 캔버스의 문자를 드래그하여 블록 지정 후 문자를 수정하면 됩니다. 수정 완료는 입력 완료 방법과 동일합니다.

5 문자 레이어의 변환

❶ **문자 레스터화 :** 문자 레이어를 일반 레이어로 반환하려면 [문자]–[문자 레이어 래스터화] 또는 문자 레이어 위에서 마우스 오른쪽 버튼을 클릭 후 [문자 래스터화] 메뉴를 선택합니다.

❷ **모양으로 변환 :** 문자 레이어 위에서 마우스 오른쪽 버튼을 클릭 후 [모양으로 변환] 메뉴를 선택하면 문자가 모양(Shape)으로 변환되어 패스와 중심점 등을 수정할 수 있습니다.

Tip 문자를 래스터화하거나 모양으로 변환하면 문자 속성을 편집할 수 없습니다.

※ 모양(Shape) 관련 내용은 Chapter 07에서 자세하게 다룹니다.

실습 01

기본 문자 입력하기

예제 파일 : 05–01Less is MORE.psd

- 문자 'Less is MORE'를 이미지에 입력하시오.
- '글꼴 : 나눔스퀘어, 스타일 : Light, 크기 : 50pt, 색상 : #003366'으로 설정하고, 'MORE' 단어는 '스타일 : ExtraBold'로 설정하시오.

before

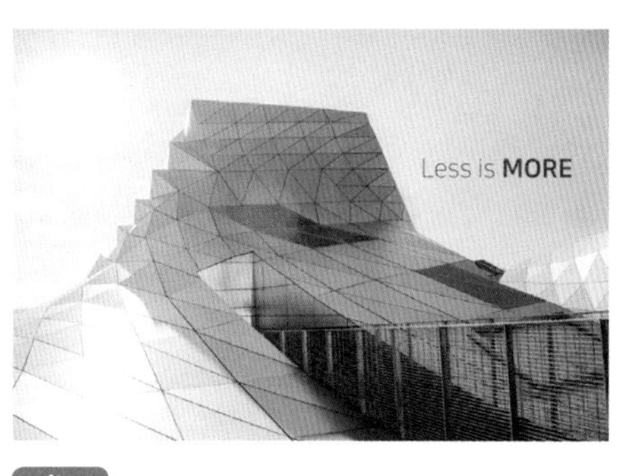

after

❶ [수평 문자 도구]를 선택합니다.

❷ 옵션 바에서 '글꼴 : 나눔스퀘어, 스타일 : Light, 크기 : 50pt, 색상 : #003366'으로 설정합니다.

❸ 이미지의 우측 상단을 클릭하여 'Less is MORE'를 입력합니다.

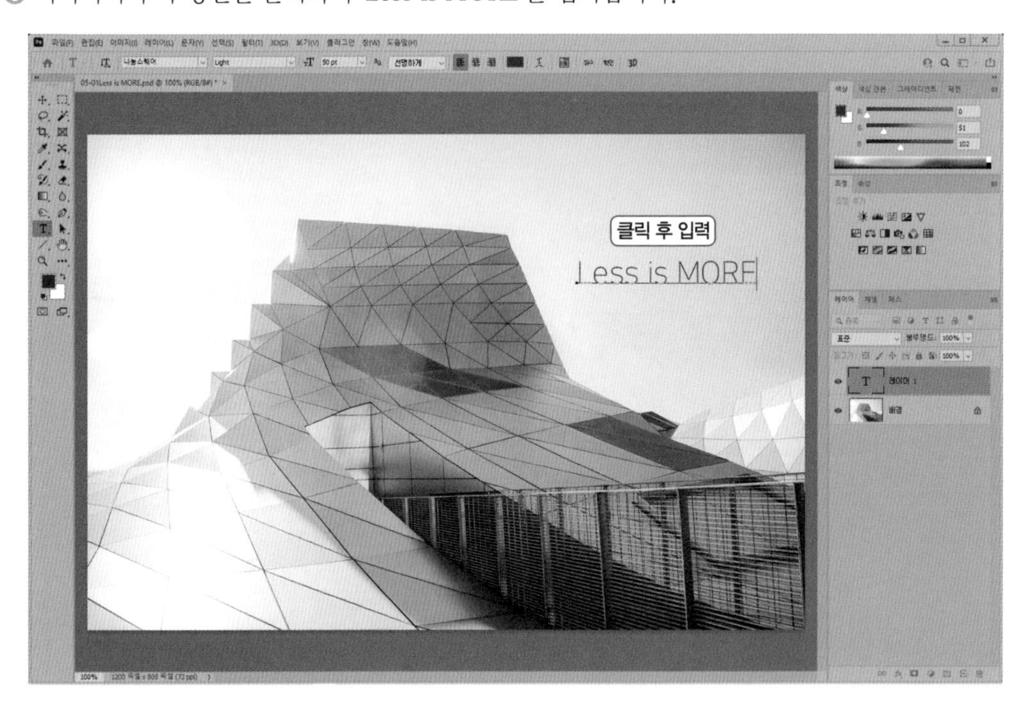

❹ 'MORE' 단어를 드래그하여 블록 지정합니다.

❺ 옵션 바에서 '스타일 : ExtraBold'를 선택하고 [확인] 버튼을 클릭합니다.

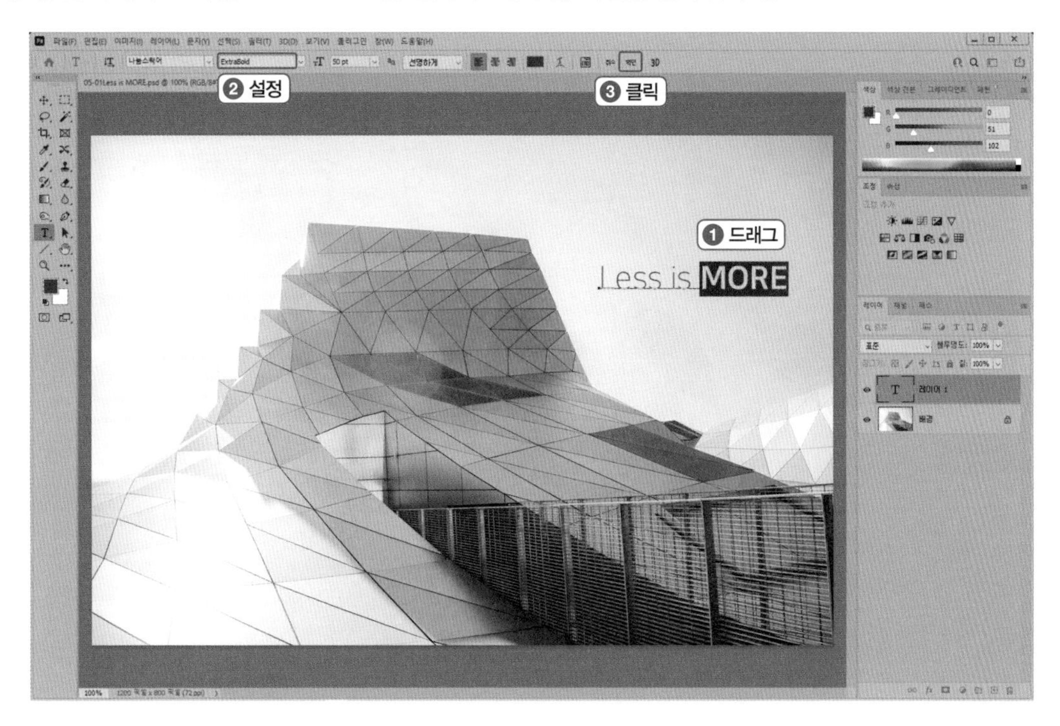

Tip 임의의 도구를 선택하거나 단축키 Ctrl+Enter를 눌러도 입력이 완료됩니다.

❻ 문자가 입력 및 수정되었는지 확인합니다.

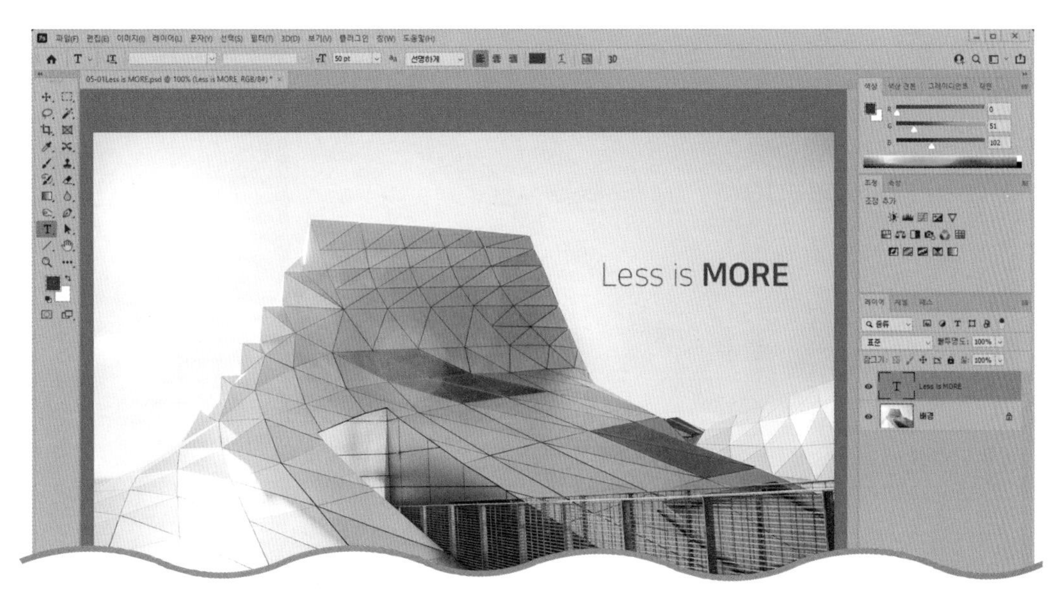

Tip 문자 레이어의 축소판 미리보기를 더블 클릭하면 전체 문자가 블록 지정됩니다.

실습 02

문자 수정하기

예제 파일 : 05-02아보카도.psd

• 'avocado' 문자를 '스타일 : ExtraBold, 크기 : 48pt, 자간 : 1000, 색상 : 이미지에서 추출'해서 수정하시오.

❶ 'avocado' 레이어와 [수평 문자 도구]를 선택합니다.

❷ 옵션 바에서 [문자 및 단락 패널 켜기] 아이콘을 클릭합니다.

Tip [창]–[문자] 패널을 선택해도 됩니다.

❸ [문자] 패널에서 '스타일 : ExtraBold, 크기 : 48pt, 자간 : 1000'으로 수정합니다.

❹ 색상을 클릭해서 색상 피커를 표시하고 이미지의 아보카도를 클릭해서 색상을 추출합니다.

❺ [확인] 버튼을 클릭합니다.

❻ 문자가 수정되었는지 확인합니다.

실습 03

문자 단락으로 입력하기

예제 파일 : 05-03오로라.psd

- 제시하는 내용을 단락 방식으로 입력하시오.
- '글꼴 : 나눔스퀘어, 스타일 : Regular, 크기 : 16pt, 행간 : 24pt, 색상 : 흰색(#ffffff), 정렬 : 텍스트 오른쪽 맞춤'으로 설정하시오.

오로라는
우주에서 지구로 유입되는
하전 입자들이 고층 대기의 기체들과 충돌하여
빛을 내는 현상

before

after

❶ [문자] 패널에서 '글꼴 : 나눔스퀘어, 스타일 : Regular, 크기 : 16pt, 행간 : 24pt, 색상 : 흰색(#ffffff)'을 설정합니다.

❷ [단락] 패널에서 '정렬 : 텍스트 오른쪽 맞춤'으로 설정합니다.

Tip 옵션 바에서 정렬을 설정해도 됩니다.

❸ 이미지 왼쪽 아래에 문자가 입력될 부분을 [수평 문자 도구]로 드래그하여 문자 박스를 만듭니다.

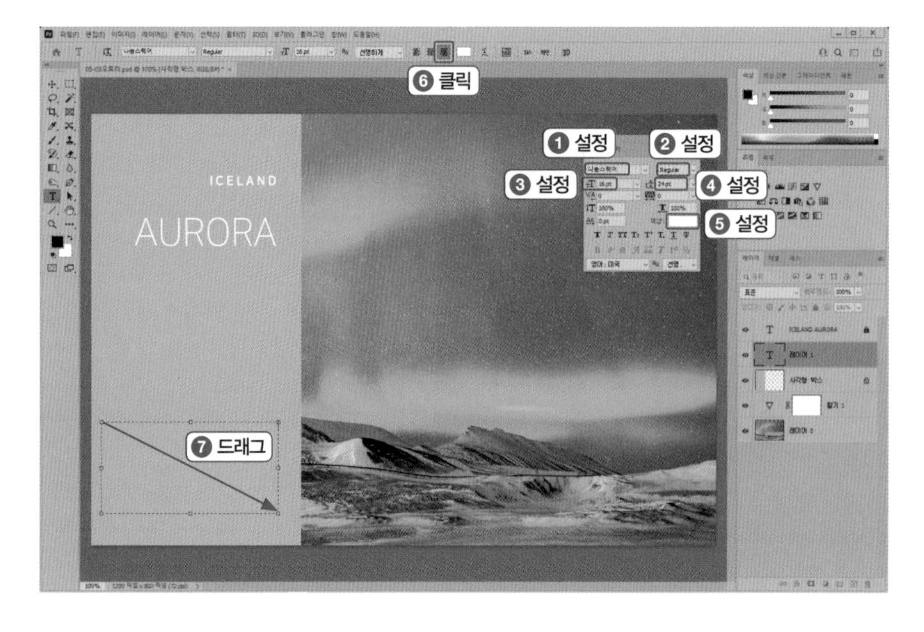

❹ 줄 바꿈 하는 곳은 Enter 를 눌러서 문자를 입력합니다.

❺ 옵션 바의 [확인] 버튼을 클릭합니다.

Tip 문자 박스가 작아서 문자가 다 보이지 않거나 줄 바꿈이 되면 문자 박스 크기를 조절합니다.

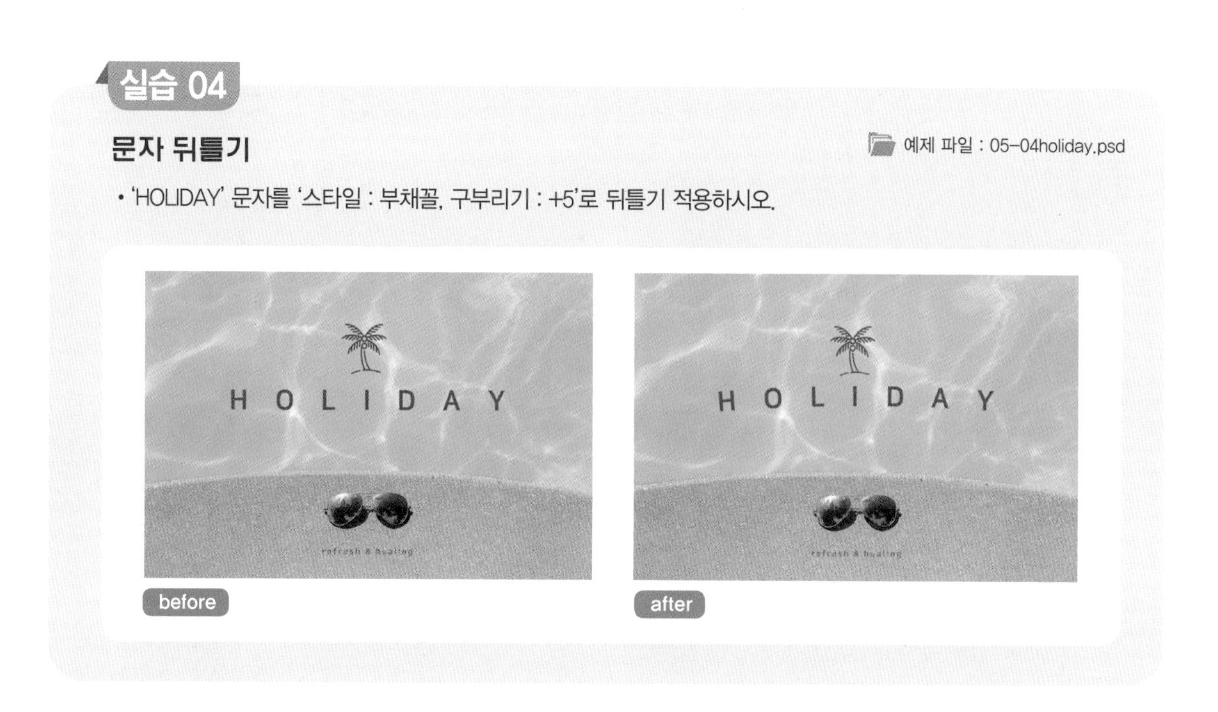

실습 04

문자 뒤틀기

예제 파일 : 05-04holiday.psd

- 'HOLIDAY' 문자를 '스타일 : 부채꼴, 구부리기 : +5'로 뒤틀기 적용하시오.

❶ 'HOLIDAY' 레이어를 선택합니다.

❷ [수평 문자 도구]를 선택하고, 옵션 바에서 [문자 뒤틀기] 아이콘을 클릭합니다.

❸ '스타일 : 부채꼴, 구부리기 : +5'로 설정합니다.

❹ [확인] 버튼을 클릭합니다.

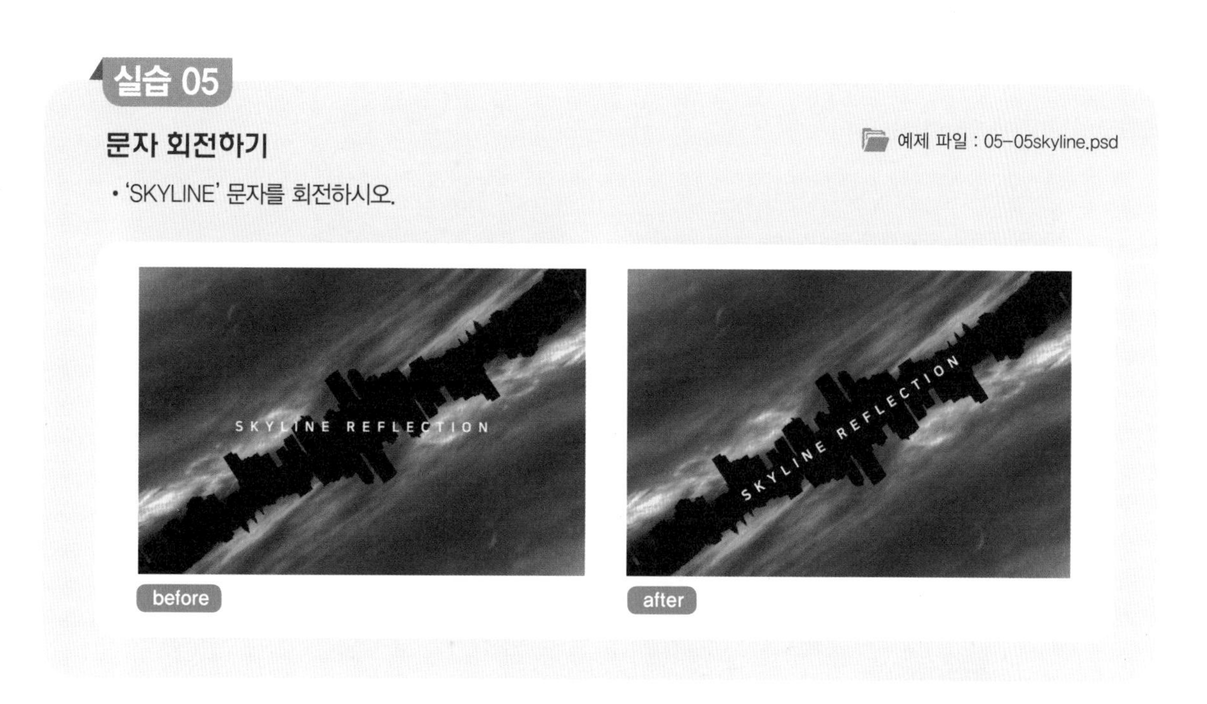

실습 05

문자 회전하기

예제 파일 : 05-05skyline.psd

- 'SKYLINE' 문자를 회전하시오.

❶ 'skyline' 레이어를 선택합니다.

❷ [편집]-[자유변형] 메뉴를 선택합니다.

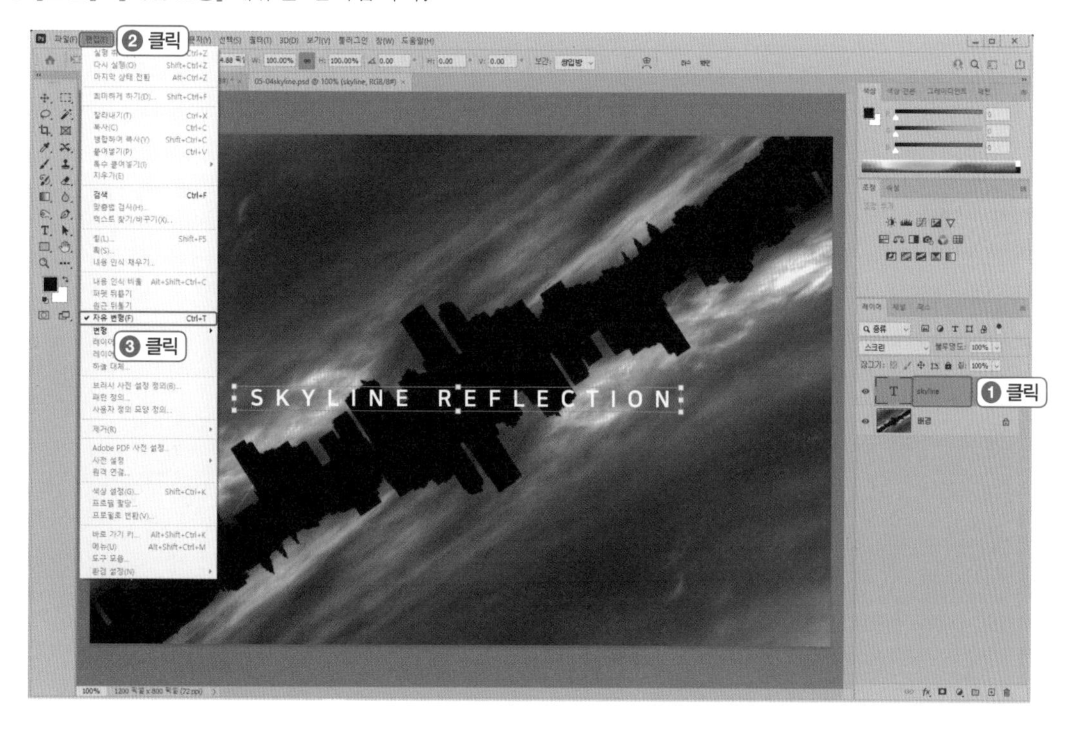

Tip 자유 변형 단축키는 Ctrl+T입니다.

❸ 조절점 주위에 마우스를 위치하고 드래그하며 회전합니다.

❹ [확인] 버튼을 클릭합니다.

Tip 자유 변형 기능을 사용하면 문자 크기와 회전을 조절할 수 있습니다.

실습 06

문자 레스터화

예제 파일 : 05-06orange.psd

• 'ORANGE' 문자를 잘리게 표현하시오.

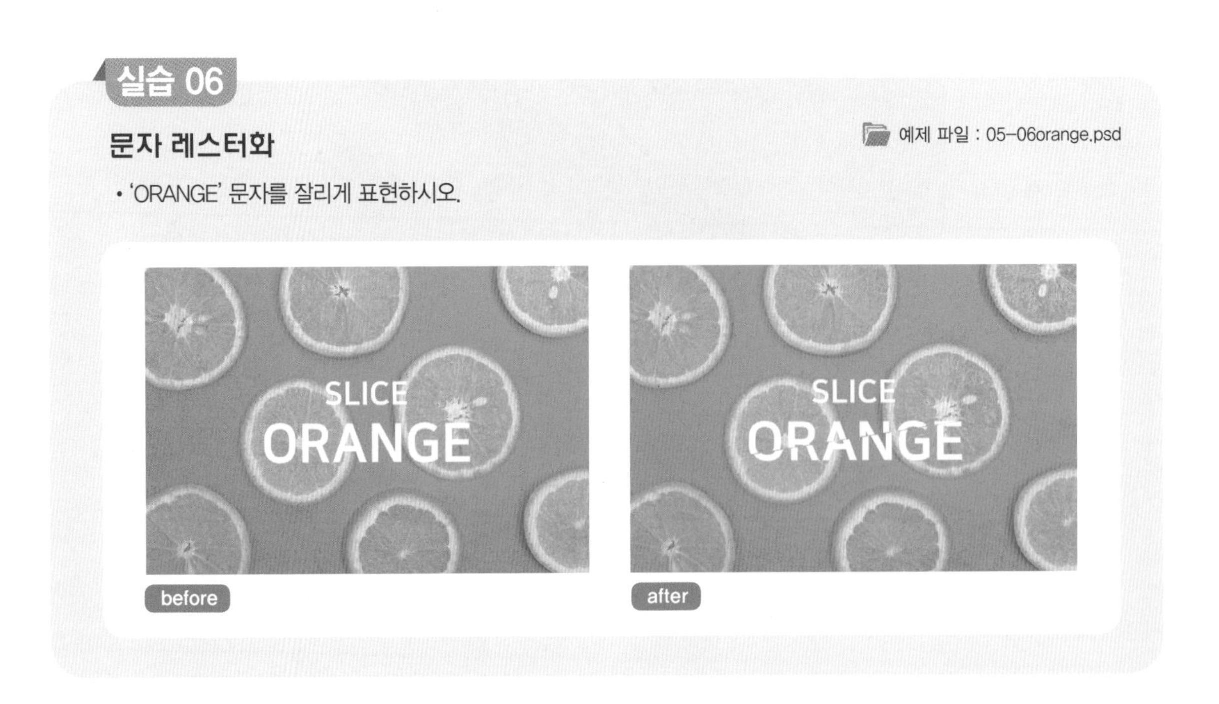

❶ 'ORANGE' 레이어를 선택합니다.

❷ [문자]–[문자 레이어 래스터화] 메뉴를 클릭합니다.

Tip 문자 래스터화는 문자 레이어가 일반 레이어로 변환되므로 더 이상 문자 속성을 편집할 수 없습니다.

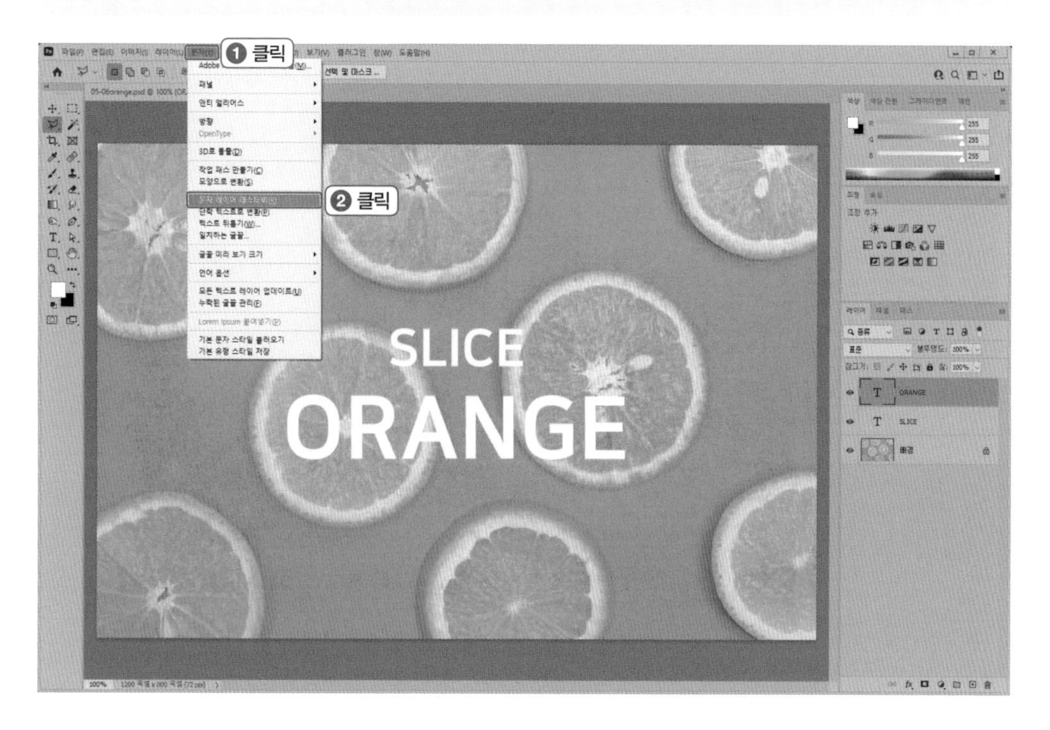

❸ [다각형 올가미] 도구를 선택합니다.

❹ 비스듬하게 글자의 아래쪽을 선택합니다.

❺ [이동 도구]를 선택한 후 오른쪽으로 드래그합니다.

Tip 오른쪽 방향키를 사용해도 됩니다.

❻ Ctrl + D 단축키를 눌러서 선택 해제합니다.

실/력/점/검

1 문자 'WINTER IS COMMING'을 이미지에 입력하시오. '글꼴 : 나눔스퀘어, 스타일 : Light, 크기 : 60pt, 색상 : 흰색(#ffffff)'으로 설정하고, 'WINTER' 단어는 '스타일 : ExtraBold'로 설정하시오.

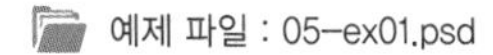

예제 파일 : 05-ex01.psd

▲ Before

▲ After

HINT

- [수평 문자 도구]를 사용합니다.
- [옵션 바] 또는 [문자] 패널에서 문자 속성을 설정합니다.

2 'Time' 레이어를 '행간 : 72pt, 정렬 : 텍스트 오른쪽 맞춤'으로 설정하시오.

예제 파일 : 05-ex02.psd

▲ Before

▲ After

HINT

- 문자 레이어를 선택하고 문자 속성을 설정하면 문자 전체가 수정됩니다.
- [옵션 바] 또는 [단락] 패널에서 정렬을 설정하고, [문자] 패널에서 행간을 설정합니다.

실/력/점/검

③ 'Be Yourself' 단어를 '크기 : 72pt'로 설정하시오.

예제 파일 : 05-ex03.psd

▲ Before

▲ After

HINT

- 문자 일부를 수정하기 위해서는 블록 지정합니다.
- 문자 레이어의 축소판을 더블 클릭한 후 수정할 문자를 드래그하여 블록 지정합니다. 또는 [수평 문자 도구]로 수정할 문자를 드래그하여 블록 지정합니다.

④ 자유 변형 기능을 활용해서 문자 크기를 키우고 회전하시오. 좌측 아래로 이동하시오.

예제 파일 : 05-ex04.psd

▲ Before

▲ After

HINT

- [편집]-[자유 변형] 메뉴 또는 Ctrl+T 단축키를 사용합니다.
- 자유 변형을 활용하면 문자 크기 비율과 회전 조절을 할 수 있습니다.

페인팅 및 리터칭 작업

학습목표

- 브러시 도구 사용법과 설정 이해하기
- 그레이디언트 도구 사용법과 설정 이해하기
- 내용 인식 채우기
- 패턴 채우기

실습

- 실습1 | 브러시 도구를 활용한 편집
- 실습2 | 브러시 도구를 활용한 그림자 만들기
- 실습3 | 투명한 선형 그레이디언트 만들기
- 실습4 | 투명한 방사형 그레이디언트 만들기
- 실습5 | 내용 인식 채우기
- 실습6 | 패턴 만들고 채우기

페인팅 및 리터칭 작업

포토샵에서는 브러시 도구, 그레이디언트 도구 등을 활용한 페인팅 작업과 내용 인식 채우기 등 이미지를 수정하는 리터칭 기능을 제공합니다. 이번 장에는 포토샵의 페인팅과 리터칭 작업에 대해 학습합니다.

1 브러시 도구

[브러시 도구]와 [연필 도구]는 전경색을 페인팅하는 대표적인 도구입니다. 사용법은 동일하지만 [브러시 도구]는 부드러운 획으로 페인팅하며, [연필 도구]는 가장자리가 선명한 획으로 페인팅하는 차이점이 있습니다. 비트맵 방식의 도구이므로 레이어를 새롭게 만들어 작업하는 것을 권장합니다.

1) 옵션 바의 속성

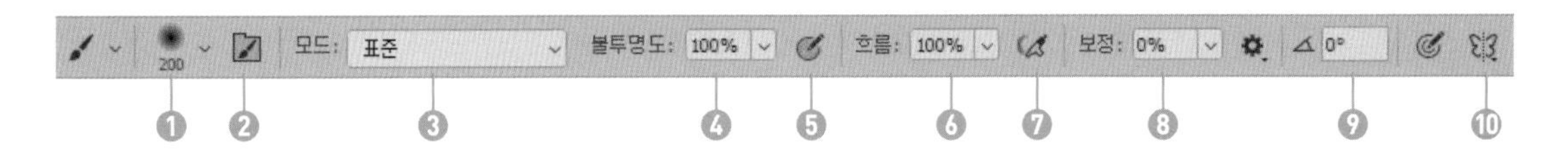

❶ 브러시 사전 설정을 선택할 수 있습니다. 캔버스에서 마우스 오른쪽 버튼을 클릭해도 동일한 설정이 표시됩니다.

❷ [브러시 설정] 패널을 표시합니다.

❸ 브러시 색상 모드를 설정합니다.(색상 모드는 Chapter 8에서 학습합니다.)

❹ 브러시 불투명도를 설정하며 0%가 될수록 투명해 집니다.

❺ 스타일러스를 사용하는 경우 압력을 사용합니다.

❻ 브러시는 점의 흐름으로 만들어집니다. 이 옵션은 브러시 한 점의 농도를 설정합니다.

❼ 마우스를 계속 누르고 있으면 농도가 짙어지는 에어브러시 형식으로 사용합니다.

❽ 브러시의 움직임을 보정합니다. 0%는 기존의 브러시 움직임 방식입니다.

❾ 브러시 모양의 각도를 조절합니다.

❿ 설정에 따라 브러시를 대칭으로 페인팅합니다.

2) 브러시 설정

캔버스에서 마우스 오른쪽 버튼을 클릭하면 빠르게 브러시를 선택하고 설정할 수 있습니다. 설정에 따라 드래그하거나 도장 찍듯이 클릭해서 사용할 수 있습니다.

❶ **크기 :** 브러시의 크기를 조절할 수 있습니다. 빠르게 설정하려면 단축키 [,]를 사용합니다.

❷ **경도 :** 브러시 윤곽선의 단단한 정도를 설정합니다. 경도 0%가 될수록 부드러운 브러시를 사용합니다.

❸ **종류 :** 단순한 모양, 흩뿌리는 모양 등 여러 가지 브러시 종류를 선택할 수 있습니다.

Tip CapsLock을 누르면 브러시의 중심점이 표시되어 정밀한 작업을 할 수 있습니다.

2 그레이디언트 도구

[그레이디언트 도구]는 여러 가지 색상을 자연스럽게 혼합하는 도구이며, 사전 설정을 사용하거나 사용자가 직접 만들 수도 있습니다. 드래그하는 방향과 길이에 따라 다양한 모양을 만듭니다.

1) 옵션 바의 속성

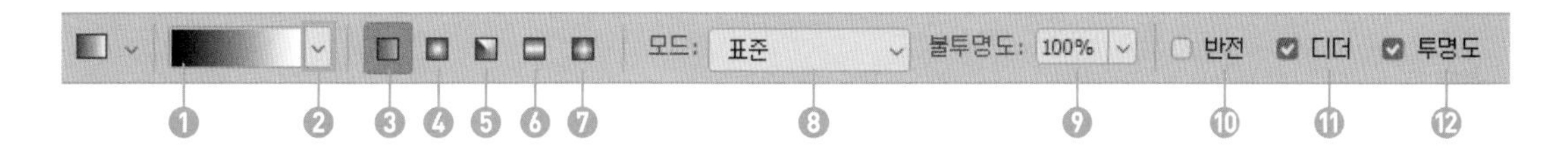

❶ 클릭하면 그레이디언트 편집기를 표시합니다.

❷ **그레이디언트 피커 :** 그레이디언트 종류를 선택합니다.

❸ **선형 그레이디언트 :** 시작점에서 끝점까지 직선으로 모양을 만듭니다.

❹ **방사형 그레이디언트 :** 시작점에서 끝점까지 원형으로 모양을 만듭니다.

❺ **각진 그레이디언트 :** 시작점 주위로 원형의 모양을 만듭니다.

❻ **반사 그레이디언트 :** 시작점의 양쪽으로 동일한 선형 그레이디언트 모양을 만듭니다.

❼ **다이아몬드 그레이디언트 :** 다이아몬드 모양의 그레이디언트를 만듭니다.

❽ 그레이디언트의 색상 모드를 설정합니다.

❾ 그레이디언트의 불투명도를 설정합니다.

❿ 색상 순서를 반전시켜서 그레이디언트 모양을 만듭니다.

⓫ 디더 기법으로 부드러운 그레이디언트를 만듭니다.

⓬ 투명 그레이디언트를 사용합니다. 체크 해제하면 투명한 그레이디언트를 사용할 수 없습니다.

2) 그레이디언트 편집기

그레이디언트를 사용자가 직접 편집하거나 세부적인 설정을 할 수 있습니다.

❶ 사전 설정 그레이디언트입니다.

❷ 그레이디언트의 이름입니다.

❸ 색상과 불투명도 조절을 할 수 있는 단색 그레이디언트와 불규칙한 모양의 노이즈 그레이디언트를 선택할 수 있습니다.

❹ 그레이디언트 경계의 부드러운 정도를 조절합니다.

❺ **불투명도 정지점 :** 불투명도를 조절할 수 있습니다.

❻ **색상 막대 :** 그레이디언트의 모양을 미리 표시합니다.

❼ **색상 정지점 :** 색상을 조절할 수 있습니다. 색상 막대의 아래 부분을 클릭하면 정지점이 추가되고 아래로 드래그하면 삭제됩니다.

❽ 그레이디언트 색상의 중간점을 조절합니다.

3 채우기

1) 패턴

패턴은 반복되는 모양을 의미하며, 등록 방법과 적용법은 아래와 같습니다.

❶ **패턴 등록 방법 :** 패턴으로 등록될 영역을 [사각형 선택 윤곽 도구]로 선택 후 [편집]–[패턴 정의] 메뉴를 클릭하여 등록합니다.

❷ **패턴 적용 방법 :** [편집]–[칠] 메뉴를 클릭하여 표시되는 설정 창에서 '내용 : 패턴'을 선택합니다. 또는 모양 도구의 칠, 레이어 스타일의 그레이디언트 오버레이 기능을 사용해서 패턴을 채울 수 있습니다.

Tip 패턴 등록할 때 배경이 투명하면 투명한 패턴을 만들 수 있습니다.

2) 내용 인식

내용 인식은 이미지를 분석하여 최적의 디테일을 찾아 선택된 영역을 지능적으로 교체합니다.

❶ [편집]–[칠] **메뉴 :** 선택 도구를 활용해서 이미지를 선택한 후 '내용 : 내용 인식'을 적용합니다.

❷ [편집]–[내용 인식 채우기] **메뉴 :** 인식할 영역을 샘플링 설정하여 적용합니다.

❸ **[내용 인식 이동 도구] :** 선택한 영역과 이동된 영역을 '이동' 또는 '확장' 옵션으로 재구성합니다.

실습 01

브러시 도구를 활용한 편집

예제 파일 : 06-01car.psd

• 브러시를 활용해서 차의 일부분만 남기고 자연스럽게 페인팅합니다.

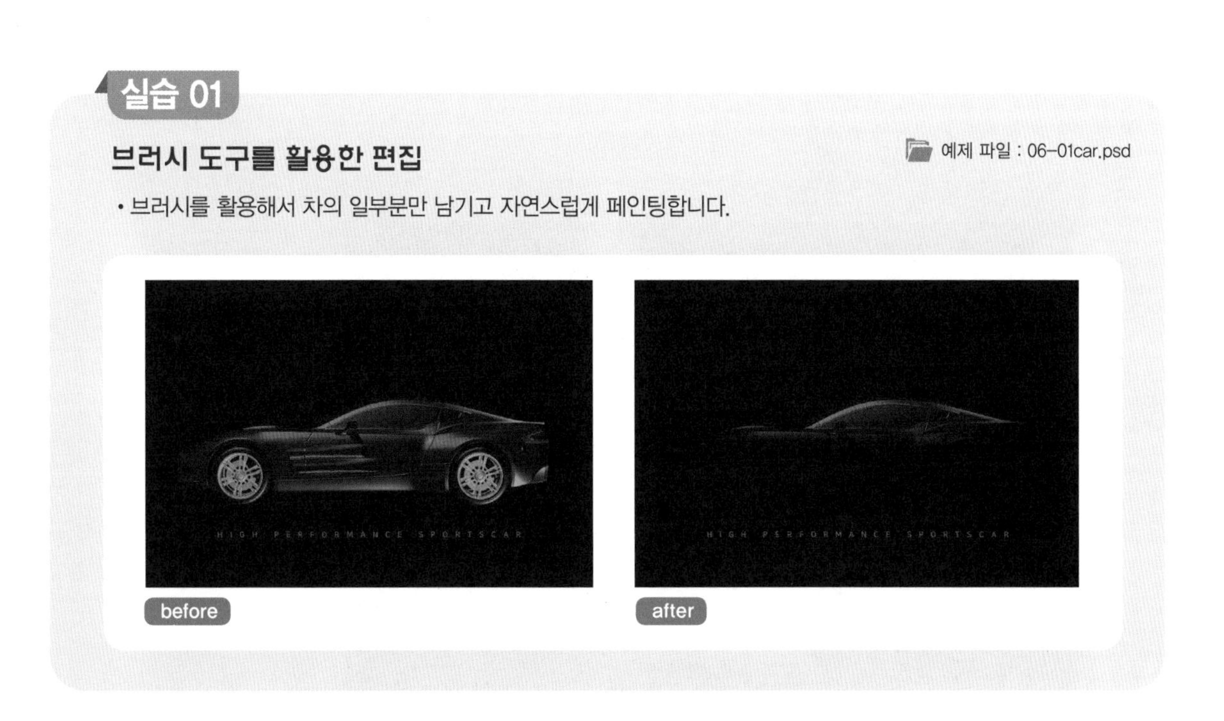

❶ '배경' 레이어 위에 새로운 레이어를 만듭니다.

❷ 레이어 이름을 더블클릭해서 '브러시'로 이름을 변경합니다.

Tip 새로운 레이어에 브러시 작업을 하면 효율적인 편집을 할 수 있습니다.

❸ [브러시 도구]를 선택 후 캔버스 위에서 마우스 오른쪽 버튼을 클릭합니다. 설정 창에서 '크기 : 400픽셀, 경도 : 0%'로 설정합니다.

Tip 브러시 크기는 절대적인 기준은 없고 작업하려는 이미지의 크기에 맞게 조절하며 사용합니다. 단축키 [,]를 사용하면 크기를 빠르게 조절할 수 있습니다.

④ 전경색을 검은색으로 설정하고 차의 일부분만 보이도록 드래그하여 페인팅 작업을 합니다.

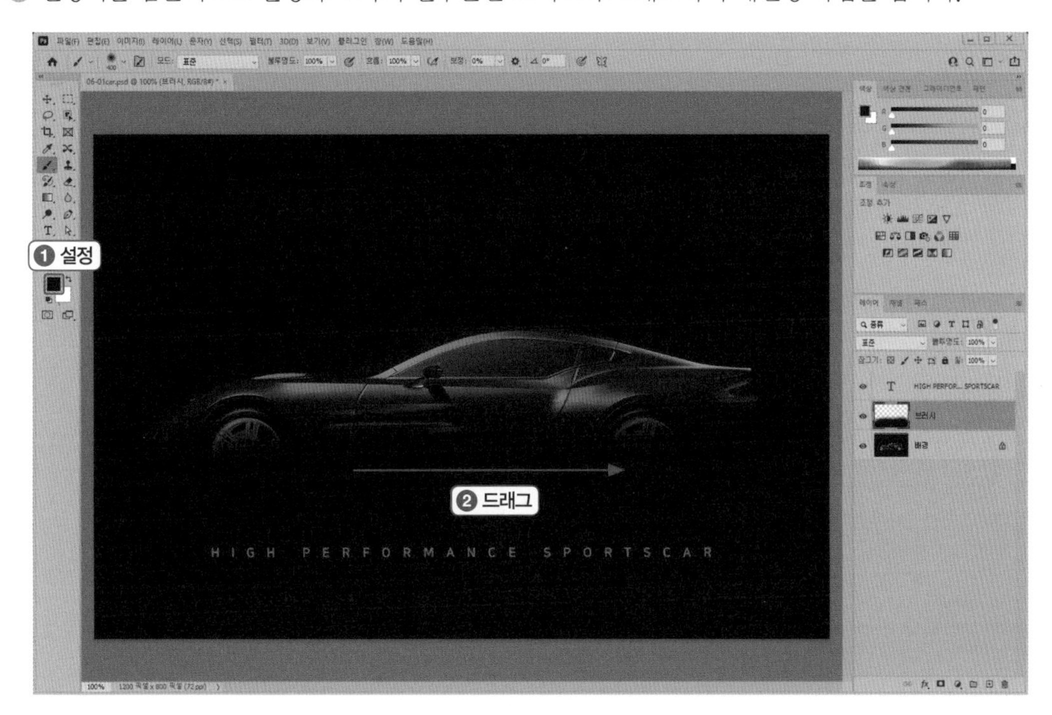

Tip 페인팅이 마음에 들지 않으면 Ctrl+Z 단축키를 눌러서 작업을 되돌립니다.

실습 02

브러시 도구를 활용한 그림자 만들기

예제 파일 : 06-02heart.psd

• 하트 아래에 그림자를 만드시오.

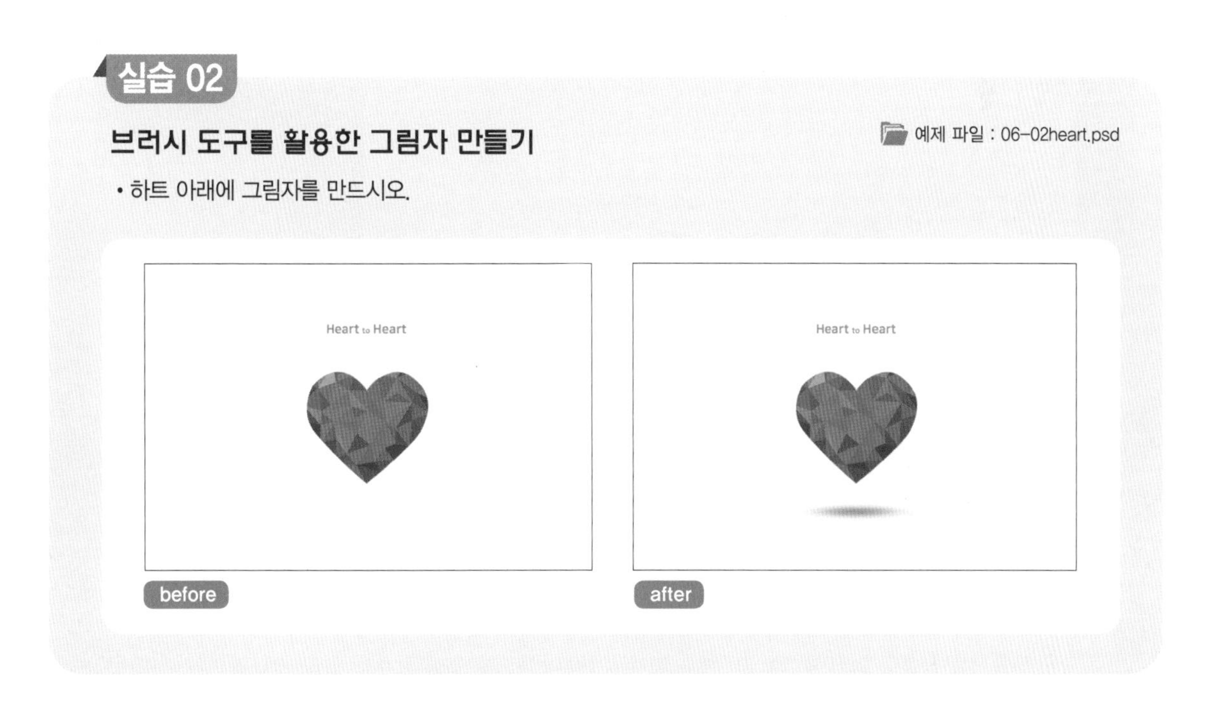

❶ '그림자' 레이어를 선택합니다.

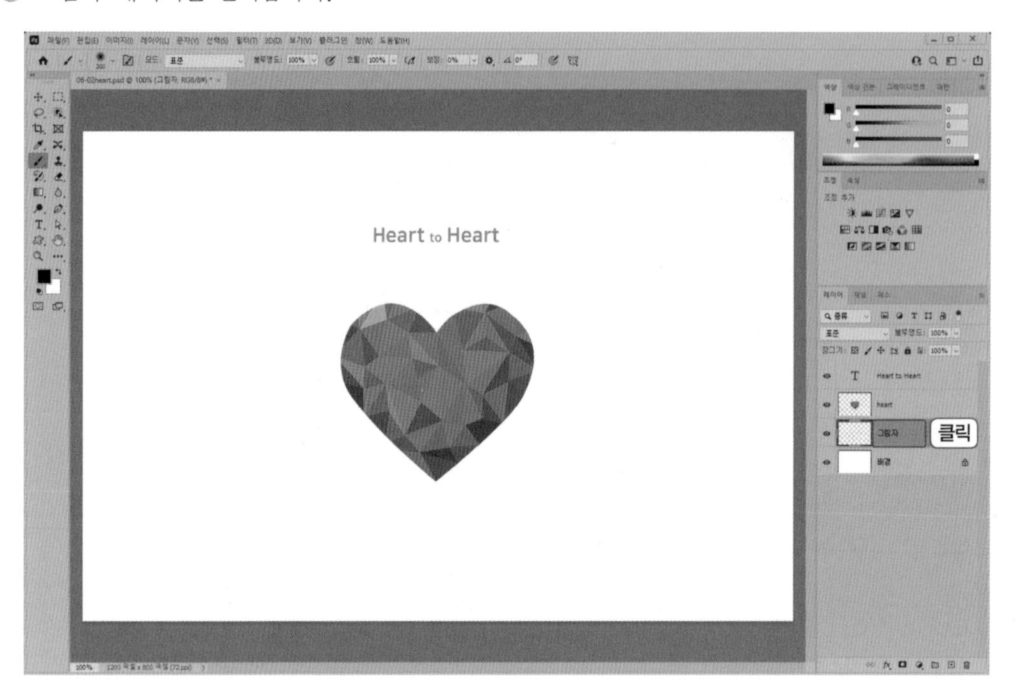

❷ [브러시 도구]를 선택해서 '크기 : 300픽셀, 경도 : 0%, 전경색 : #999999'로 설정합니다.

❸ 하트 아래 부분에서 클릭합니다.

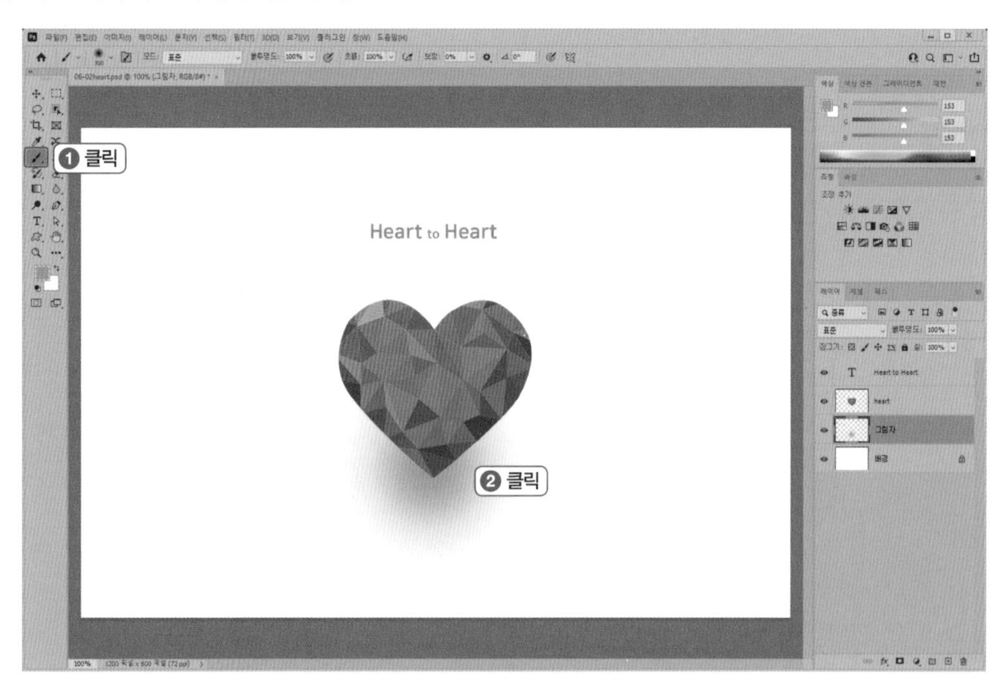

Tip 전경색을 검은색으로 설정 후 레이어 불투명도로 그림자 농도를 조절할 수도 있습니다. 레이어 불투명도는 Chapter 8에서 학습합니다.

❹ 자유 변형 [Ctrl]+[T] 단축키를 누릅니다.

❺ [Shift]+[Alt]를 누른 상태에서 조절점을 드래그하여 그림자를 변형합니다.

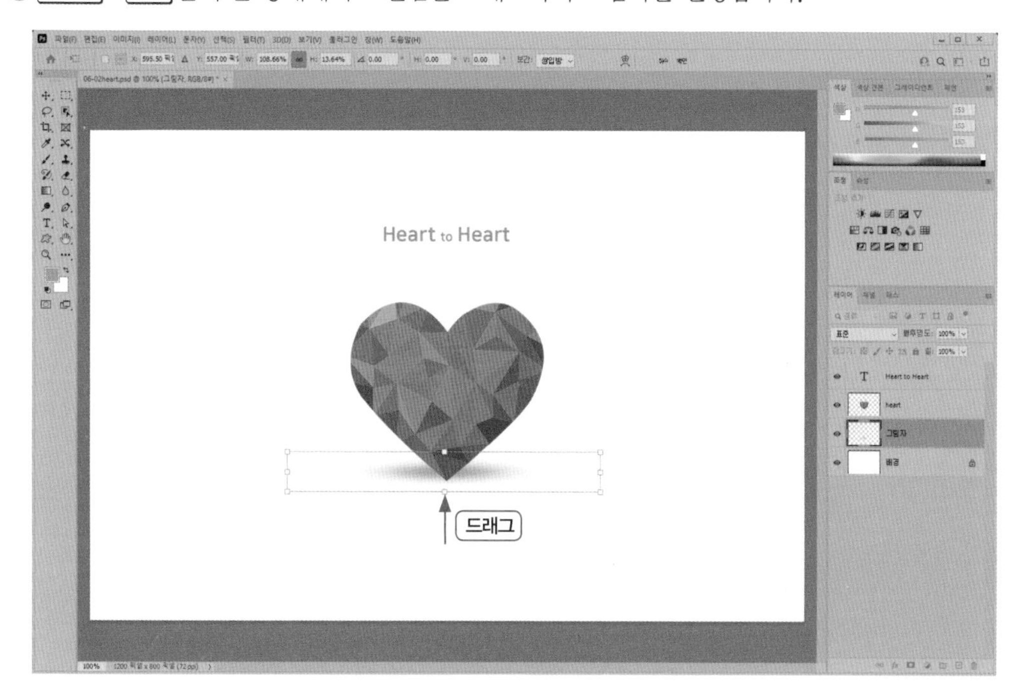

Tip [Shift]를 사용하면 가로세로 비율을 무시하며 변형하고, [Alt]를 사용하면 가운데를 기준으로 변형합니다.

❻ 위치를 조절하고 옵션 바의 [확인]을 클릭하여 완료합니다.

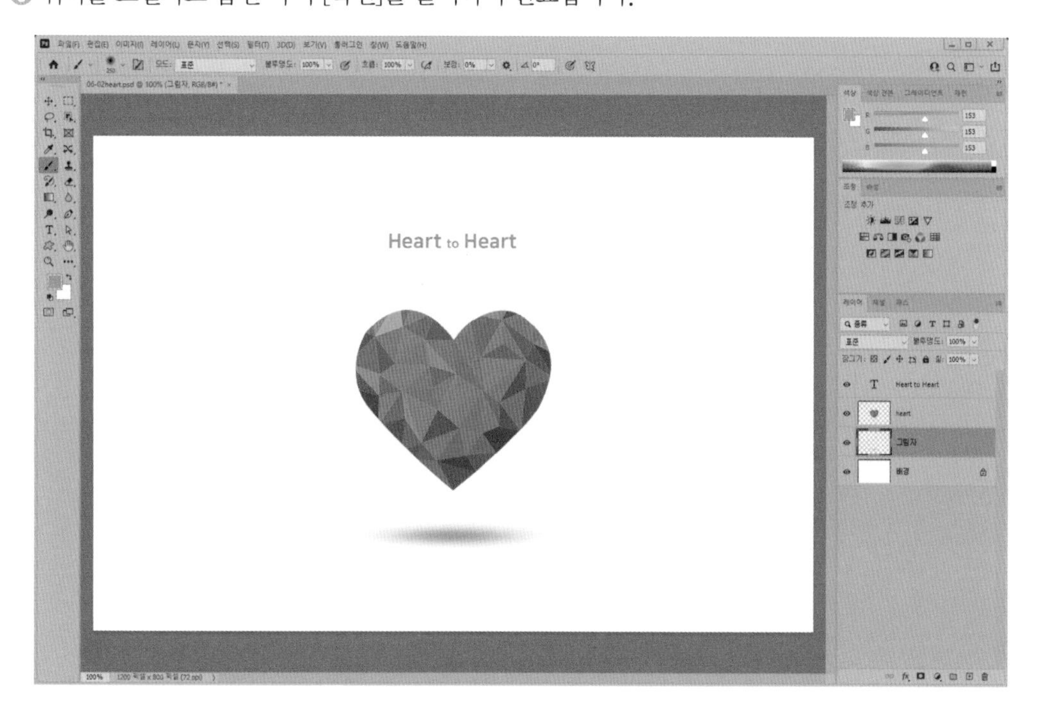

실습 03

투명한 선형 그레이디언트 만들기

예제 파일 : 06-03forest.psd

• #669933의 색상이 위쪽으로 갈수록 투명해지는 선형 그레이디언트를 제작하시오.

before

after

❶ '그레이디언트' 레이어를 선택합니다.

❷ 전경색을 #669933으로 설정하고 [확인] 버튼을 클릭합니다.

③ [그레이디언트 도구]를 선택하고 옵션 바에서 '선형 그레이디언트'를 클릭합니다.

④ [그레이디언트 피커]를 클릭해서 '전경색에서 투명으로'를 선택합니다.

⑤ 캔버스 아래에서 위로 드래그하여 그레이디언트를 만듭니다.

Tip [그레이디언트 도구]는 드래그하는 길이와 방향에 따라 모양이 달라집니다.

실습 04

투명한 방사형 그레이디언트 만들기

예제 파일 : 06-04wave.psd

- 흰색에서 한쪽으로 갈수록 투명해지는 방사형 그레이디언트를 제작하시오.

before

after

❶ '그레이디언트' 레이어를 선택합니다.

❷ 전경색을 흰색(#ffffff)으로 설정하고 [확인] 버튼을 클릭합니다.

❸ [원형 선택 윤곽 도구]를 선택합니다.

❹ Shift + Alt 를 누른 상태에서 드래그하여 정원 선택 영역을 만듭니다.

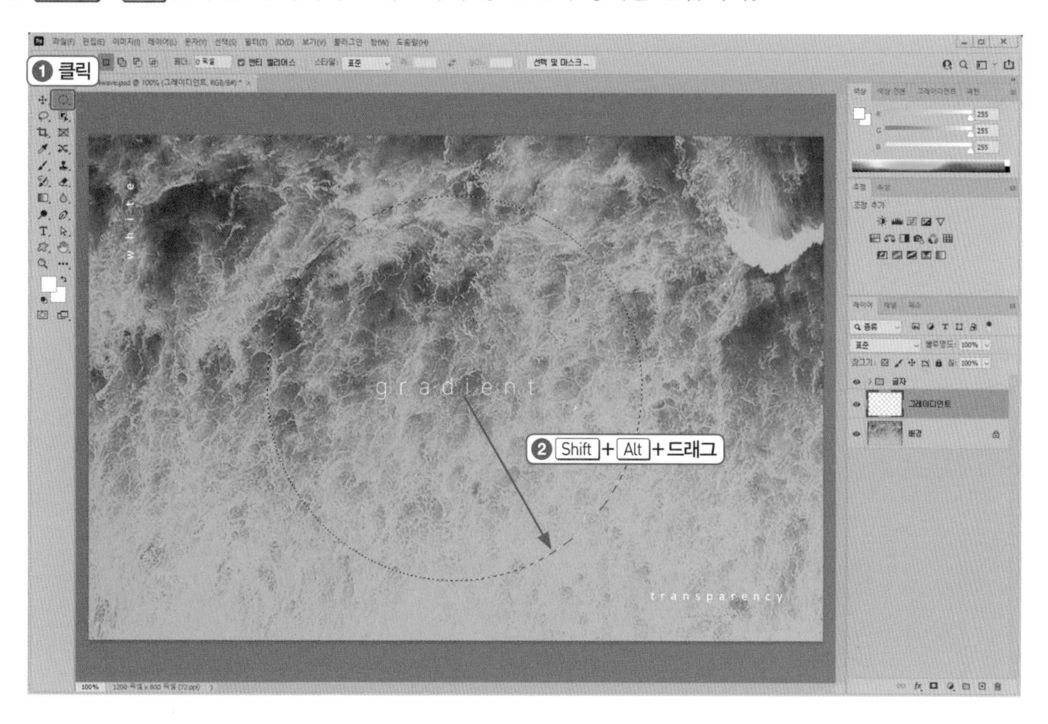

❺ [그레이디언트 도구]를 선택하고 옵션 바에서 '방사형 그레이디언트'를 클릭합니다.

❻ [그레이디언트 피커]를 클릭해서 '전경색에서 투명으로'를 선택합니다.

❼ 선택 영역의 왼쪽 위에서 오른쪽 아래로 드래그하여 그레이디언트를 만듭니다.

❽ Ctrl+D 단축키를 눌러 선택 영역을 해제합니다.

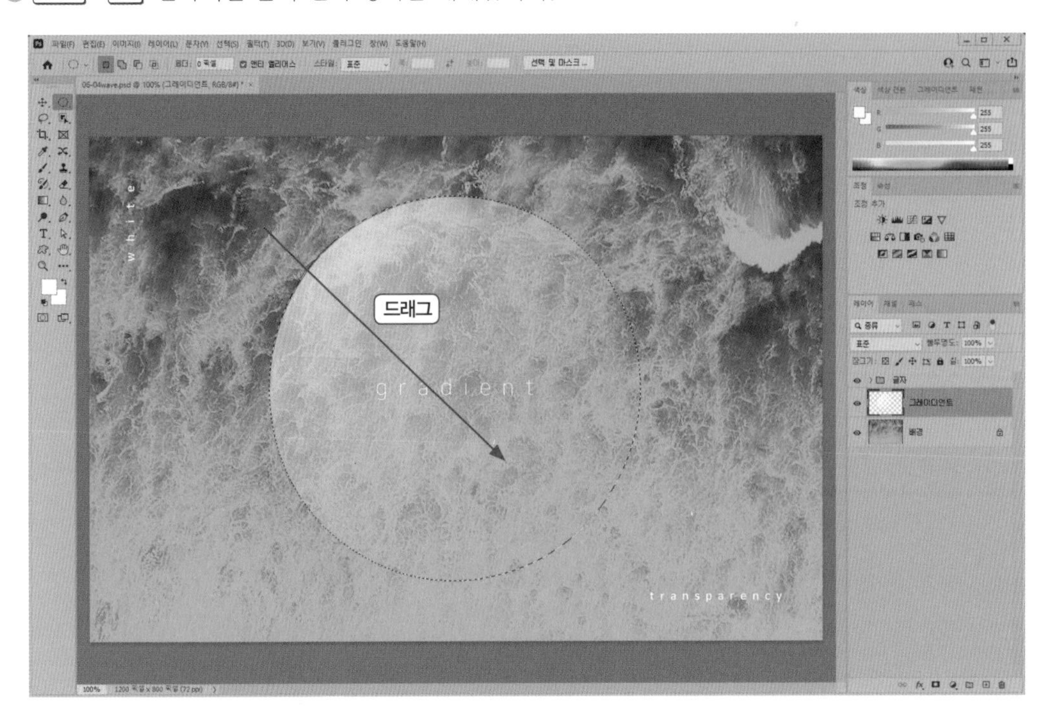

Tip 그레이디언트가 마음에 들지 않으면 Ctrl+Z 단축키를 눌러서 작업을 되돌립니다.

실습 05

내용 인식 채우기

예제 파일 : 06-05열기구.psd

• 오른쪽 열기구를 자연스럽게 이미지에서 지우시오.

before

after

❶ [올가미 도구]를 선택합니다.

❷ 오른쪽 열기구 주위를 드래그하여 선택합니다.

❸ [편집]–[칠] 메뉴를 클릭합니다.

❹ '내용 : 내용 인식'으로 설정하고 [확인] 버튼을 클릭합니다

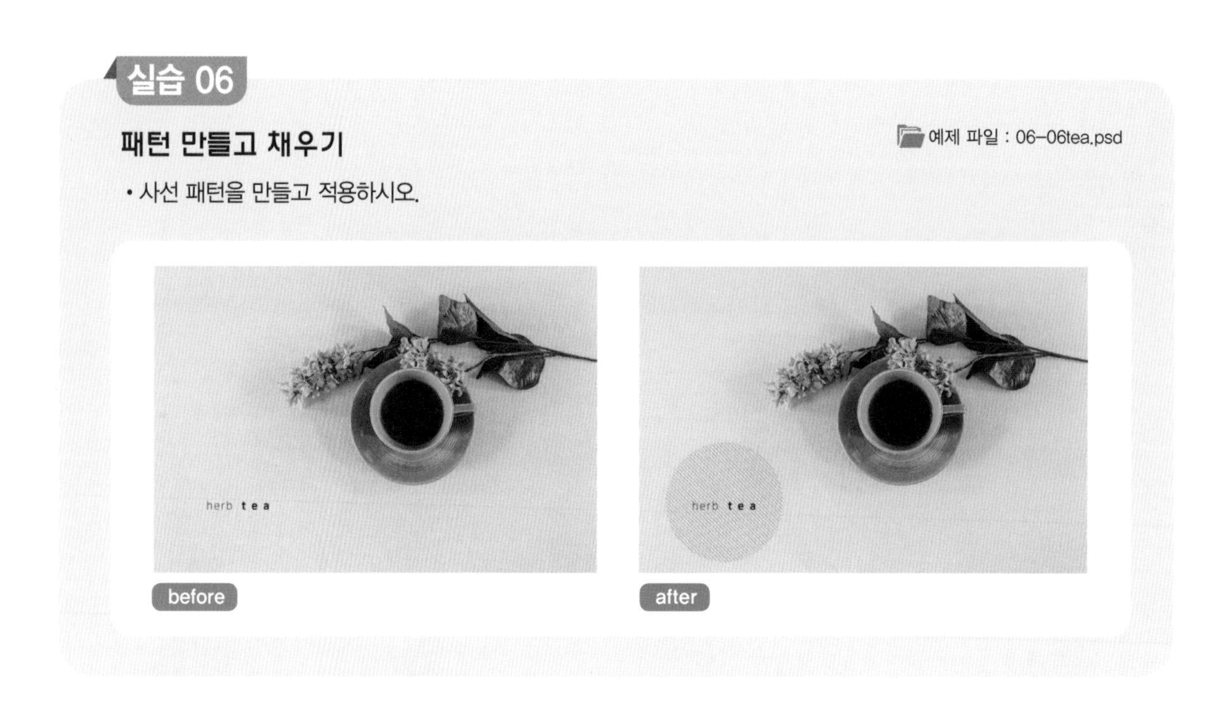

실습 06

패턴 만들고 채우기

예제 파일 : 06-06tea.psd

• 사선 패턴을 만들고 적용하시오.

❶ [파일]-[새로 만들기] 메뉴를 클릭합니다.

❷ '사전 설정 : 웹, 제목 : 패턴, 폭 : 10, 높이 : 10, 아트보드 : 체크 해제, 배경 내용 : 투명'으로 설정하고 [만들기] 버튼을 클릭합니다.

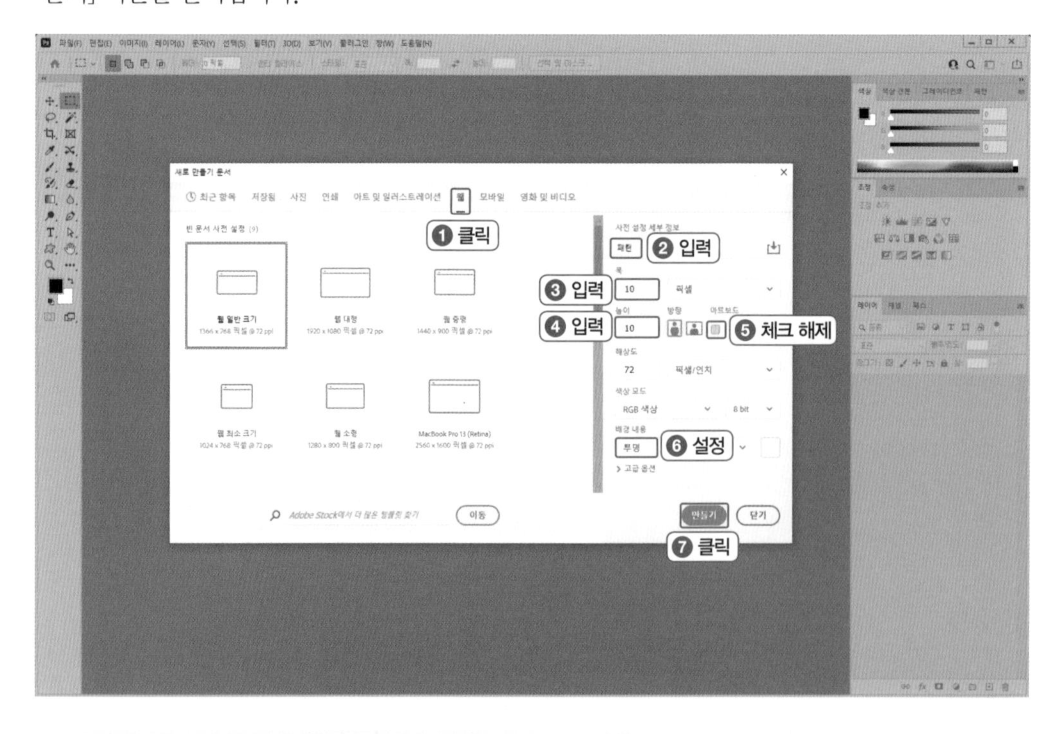

Tip 배경을 투명하게 설정하면 배경이 투명한 패턴을 만들 수 있습니다.

③ Ctrl + Space 단축키를 사용해서 화면을 확대합니다.

④ 전경색을 #009999로 설정합니다.

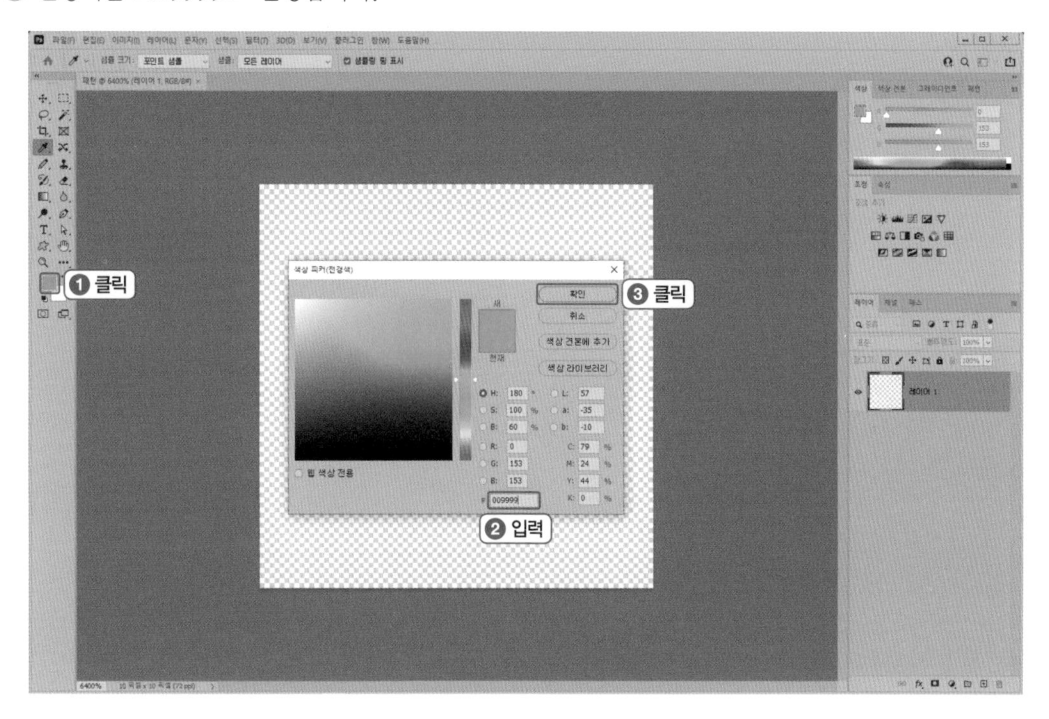

Tip 패턴 색상은 [레이어 스타일]의 [색상 오버레이] 등의 기능으로 차후에 수정할 수 있습니다.

⑤ [연필 도구]를 선택합니다.

⑥ 캔버스 위를 마우스 오른쪽 버튼을 클릭해서 '크기 : 1픽셀'로 설정합니다.

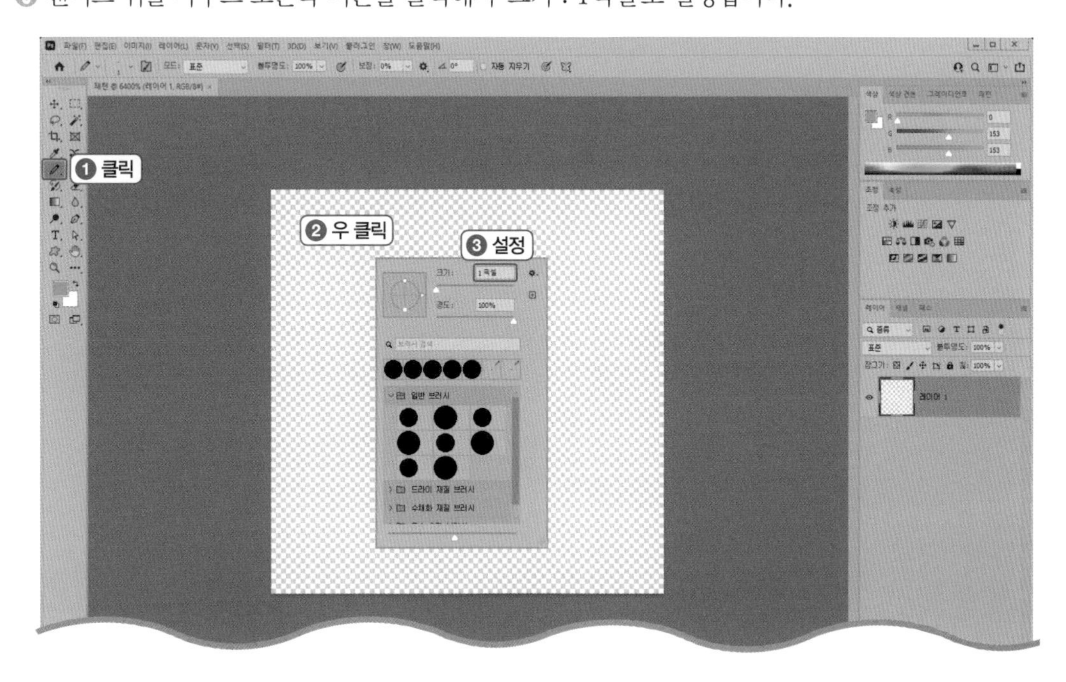

⑦ 클릭하면서 선을 만듭니다.

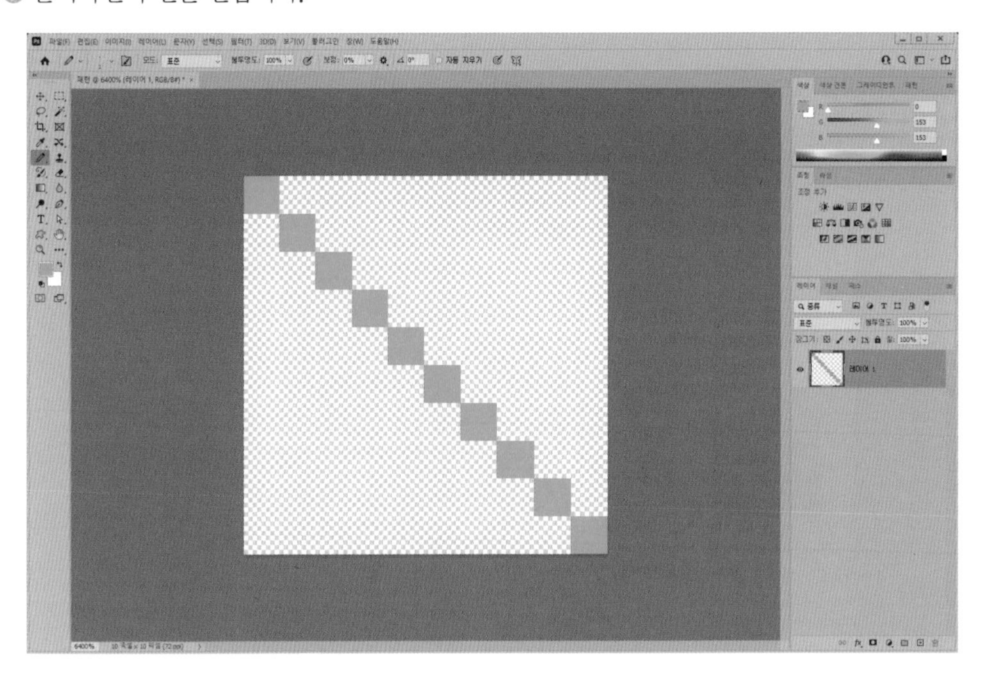

Tip 확대된 상태이므로 클릭하면서 선을 만들어야 쉽게 작업할 수 있습니다.

⑧ [편집]–[패턴 정의] 메뉴를 클릭합니다.

⑨ 패턴 이름 설정 창에서 '패턴-10픽셀'을 입력하고 [확인] 버튼을 클릭합니다.

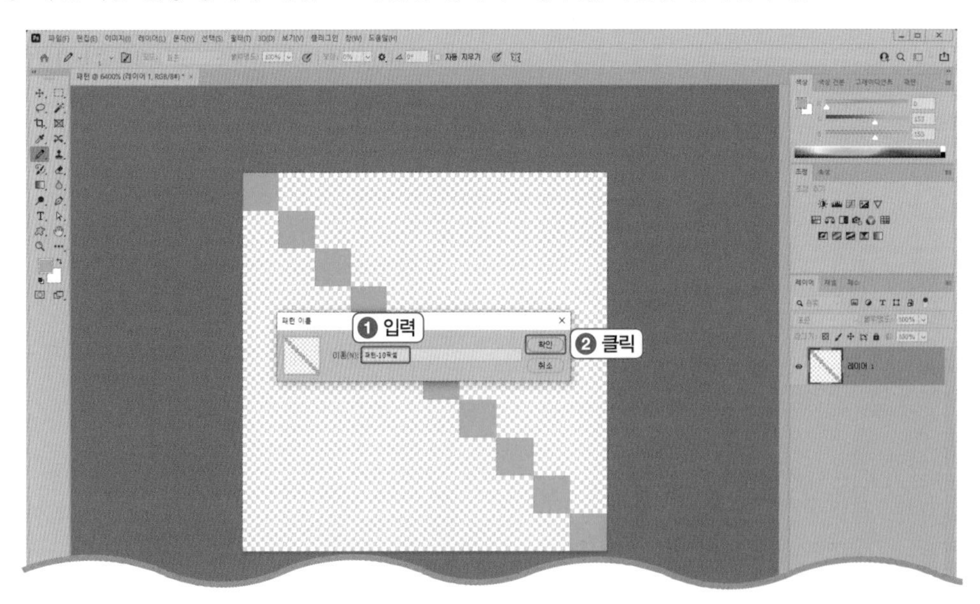

Tip 현재는 전체 캔버스를 패턴으로 등록합니다. 만약 캔버스 일부분을 패턴으로 등록하려면 [사각형 윤곽 선택 도구]를 활용해서 영역을 지정합니다.

⑩ [파일]-[열기] 메뉴를 클릭해서 '06-06tea.psd'를 선택합니다.

⑪ '배경' 레이어 위에 새로운 레이어를 만듭니다.

⑫ [원형 선택 윤곽 도구]를 선택하고 Shift 를 누른 상태에서 드래그하여 선택 영역을 만듭니다.

⑬ [편집]-[칠] 메뉴를 클릭합니다.

⑭ '내용 : 패턴'으로 설정하고, 사용자 정의 패턴에서 방금 만든 패턴을 선택합니다.

⑮ [확인] 버튼을 클릭합니다.

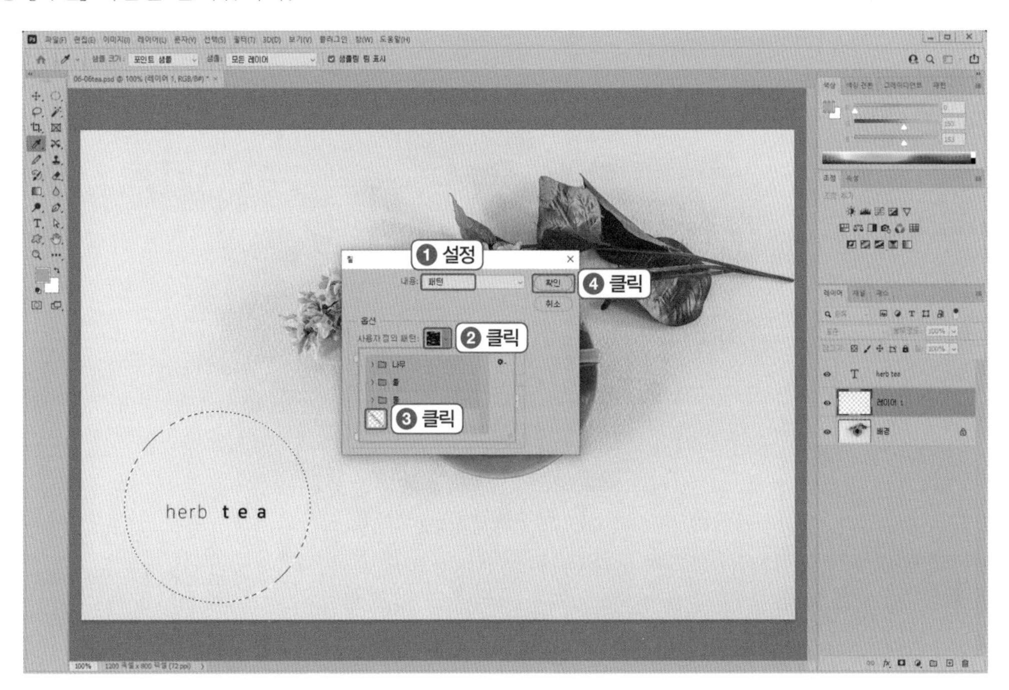

실 / 력 / 점 / 검

1 흰색이 위쪽으로 갈수록 투명해지는 선형 그레이디언트를 제작하시오.

예제 파일 : 06-ex01.psd

▲ Before

▲ After

HINT

- [그레이디언트 도구]를 선택하고 옵션 바에서 '선형 그레이디언트' 유형을 사용합니다.
- [그레이디언트 피커]를 클릭해서 '전경색에서 투명으로'를 선택합니다.

2 흰색에서 투명하게 변하는 방사형 그레이디언트를 제작하시오.

예제 파일 : 06-ex02.psd

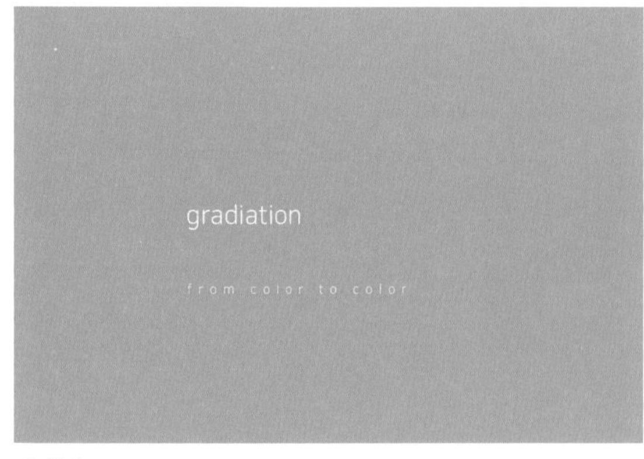

▲ Before

▲ After

HINT

- [그레이디언트 도구]를 선택하고 옵션 바에서 '방사형 그레이디언트' 유형을 사용합니다.
- [그레이디언트 피커]를 클릭해서 '전경색에서 투명으로'를 선택합니다.
- 반복되는 오브젝트는 레이어를 복사해서 비율 및 회전 변형합니다.

실/력/점/검

③ 전구 아래에 그림자를 만드시오.

예제 파일 : 06-ex03.psd

▲ Before

▲ After

HINT

- 경도 0%의 [브러시 도구]를 사용합니다.
- 자유 변형 기능을 활용해서 그림자를 자연스럽게 편집합니다.

④ 내용 인식 채우기 기능을 활용해서 패러글라이딩 하는 사람을 자연스럽게 지우시오.

예제 파일 : 06-ex04.psd

▲ Before

▲ After

HINT

- [올가미 도구]를 사용하여 편집할 영역을 선택합니다.
- [편집]-[칠] 메뉴의 '내용 : 내용 인식'을 선택합니다.

모양 도구

Adobe Certified Professional Photoshop

학습목표

- 모양 도구 이해하기
- 모양 속성 이해하기
- 실시간 모양 속성 활용하기
- 패스와 기준점 수정하기

실습

- 실습1 | 사각형 도구를 사용해서 모양 만들기
- 실습2 | 사용자 정의 모양 도구 사용하기
- 실습3 | 사각형 모양 속성 수정하기
- 실습4 | 다각형 모양 속성 수정하기
- 실습5 | 모양 획 유형 수정하기
- 실습6 | 패스 삭제하고 수정하기
- 실습7 | 문자를 모양으로 변환하기

CHAPTER 07

모양 도구

모양 도구는 사각형, 타원 등의 모양을 벡터 방식으로 처리하는 도구입니다. 일반적인 벡터 곡선처럼 조절할 수 있을 뿐만 아니라 실시간 모양 속성을 활용해서 빠르게 조절할 수도 있습니다. 이번 장에는 모양 도구 사용법과 속성 등에 대해서 학습합니다.

1 모양 도구

1) 모양 도구(Shape Tool) 종류

모양 도구의 종류는 [사각형 도구], [타원 도구], [삼각형 도구], [다각형 도구], [선 도구]가 있으며 [사용자 정의 모양 도구]는 다양한 모양을 만들 수 있습니다.

Tip [모서리가 둥근 직사각형 도구]는 포토샵 2021 버전에서는 사라지고 [사각형 도구]의 옵션 바에서 둥근 모퉁이 반경을 설정하여 제작합니다.

2) 모양 제작

옵션 바의 [모드] 중 하나를 선택 후 드래그하거나, 캔버스에 클릭 후 수치를 입력하여 제작합니다. 가로 세로 비율을 유지하며 제작하려면 Shift 를 누른 상태에서 드래그하고, 가운데를 기준으로 제작하려면 Alt 를 누른 상태에서 드래그합니다. 제작 완료하려면 Ctrl 을 누른 상태에서 캔버스를 클릭합니다.

❶ **모양(shape) 모드 :** 벡터 방식으로 처리하며 칠(fill)과 획(stroke) 등의 속성을 설정하여 제작합니다. [레이어] 패널에서 모양 레이어가 자동으로 만들어집니다.

❷ **패스(path) 모드 :** 벡터 패스로 제작합니다.

❸ **픽셀(pixel) 모드 :** 비트맵 방식의 면으로만 모양이 생성되며, 새로운 레이어를 만든 후 작업할 것을 권장합니다.

3) 옵션 바의 속성

모양 도구마다 조금씩 다른 속성을 가지고 있지만 사용법은 비슷합니다.

❶ **모드 :** 도구에 대한 모드를 설정합니다.

❷ **칠(채우기) :** 모양을 단색, 그레이디언트, 패턴 중 하나를 설정하여 채웁니다.

❸ **획 색상 :** 모양의 선을 단색, 그레이디언트, 패턴 중 하나를 설정하여 만듭니다.

❹ **획 폭 :** 획의 두께를 설정합니다.

❺ **획 유형 :** 실선, 점선 등 획 유형을 설정합니다.

❻ **폭과 높이 :** 모양의 가로 세로 크기를 설정합니다.

❼ **패스 작업 :** 기본적으로 모양은 새로운 모양 레이어가 생성됩니다. 설정에 따라 현재 레이어에서 모양을 결합하거나 빼기 등의 작업을 할 수 있습니다.

❽ **패스 맞춤 :** 하나의 레이어에 패스가 여러 개 있을 때 정렬 및 분포합니다. 각각 다른 레이어에 모양이 있을 경우에는 [이동 도구]의 정렬을 사용합니다.

❾ **패스 배열 :** 여러 개의 패스가 겹쳐질 때 패스의 순서를 설정합니다.

❿ **패스 옵션 :** 패스를 사용자가 쉽게 볼 수 있도록 패스 색상과 두께를 설정합니다.

⓫ **둥근 모퉁이 반경 :** 모서리의 둥근 정도를 설정합니다.

⓬ **가장자리 맞춤 :** '모양 모드'에서만 활성화되며 개체를 픽셀 격자에 정렬해 줍니다. 특히 픽셀 기준으로 하는 웹 작업에서 유용합니다.

Tip [다각형 도구]에서는 면의 수, [선 도구]에서는 선의 두께, [사용자 정의 모양 도구]에서는 모양을 설정할 수 있는 옵션이 추가적으로 있습니다.

2 모양 속성 패널

[속성] 패널에서 모양을 실시간으로 쉽게 편집할 수 있습니다. 모양마다 조금씩 다른 속성을 가지고 있지만 사용법은 비슷합니다.

❶ **칠(채우기) :** 모양을 채울 색상을 설정합니다.

❷ **획 색상 :** 모양 선의 색상을 설정합니다.

❸ **획 폭 :** 획의 두께를 설정합니다.

❹ **획 유형 :** 획 유형을 설정합니다.

❺ **획 맞춤 유형 :** 패스를 기준으로 어느 쪽에 획을 만들 것인지 설정합니다.

❻ **획 줄 단면 유형 :** 패스 끝 부분의 모양을 어떻게 만들 것인지 설정합니다.

❼ **획 줄 연결 유형 :** 패스와 패스가 만나는 모퉁이 부분의 모양을 어떻게 만들 것인지 설정합니다.

❽ **모퉁이 반경 값 연결 :** 하나의 모퉁이 반경만 설정해도 모든 모퉁이의 반경을 설정합니다.

⑨ **모퉁이 반경 :** 각각의 모퉁이 반경을 설정합니다.

③ 모양의 구성 요소

1) 구성 요소

모양은 기본적으로 패스, 기준점, 방향점/방향선으로 구성됩니다.

❶ **패스 :** 내부를 색상으로 칠하거나 획을 만들 수 있는 윤곽선을 의미하며, 최종 웹 결과물이나 출력했을 때는 나타나지 않습니다.

❷ **기준점(중심점) :** 기준점을 편집하여 패스의 모양을 변경할 수 있습니다.

❸ **방향점/방향선 :** 방향점과 방향선의 길이와 각도를 조절하여 곡선 모양을 만듭니다. 직선일 때는 나타나지 않습니다.

❹ [직접 선택 도구]로 선택했을 때 기준점이 채워진 점으로 표시됩니다.

❺ **모퉁이 조절점 :** 드래그하면 모든 모퉁이 반경이 조절되며, 하나의 모퉁이만 조절하려면 Alt를 누른 상태에서 드래그합니다. [모양 도구]로 제작하는 도중이나 [패스 선택 도구]로 선택했을 때 활성화됩니다.

Tip [삼각형 도구]와 [다각형 도구]는 모퉁이 조절점이 한 개만 있습니다.

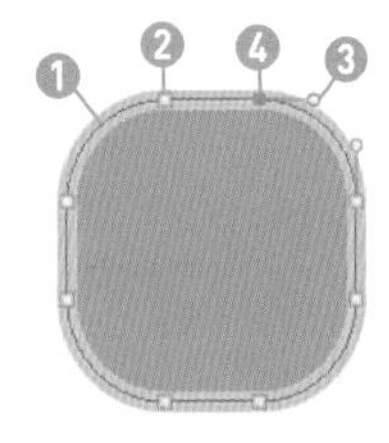

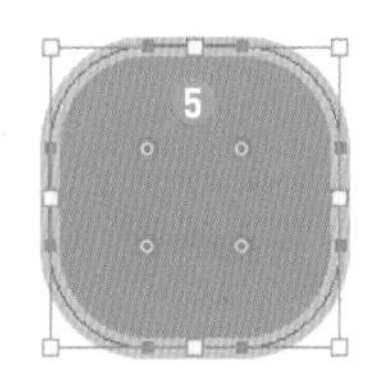

▲ [직접 선택 도구]로 선택 ▲ [패스 선택 도구]로 선택

2) 모양 선택 도구

패스 선택 도구
직접 선택 도구

❶ **패스 선택 도구 :** 모양 전체를 선택하고 모퉁이를 조절할 때 사용합니다. 모양을 클릭하거나 (모양 밖에서 안으로) 드래그하여 선택하며 Shift 를 누른 상태에서는 여러 모양을 다중 선택할 수 있습니다.

❷ **직접 선택 도구 :** (모양 밖에서 안으로) 드래그하면 드래그한 영역의 기준점과 패스가 선택됩니다. [직접 선택 도구]로 선택하고 수정하면 '실시간 모양' 속성이 사라지고 '보통 패스'가 됩니다.

Tip [패스 선택 도구]와 [직접 선택 도구]의 옵션 바에서 [선택] 항목을 설정할 수 있습니다. '활성 레이어'로 설정하면 선택된 레이어의 모양만 선택하며 '모든 레이어'로 설정하면 모든 레이어에 있는 모양을 선택할 수 있습니다.

실습 01

사각형 도구를 사용해서 모양 만들기

예제 파일 : 07-01okay.psd

• 다음 설정으로 모양을 만드시오.
모드 : 모양, 칠 : 없음, 획 색상 : 흰색, 획 폭 : 5픽셀, 폭 : 700픽셀, 높이 : 400픽셀, 오른쪽 상단/왼쪽 하단 모퉁이 반경 : 120픽셀, 왼쪽 상단/오른쪽 하단 모퉁이 반경 : 0픽셀, 정렬 : 캔버스 가운데

before

after

❶ [사각형 도구]를 선택합니다.

❷ 옵션 바에서 아래 항목을 설정합니다.

– 모드 : 모양, 칠 : 없음, 획 색상 : 흰색, 획 폭 : 5픽셀

❸ 캔버스 가운데 부분을 클릭합니다.

Tip 모양 도구를 캔버스에 클릭하면 기본적인 설정 값을 입력하여 제작합니다. 드래그하여 임의로 제작 후 [속성] 패널에서 설정 값을 수정할 수 있습니다.

❹ 설정 창에서 아래 항목을 설정합니다.

– 폭 : 700픽셀, 높이 : 400픽셀, 모퉁이 반경 값 연결 : 체크 해제, 오른쪽 상단/왼쪽 하단 모퉁이 반경 : 120픽셀, 왼쪽 상단/오른쪽 하단 모퉁이 반경 : 0픽셀, 중앙부터 : 체크

Tip '중앙부터' 옵션을 체크하면 클릭한 부분이 모양의 중앙이 되어 만들어집니다.

❺ 옵션 바의 [패스 맞춤]에서 '맞춤 대상 : 캔버스, 맞춤 : 수평 중앙 맞춤/수직 가운데 맞춤'을 클릭합니다.

❻ Ctrl을 누른 상태에서 캔버스를 클릭하여 완료합니다.

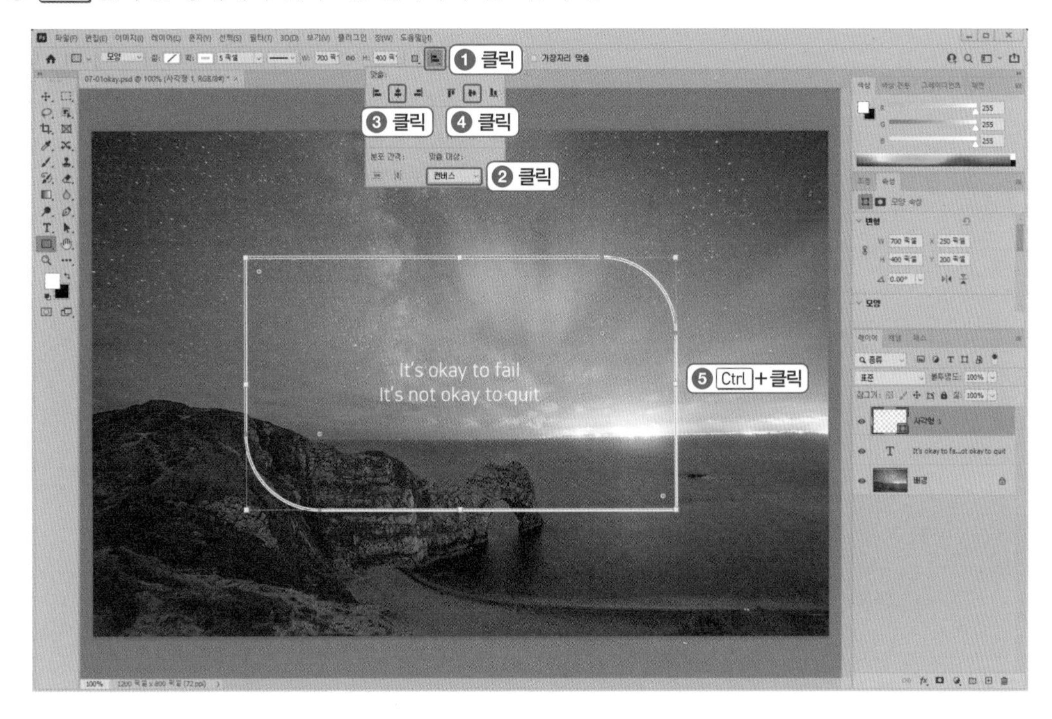

실습 02

사용자 정의 모양 도구 사용하기

예제 파일 : 07-02요트.psd

- 흰색 요트 모양을 글자 위에 제작하시오.

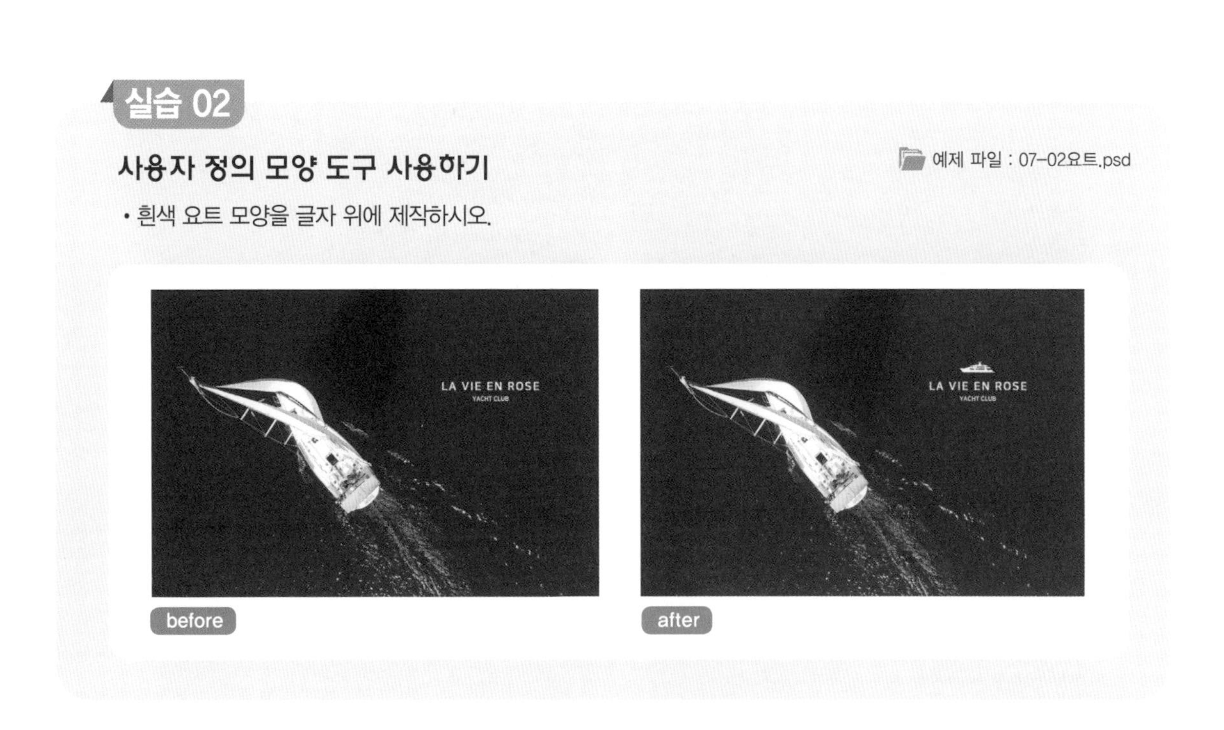

❶ [사용자 정의 모양 도구]를 선택 후 아래 항목을 설정합니다.

– 모드 : 모양, 칠 : 흰색, 획 : 없음, 모양 : 요트

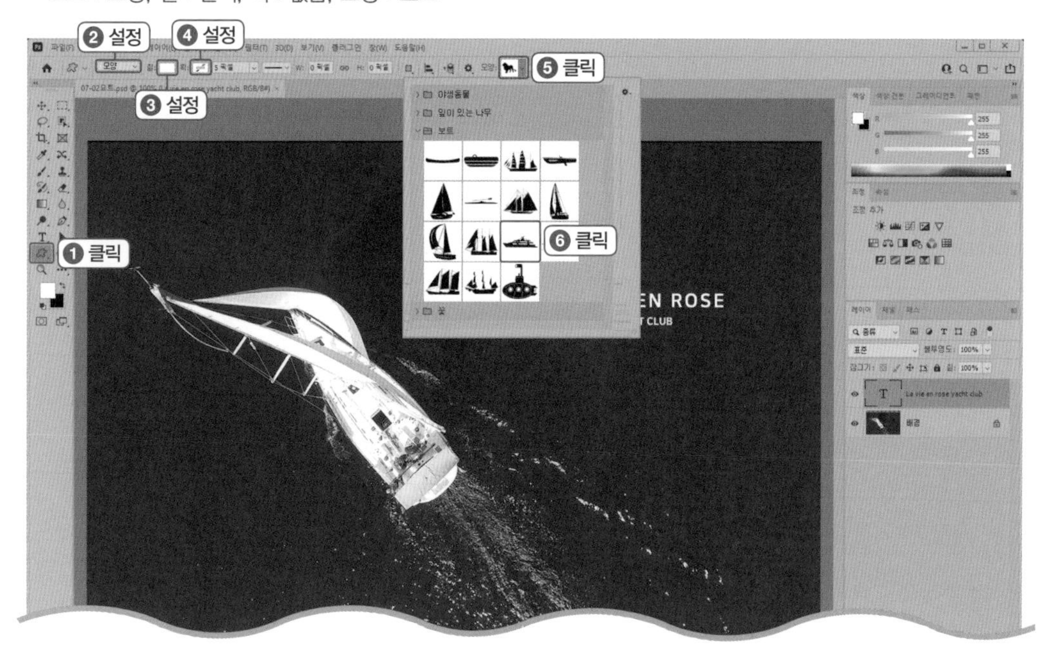

❷ Shift 를 누른 상태에서 드래그하여 제작합니다.

❸ Ctrl 을 누른 상태에서 캔버스를 클릭하여 완료합니다.

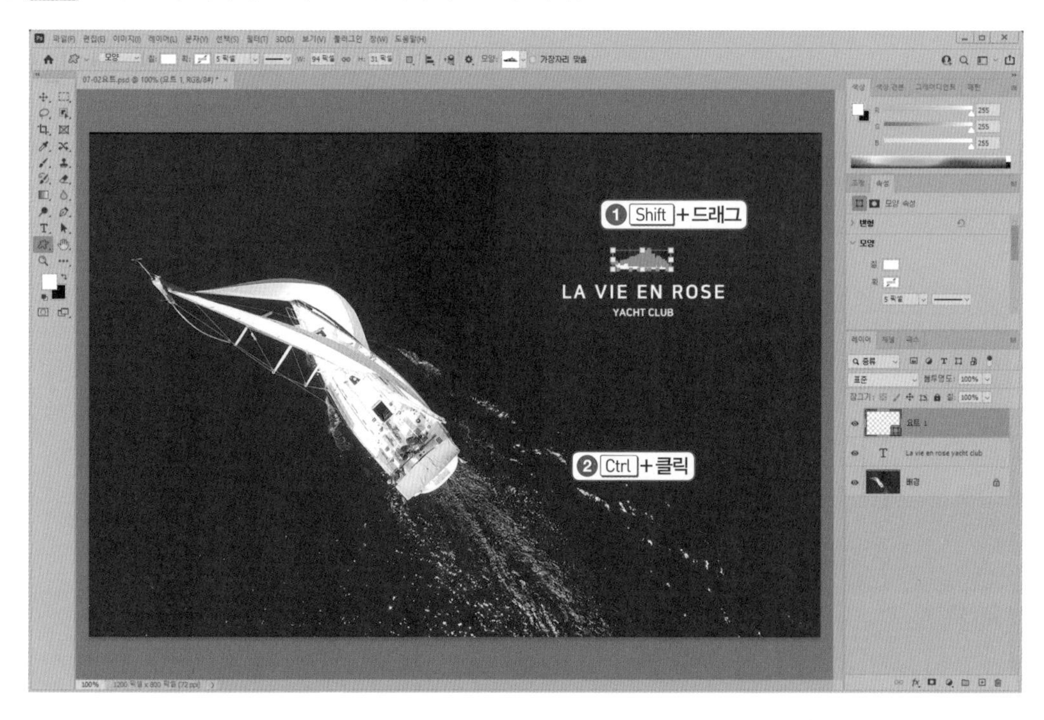

Tip 크기 비율과 회전 조절을 하려면 자유 변형 Ctrl + T 단축키를 사용합니다.

실습 03

사각형 모양 속성 수정하기

예제 파일 : 07-03air.psd

• 사각형 모양을 '획 색상 : #ffcc00, 획 폭 : 20픽셀, 오른쪽 하단 모퉁이 반경 : 60픽셀'로 수정하시오.

before

after

❶ [패스 선택 도구]를 선택하고, 옵션 바의 [선택] 항목을 '모든 레이어'로 설정합니다.

Tip [패스 선택 도구]는 모양을 선택하는 도구이며, '모든 레이어' 옵션은 다른 레이어의 모양도 모두 선택합니다.

② 모양 바깥에서 안으로 드래그하여 선택합니다.

③ 옵션 바와 [속성] 패널에서 '획 색상 : #ffcc00, 획 폭 : 20픽셀, 오른쪽 하단 모퉁이 반경 : 60픽셀'로 모양의 속성을 수정합니다.

Tip 옵션 바와 [속성] 패널은 중복되는 속성이 있을 수 있으며 편한 방법을 사용하면 됩니다. 하나의 모퉁이 반경을 수정하려면 Alt 를 누른 상태에서 모퉁이 조절점을 드래그합니다.

실습 04

다각형 모양 속성 수정하기

예제 파일 : 07-04인터체인지.psd

• 다각형 모양을 '면의 수 : 4, 면 비율 : 60%, 매끄러운 별 들여쓰기 : 체크'해서 수정하시오.

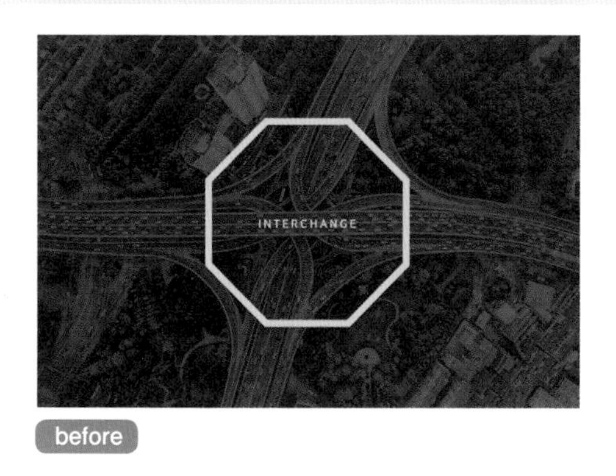

before

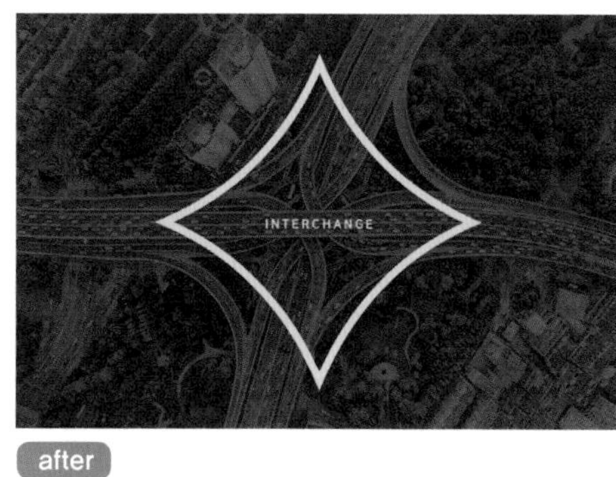

after

❶ [패스 선택 도구]로 모양을 선택합니다.

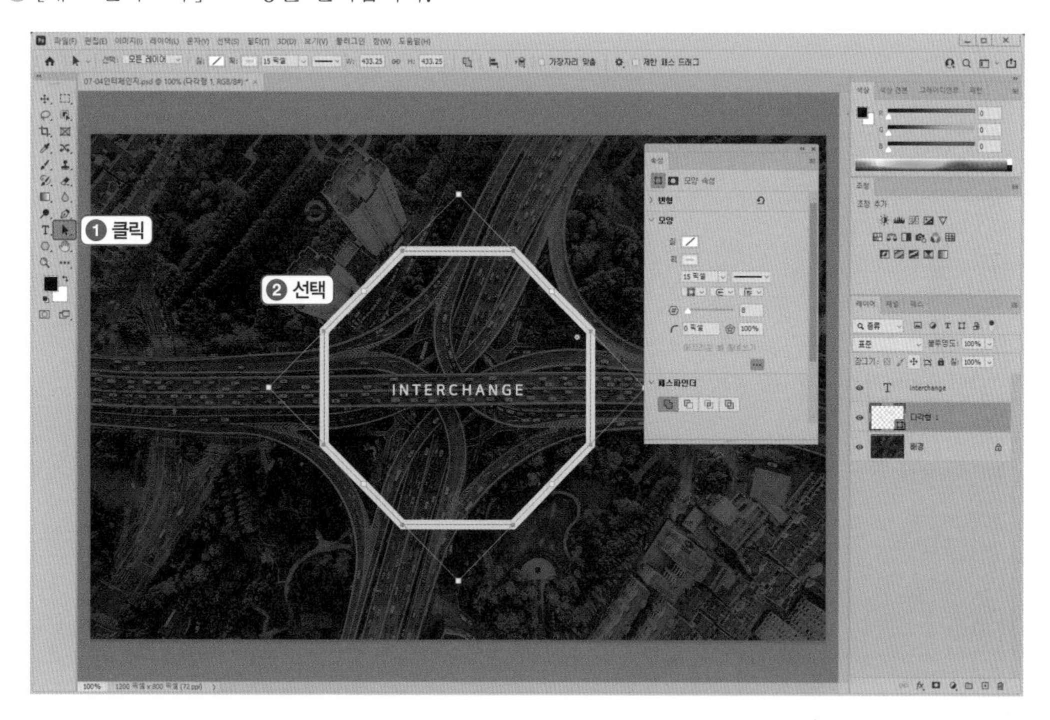

❷ [속성] 패널에서 '면의 수 : 4, 면 비율 : 60%, 매끄러운 별 들여쓰기 : 체크'를 설정합니다.

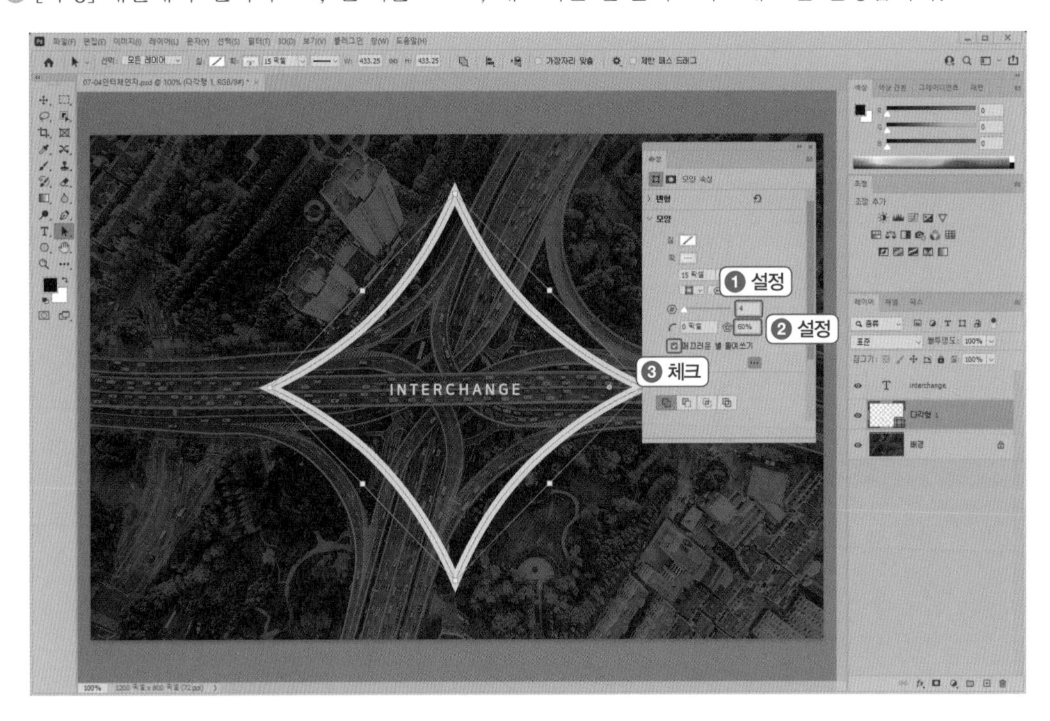

Tip 다각형 모양은 각각의 모퉁이를 설정할 수 없습니다. 면 비율은 바깥 꼭짓점과 안쪽 꼭짓점의 길이 비율을 의미하며, 매끄러운 별 들여쓰기를 체크하면 곡선으로 모양을 만듭니다.

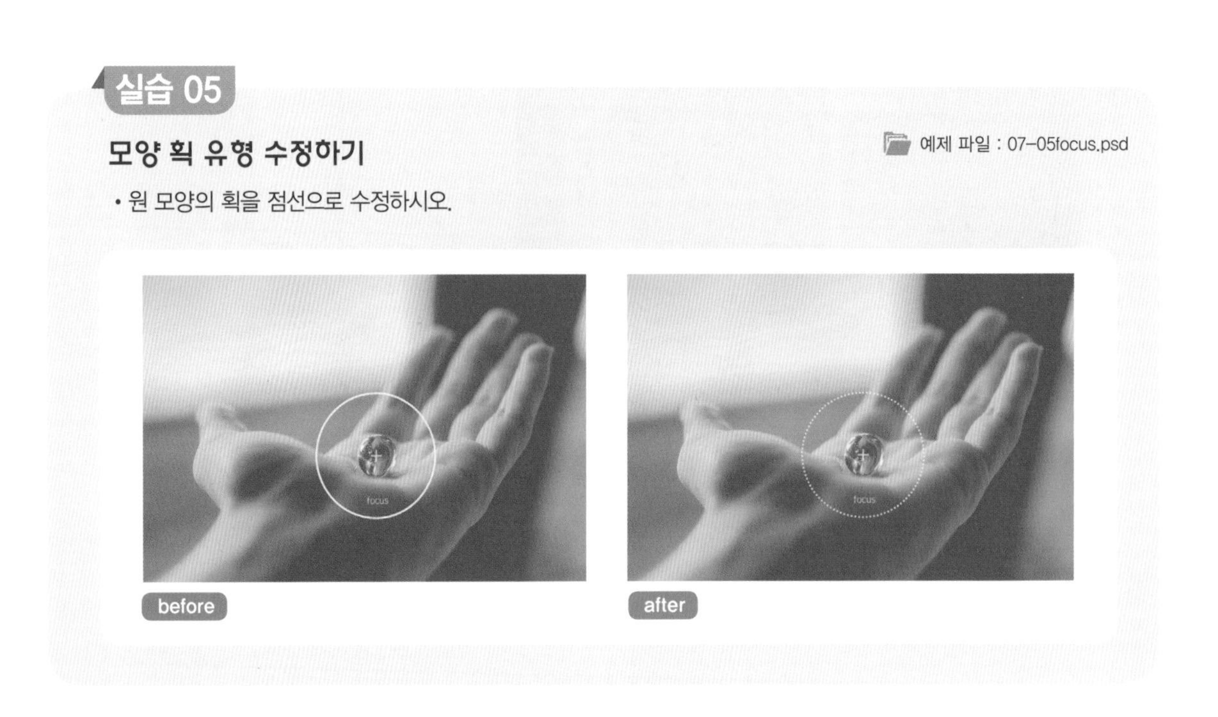

실습 05

모양 획 유형 수정하기

예제 파일 : 07-05focus.psd

• 원 모양의 획을 점선으로 수정하시오.

❶ [패스 선택 도구]로 모양을 선택합니다.

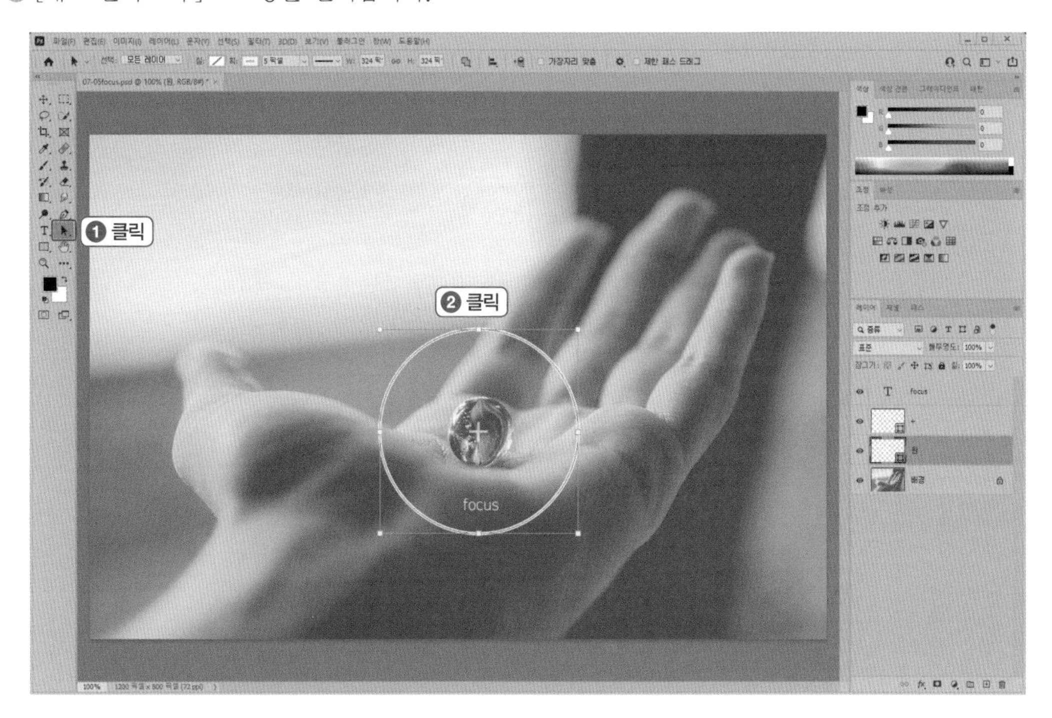

❷ 옵션 바의 획 유형을 '점선'으로 설정합니다.

실습 06

패스 삭제하고 수정하기

예제 파일 : 07-06innovation.psd

• 사각형 모양의 패스 일부분을 삭제하고 수정하시오.

❶ [직접 선택 도구]로 사각형 모양의 아래 패스를 (밖에서 안으로) 드래그하여 선택합니다.

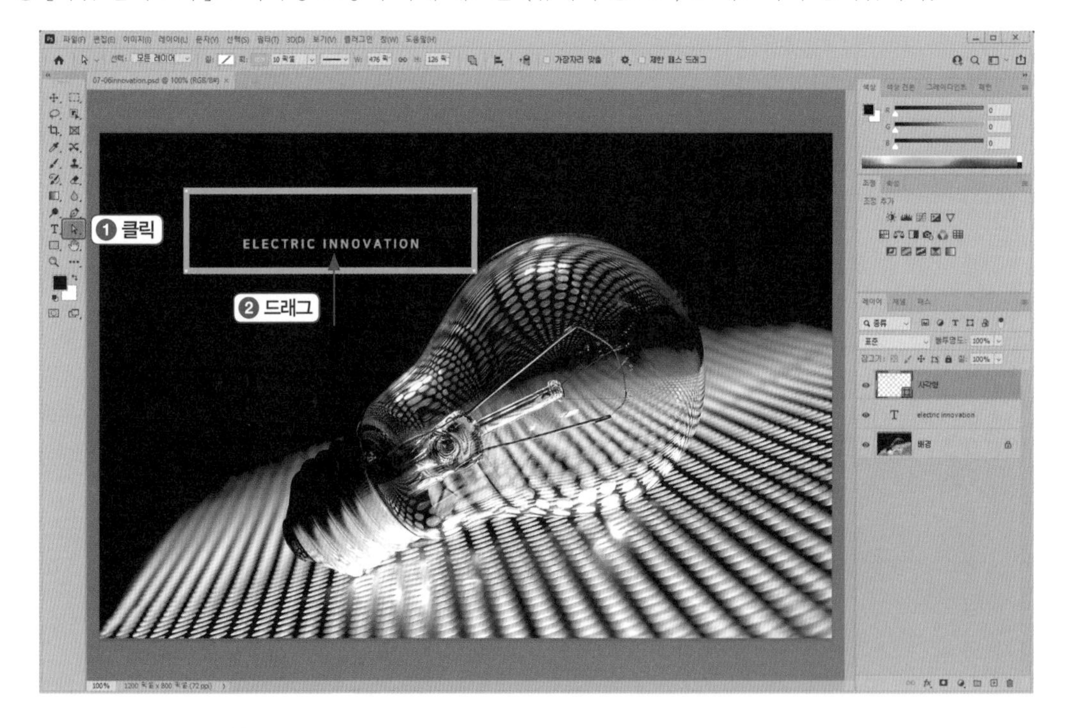

Tip [직접 선택 도구]는 패스 또는 기준점을 선택하거나 수정할 때 사용합니다.

❷ [편집]–[지우기] 메뉴를 선택하거나 Delete 단축키를 눌러 삭제합니다.

❸ 경고창이 표시되면 [예] 버튼을 클릭합니다.

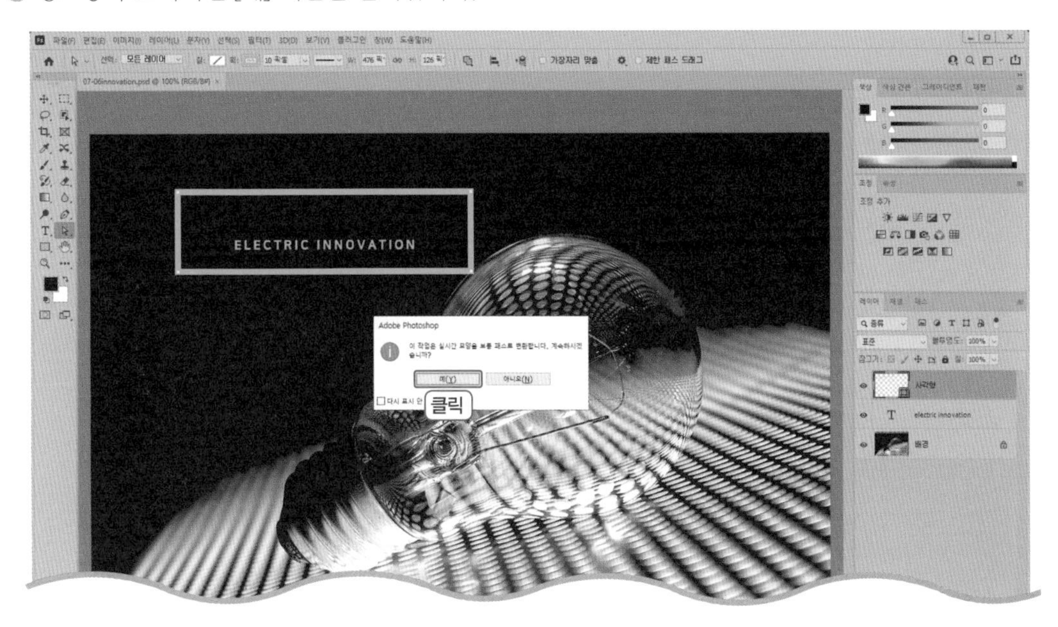

Tip 모양을 변경하면 '실시간 모양' 속성이 사라지고 '보통 패스'가 됩니다.

❹ [직접 선택 도구]로 사각형 좌측 아래 기준점이 포함되도록 드래그하여 선택합니다.

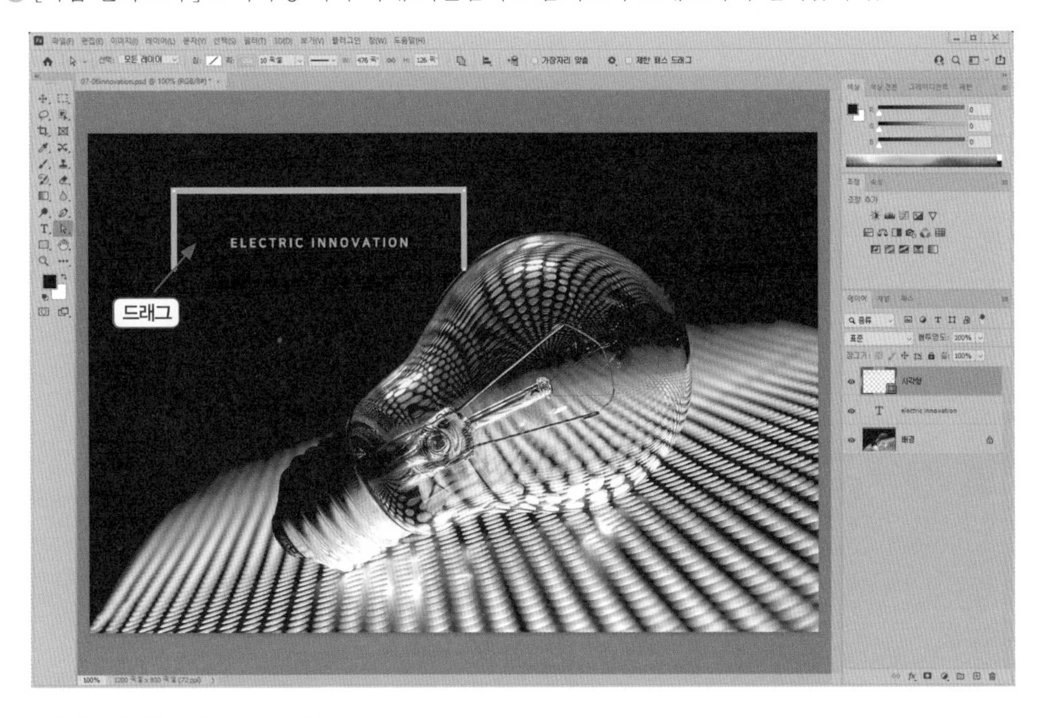

Tip 기준점이 선택되면 채워진 점으로 보여집니다.

⑤ Shift 를 누른 상태로 기준점을 아래쪽으로 드래그하여 수직으로 이동합니다.

⑥ 마찬가지로 오른쪽 아래의 기준점을 선택 후 위로 이동합니다.

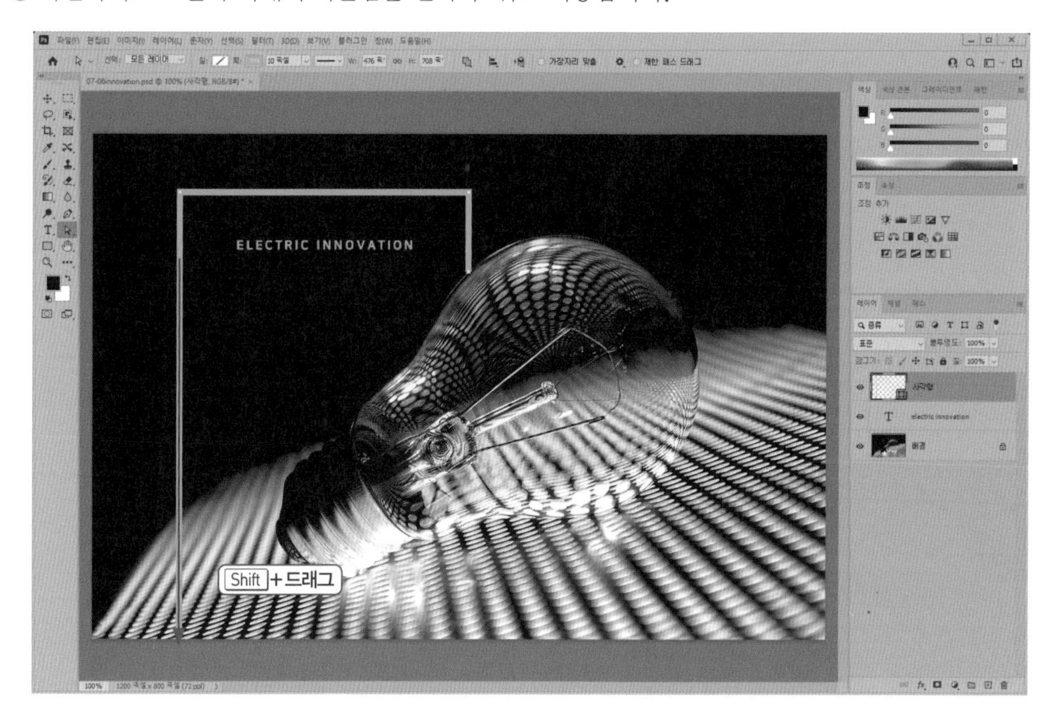

Tip Shift 를 누른 상태에서 방향키를 사용해도 됩니다.

실습 07

문자를 모양으로 변환하기

예제 파일 : 07-07path.psd

• 문자를 모양으로 변환하고 수정하시오.

❶ 문자 레이어를 선택합니다.

❷ [문자]–[모양으로 변환] 메뉴를 클릭합니다.

Tip 문자 레이어 위에서 마우스 오른쪽 버튼을 클릭해서 [모양으로 변환]을 선택할 수 있습니다. 문자를 모양으로 변환하면 문자 속성을 수정할 수 없습니다.

❸ [직접 선택 도구]로 'P' 글자의 아래 두 개 기준점이 포함되도록 드래그하여 선택합니다.

❹ [직접 선택 도구]로 Shift 를 누른 상태로 기준점을 아래쪽으로 드래그합니다.

❺ 다른 기준점들도 선택 후 이동하여 작업을 완료합니다.

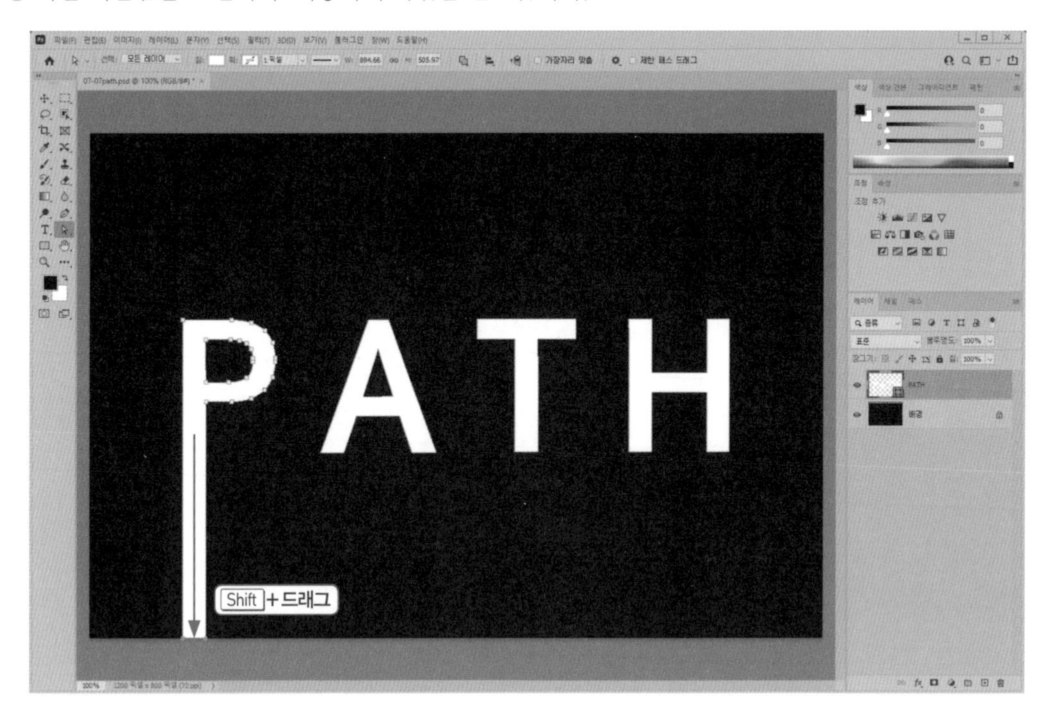

실/력/점/검

1 이미지에 '칠 : 없음, 획 색상 : #cccccc, 획 두께 : 10픽셀'의 사각형을 추가하시오.

예제 파일 : 07–ex01.psd

▲ Before

▲ After

HINT

- [사각형 도구] 옵션 바에서 '모양 모드'로 작업해야 칠, 획 등을 설정할 수 있습니다.

2 원 모양의 획 두께를 40픽셀로 수정하시오.

예제 파일 : 07–ex02.psd

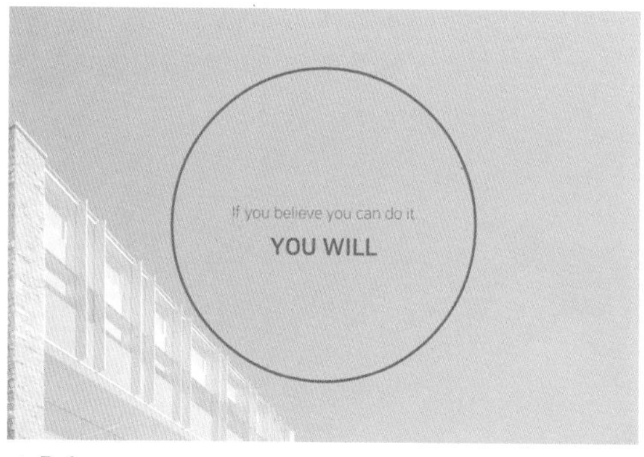

▲ Before

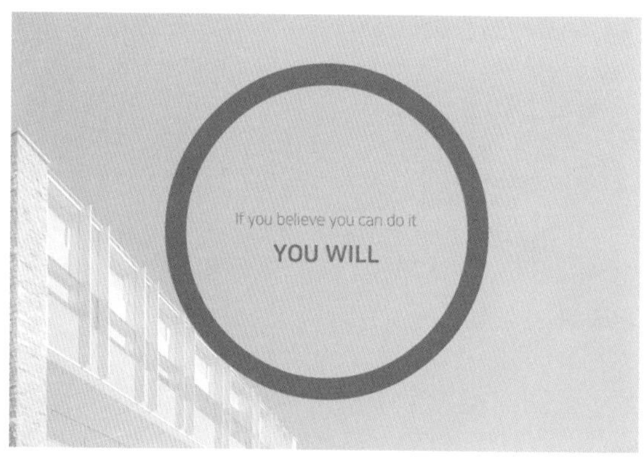

▲ After

HINT

- 모양을 선택하기 위해서 [패스 선택 도구]를 사용합니다.
- 획 두께는 옵션 바 또는 [속성] 패널에서 설정할 수 있습니다.

실 / 력 / 점 / 검

③ 삼각형 모양의 가운데 꼭짓점이 위쪽으로 이동하도록 수정하시오.

예제 파일 : 07-ex03.psd

▲ Before

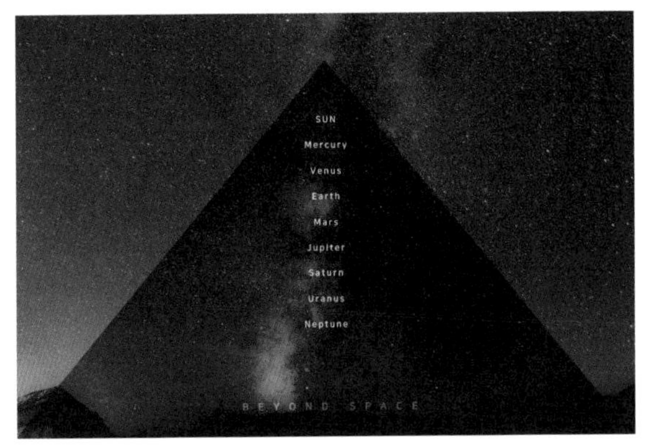

▲ After

HINT

- [직접 선택 도구]를 사용하여 기준점을 선택하고 수정합니다.
- 모양을 변경하면 '실시간 모양' 속성이 사라지고 '보통 패스'가 됩니다.

④ 원 모양의 일부분을 삭제하여 반원으로 만드시오.

예제 파일 : 07-ex04.psd

▲ Before

▲ After

HINT

- [직접 선택 도구]를 사용하여 원 모양의 기준점을 선택하여 지우기 합니다.

실 / 력 / 점 / 검

5 문자 위에 '색상 : #6c8003' 화살표 모양을 만들어서 로고를 완성하시오.

예제 파일 : 07-ex05.psd

▲ Before

▲ After

HINT

- [삼각형 도구]로 기본 모양을 만듭니다.
- [직접 선택 도구]를 사용하여 아래의 패스를 선택하여 지우기 합니다.

6 이미지에 사용된 원 모양의 두께를 모두 8픽셀로 변경하시오.

예제 파일 : 07-ex06.psd

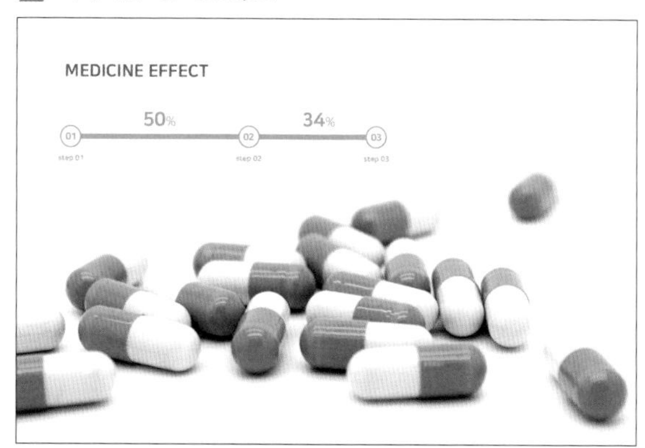

▲ Before

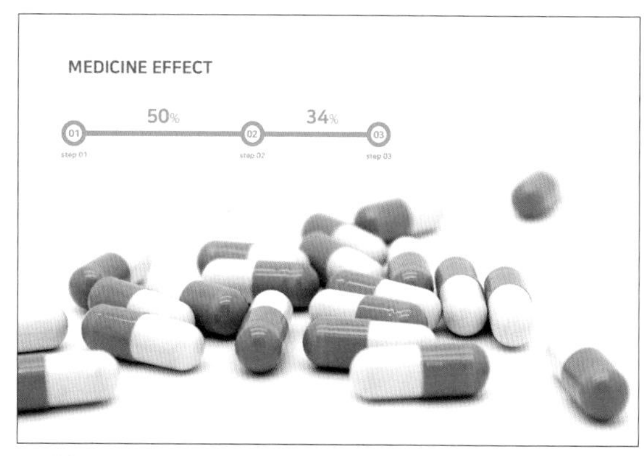

▲ After

HINT

- Shift 를 누른 상태에서 [패스 선택 도구]로 모양을 선택하면 다중 선택할 수 있으며 한꺼번에 속성을 설정할 수 있습니다.

레이어 작업2

Adobe Certified Professional Photoshop

학습목표

- 레이어 불투명도 이해하기
- 칠 불투명도 이해하기
- 레이어 불투명도와 칠 불투명도 비교
- 혼합 모드 이해하기
- 레이어 스타일 이해하기

실습

- 실습1 | 일부 이미지에 혼합 모드와 불투명도 적용하기
- 실습2 | 전체 이미지에 혼합 모드와 불투명도 적용하기
- 실습3 | 스크린 혼합 모드 특성 활용하기
- 실습4 | 레이어 스타일 적용하고 복사하기
- 실습5 | 다양한 레이어 스타일 적용하기
- 실습6 | 레이어 스타일 중복 적용하기
- 실습7 | 칠 불투명도 조절하기
- 실습8 | 사진 프레임 만들기
- 실습9 | 사전 스타일 적용하기

레이어 작업2

포토샵에서 레이어 불투명도와 혼합 모드를 사용하면 다양한 효과를 편집할 수 있습니다. 또한 레이어 스타일은 내용은 변경하지 않으면서 그림자, 테두리 획 등의 효과를 쉽게 추가할 수 있습니다. 이번 장에는 레이어 불투명도와 혼합 모드, 레이어 스타일을 적용하는 방법과 속성에 대해 학습합니다.

1 불투명도와 칠 불투명도

1) 불투명도(Opacity)

선택된 레이어의 불투명도에 따라 아래 레이어의 보이는 정도가 결정되며, 불투명도가 0%가 될수록 투명해집니다. 또한 불투명도는 혼합 모드와 레이어 스타일에 영향을 줍니다.

▲ 레이어 패널

▲ 불투명도 100%

▲ 불투명도 50%

▲ 불투명도 20%

2) 칠 불투명도(Fill)

칠 불투명도는 그림자 효과, 획 효과와 같은 레이어 스타일이 적용되었을 경우 확인 가능합니다. 레이어 스타일에는 영향을 주지 않고 레이어의 불투명도만 영향을 줍니다.

▲ 레이어 패널

▲ 불투명도 100%

▲ 불투명도 50%

▲ 칠 불투명도 0%

2 혼합 모드(Blending Mode)

선택한 레이어와 아래쪽 레이어의 색상 값을 혼합합니다. [혼합 모드] 팝업 메뉴에서 옵션을 스크롤하면 캔버스에서 실시간으로 미리 보기를 할 수 있습니다. 불투명도와 함께 사용하면 독특한 이미지 효과를 표현할 수 있습니다.

▲ 레이어 패널

▲ 곱하기

▲ 스크린

▲ 오버레이

3 레이어 스타일(Layer Style, fx)

1) 레이어 스타일

레이어 스타일은 레이어에 있는 오브젝트의 원본은 그대로 유지하며 다양한 효과를 적용합니다. [레이어]-[레이어 스타일] 메뉴를 사용하거나 [레이어] 패널의 [fx] 아이콘을 클릭하여 적용하며, 하나의 레이어에 두 개 이상의 레이어 스타일을 적용할 수 있습니다. 또한 그룹에 레이어 스타일을 적용하면 그룹 내의 모든 레이어에 레이어 스타일이 적용됩니다.

❶ 레이어 스타일이 적용되었다는 표시입니다.

❷ 클릭하면 레이어 스타일을 확장하거나 축소할 수 있습니다.

❸ 전체 레이어 스타일을 보이게 하거나 보이지 않게 설정합니다.

❹ Alt 를 누르고 다른 레이어로 드래그하면 전체 레이어 스타일이 복사됩니다. [레이어 삭제] 아이콘으로 드래그하면 전체 레이어 스타일이 삭제됩니다.

❺ 개별 레이어 스타일을 보이게 하거나 보이지 않게 설정합니다.

❻ 적용된 레이어 스타일의 종류가 표시되며 더블 클릭하면 레이어 스타일 설정 창이 표시되어 수정할 수 있습니다. [레이어 삭제] 아이콘으로 드래그하면 삭제됩니다. Alt 를 누르고 다른 레이어로 드래그하면 해당 레이어 스타일이 복사됩니다.

Tip 레이어 스타일이 적용된 레이어 위에서 마우스 오른쪽 버튼을 클릭하여 [레이어 스타일 복사]를 선택 후 다른 레이어에서 마우스 오른쪽 버튼을 클릭하여 [레이어 스타일 붙여넣기]를 선택하면 레이어 스타일이 복사 및 붙여넣기 됩니다. 붙여 넣은 레이어 스타일은 기존의 레이어 스타일을 대체합니다.

2) 레이어 스타일 종류와 설정 창

❶ **경사와 엠보스 :** 레이어 오브젝트에 밝은 영역과 음영을 처리하여 내·외부 경사, 엠보스 등 입체감을 표현합니다.

❷ **획 :** 오브젝트 바깥쪽, 안쪽 등에 테두리 외곽선을 표현합니다.

❸ **내부 그림자 :** 오브젝트가 움푹 들어가 보이도록 내부 가장자리에 그림자를 표현합니다.

❹ **내부 광선 :** 오브젝트 내부 가장자리에 빛나는 효과를 표현합니다.

❺ **새틴 :** 오브젝트에 윤이 나는 광택 효과를 표현합니다.

❻ **색상 오버레이 :** 오브젝트에 설정한 단색을 채웁니다.

❼ **그레이디언트 오버레이 :** 오브젝트에 설정한 그레이디언트를 채웁니다.

❽ **패턴 오버레이 :** 오브젝트에 설정한 패턴을 채웁니다.

❾ **외부 광선 :** 오브젝트 외부 가장자리에 빛나는 효과를 표현합니다.

❿ **드롭 섀도(그림자) :** 오브젝트 아래에 그림자 효과를 표현합니다.

⓫ 현재 선택된 레이어 스타일입니다.

⓬ 중복하여 레이어 스타일을 적용합니다.

⓭ 중복 적용된 레이어 스타일의 순서를 이동합니다.

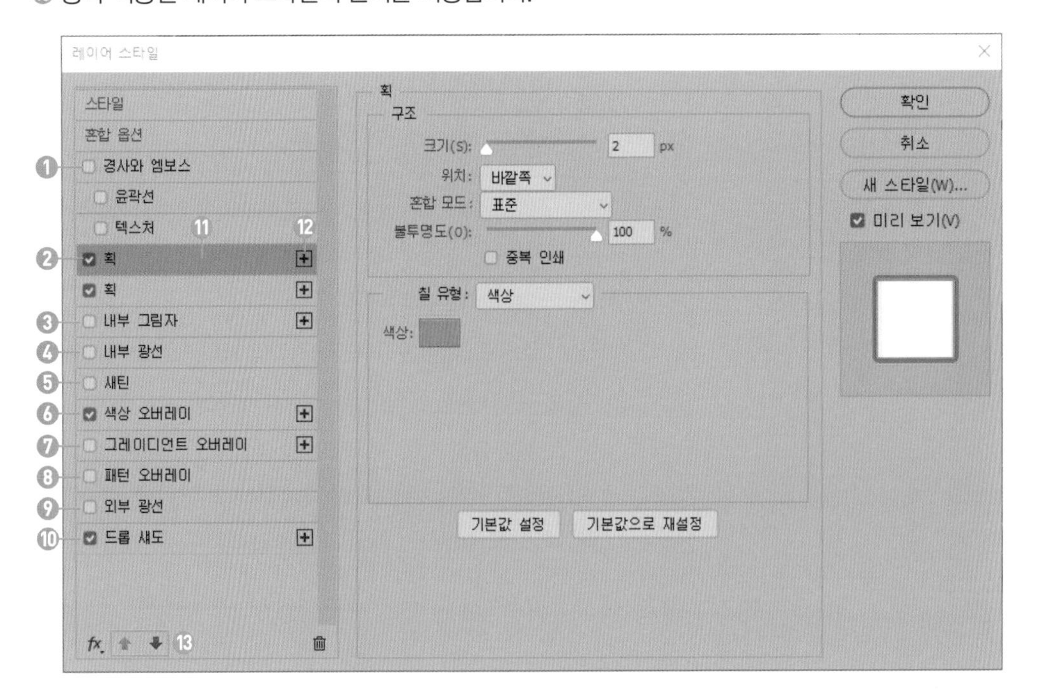

4 스타일 패널

[스타일] 패널은 사전 설정된 스타일을 사용하거나 사용자가 지정한 스타일을 저장할 수 있습니다.

❶ 레이어를 선택 후 사전 설정 스타일을 클릭하여 스타일을 적용합니다.

❷ 레이어 스타일이 적용된 레이어를 선택 후 사용자 정의 스타일을 저장할 수 있습니다.

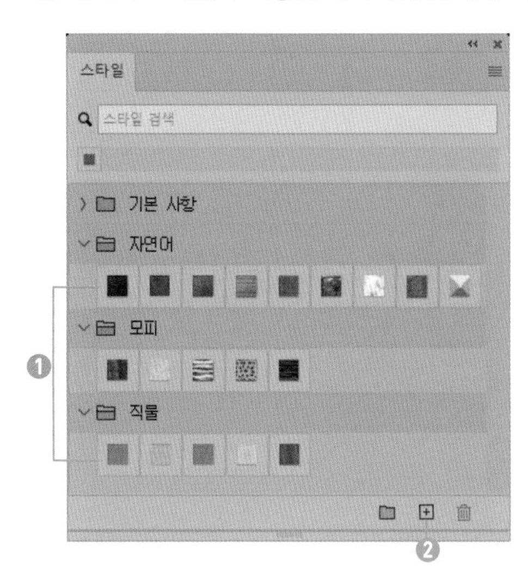

실습 01

일부 이미지에 혼합 모드와 불투명도 적용하기

예제 파일 : 08-01코끼리.psd

• 사각형 이미지에 '혼합 모드 : 곱하기, 불투명도 : 80%'를 설정하시오.

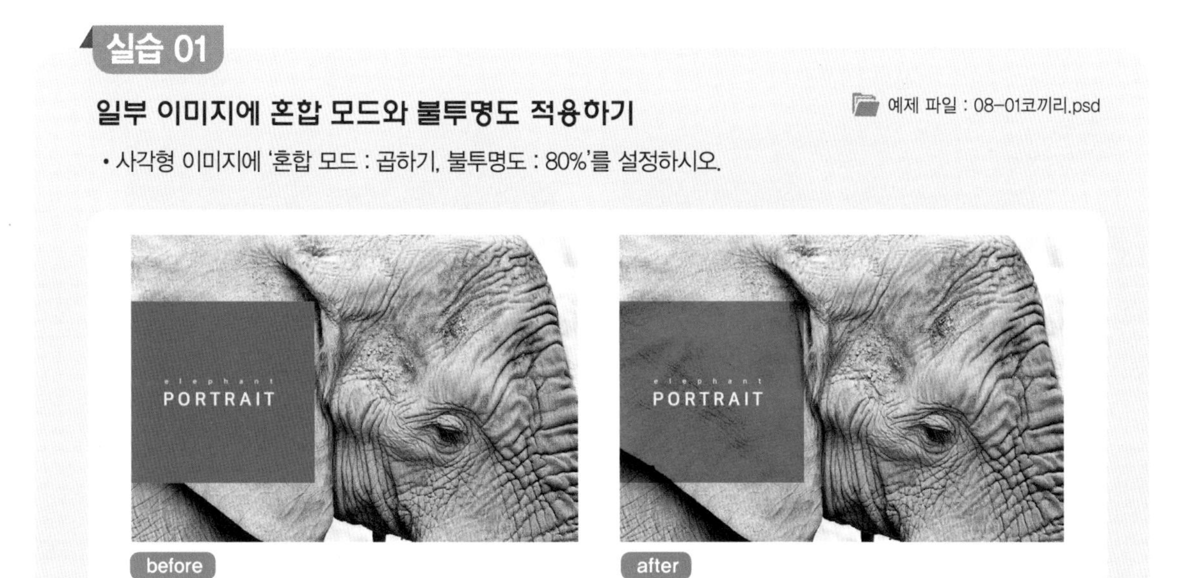

❶ '사각형' 레이어를 선택합니다.

❷ '혼합 모드 : 곱하기'로 설정합니다.

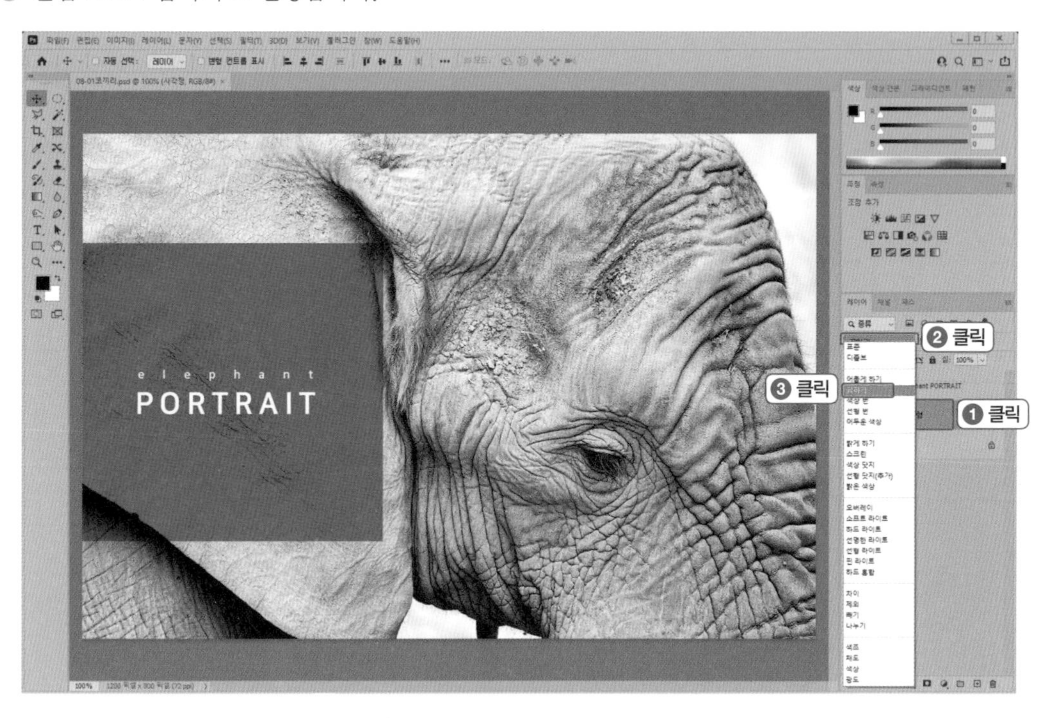

Tip 곱하기 혼합 모드는 색상과 명도를 혼합하여 전체적으로 어둡게 표현합니다.

❸ '불투명도 : 80%'로 설정합니다.

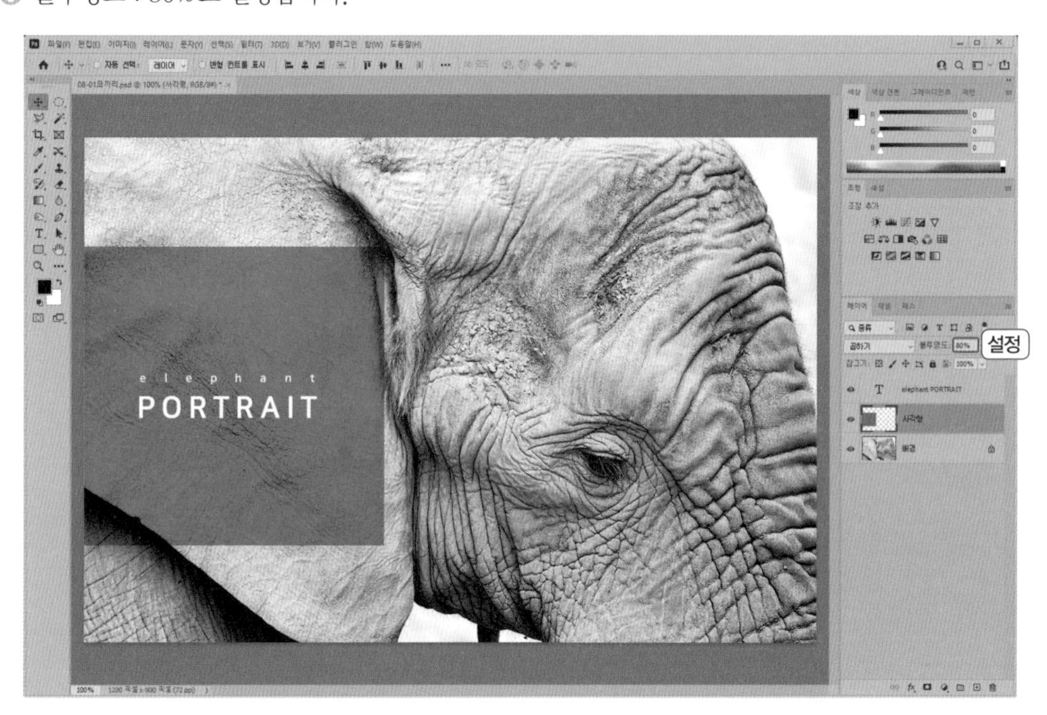

실습 02

전체 이미지에 혼합 모드와 불투명도 적용하기

예제 파일 : 08-02sky.psd

- 'sky' 레이어에 '혼합 모드 : 소프트 라이트, 불투명도 : 70%'를 설정하시오.

➊ 'sky' 레이어를 선택하고 '혼합 모드 : 소프트 라이트'로 설정합니다.

Tip 소프트 라이트 혼합 모드는 50% 명도 값을 기준으로 밝거나 어둡게 표현합니다.

❷ '불투명도 : 70%'로 설정합니다.

실습 03

스크린 혼합 모드 특성 활용하기

예제 파일 : 08-03사자.psd

• '사자' 레이어에 '혼합 모드 : 스크린'을 설정하여 합성하시오.

❶ '사자' 레이어를 선택합니다.

❷ '혼합 모드 : 스크린'으로 설정합니다.

Tip 스크린 혼합 모드는 검은색을 투명하게 표현하며, 곱하기 혼합 모드는 흰색을 투명하게 표현합니다. 이미지를 합성할 때 많이 사용하는 기법입니다.

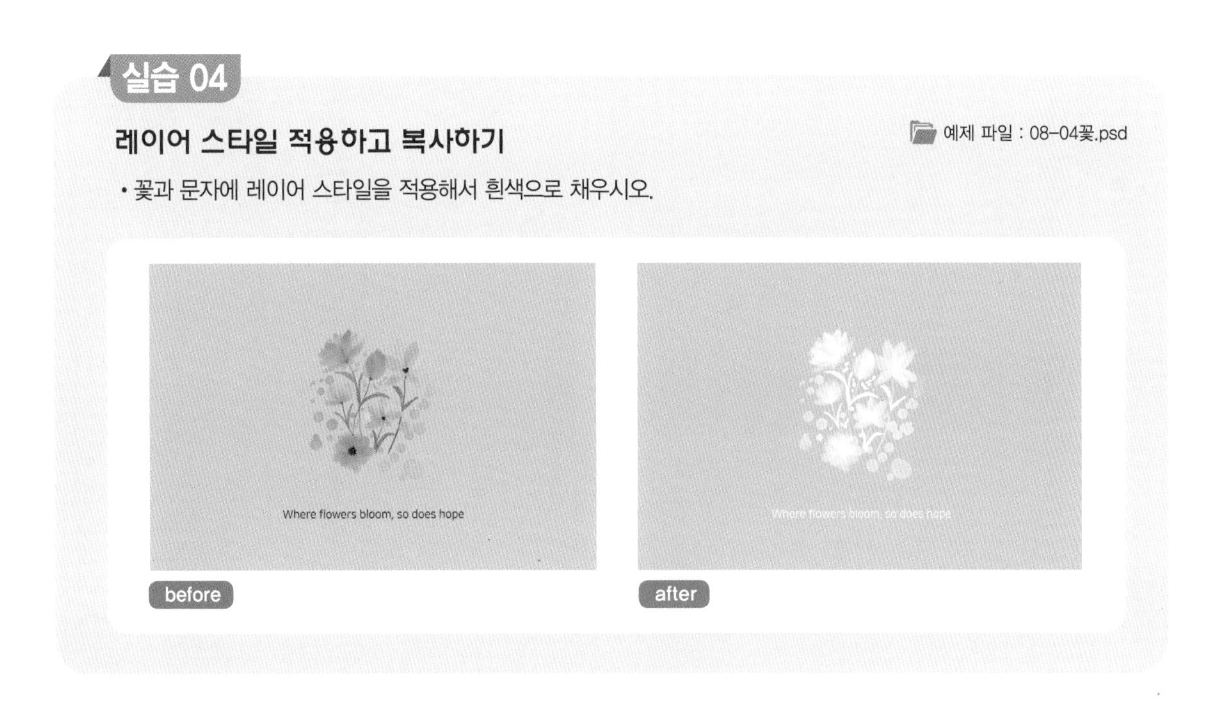

실습 04

레이어 스타일 적용하고 복사하기

예제 파일 : 08-04꽃.psd

- 꽃과 문자에 레이어 스타일을 적용해서 흰색으로 채우시오.

❶ '꽃' 레이어를 선택합니다.

❷ [레이어] 패널의 [fx] 아이콘을 클릭하여 [색상 오버레이]를 선택합니다.

❸ '색상 : 흰색'으로 설정하고 [확인] 버튼을 클릭합니다.

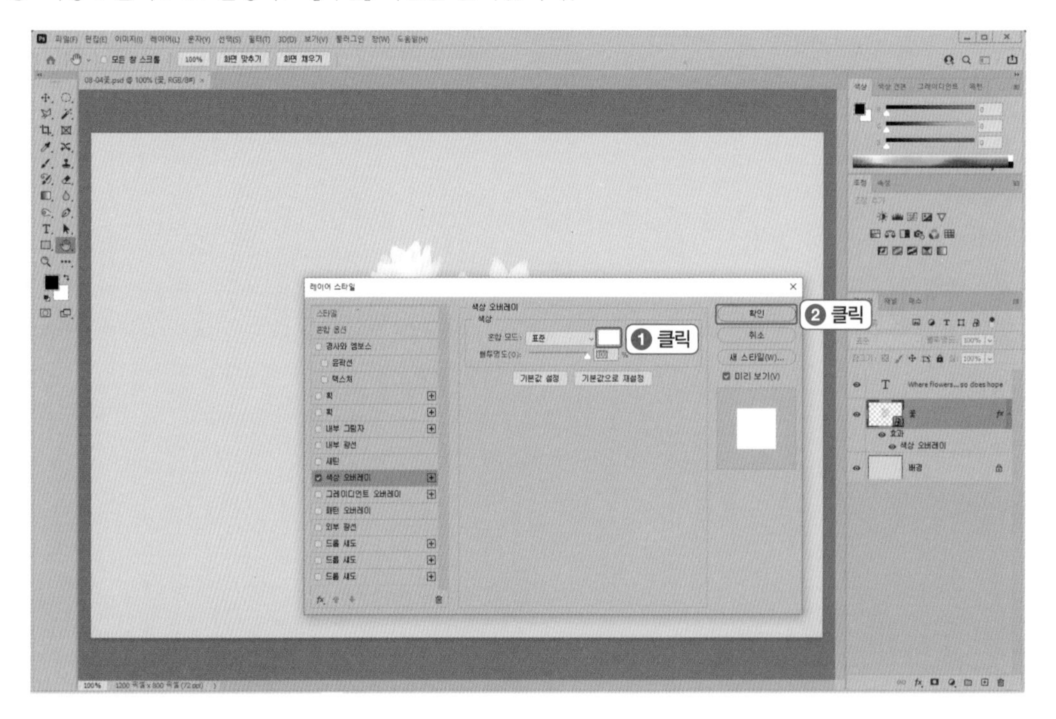

④ [레이어]-[레이어 스타일]-[레이어 스타일 복사] 메뉴를 클릭합니다.

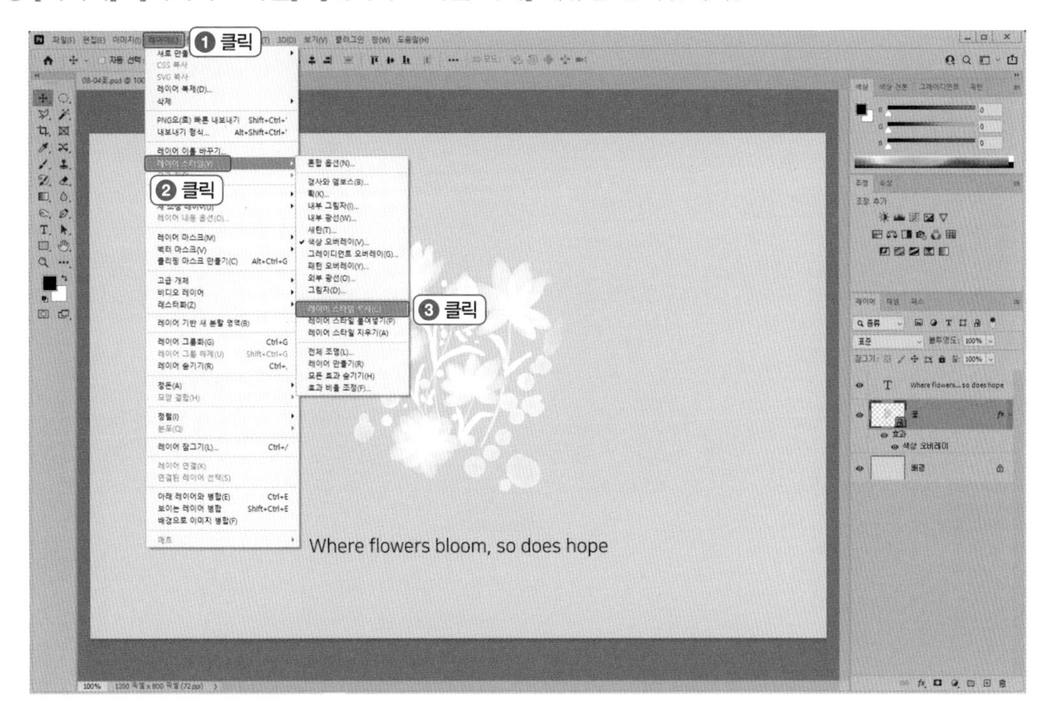

⑤ 문자 레이어를 선택 후 [레이어]-[레이어 스타일]-[레이어 스타일 붙여넣기] 메뉴를 클릭합니다.

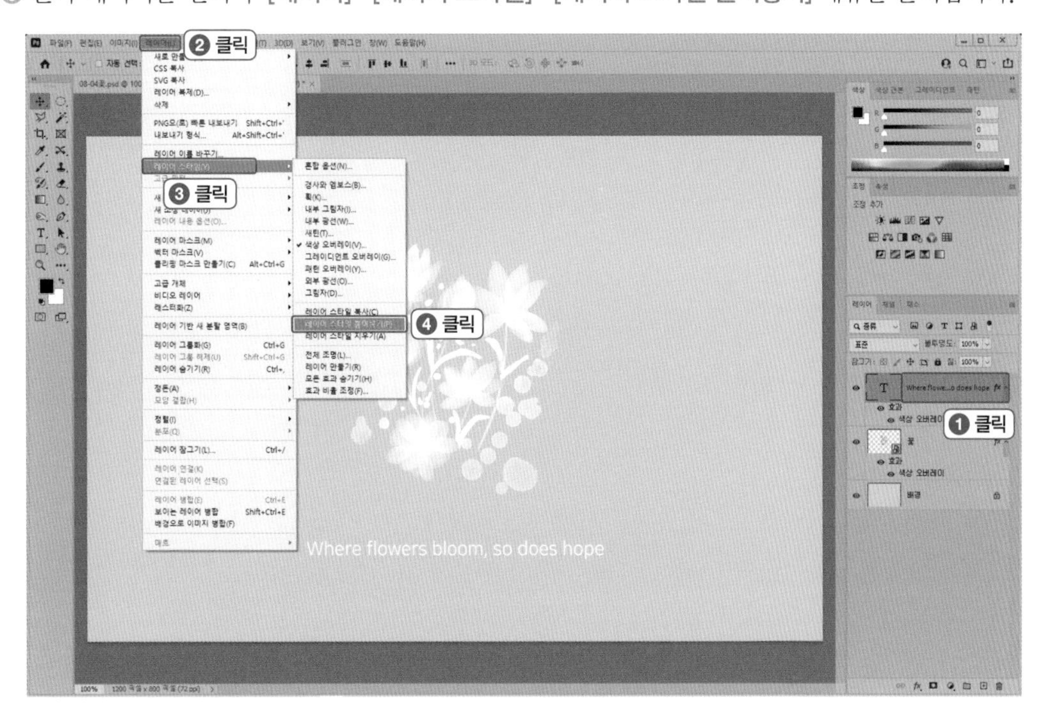

Tip 레이어 스타일의 복사와 붙여넣기는 레이어 위에서 마우스 오른쪽 버튼을 클릭해도 메뉴를 사용할 수 있습니다.

실습 05

다양한 레이어 스타일 적용하기

예제 파일 : 08-05아이슬란드.psd

• 'iceland' 문자에 경사와 엠보스, 획, 드롭 섀도 레이어 스타일을 적용하시오.

before

after

❶ 'iceland' 레이어를 선택합니다.

❷ [fx] 아이콘을 클릭하여 [경사와 엠보스]를 선택합니다.

③ '스타일 : 내부 경사, 기법 : 거칠게 깎기, 깊이 : 100%, 크기 : 5px'로 설정합니다.

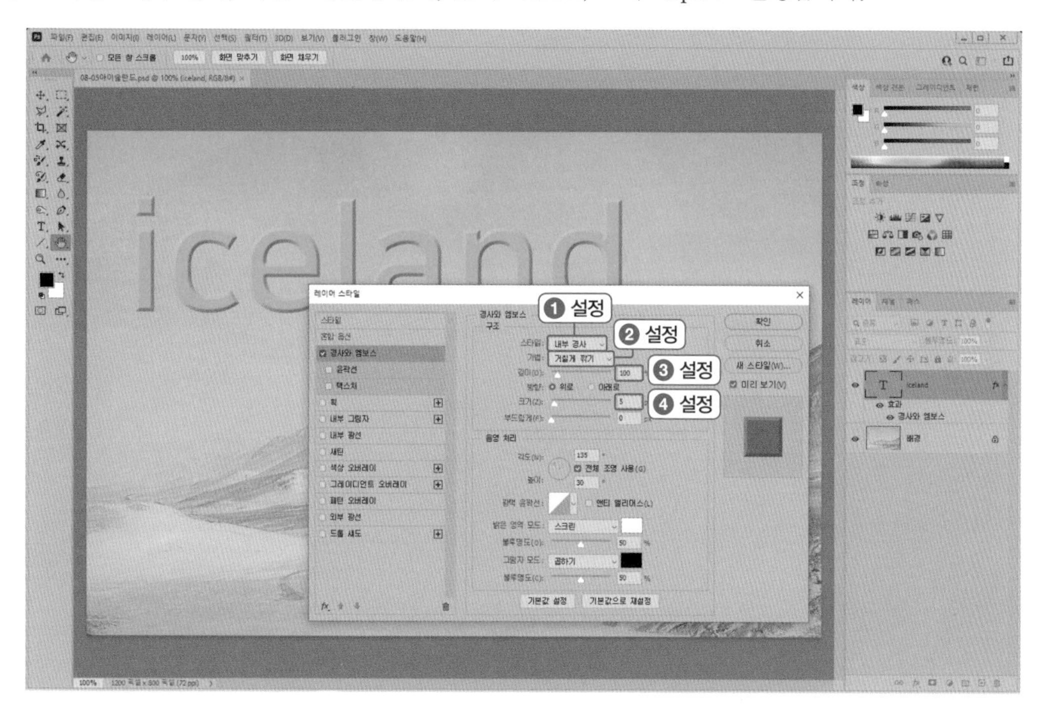

④ [획] 레이어 스타일을 클릭합니다.

⑤ '크기 : 4px, 위치 : 바깥쪽, 칠 유형 : 색상, 색상 : 흰색'으로 설정합니다.

Tip 레이어 스타일 제목 부분을 클릭하면 해당 레이어 스타일이 적용되면서 우측에 설정 부분이 나타납니다.

❻ [드롭 섀도] 레이어 스타일을 클릭합니다.

❼ '혼합 모드 : 곱하기, 색상 : 검은색, 불투명도 : 50%, 각도 : 135, 거리 : 10px, 크기 : 10px'로 설정합니다.

❽ [확인] 버튼을 클릭하면 다양한 레이어 스타일이 적용됩니다.

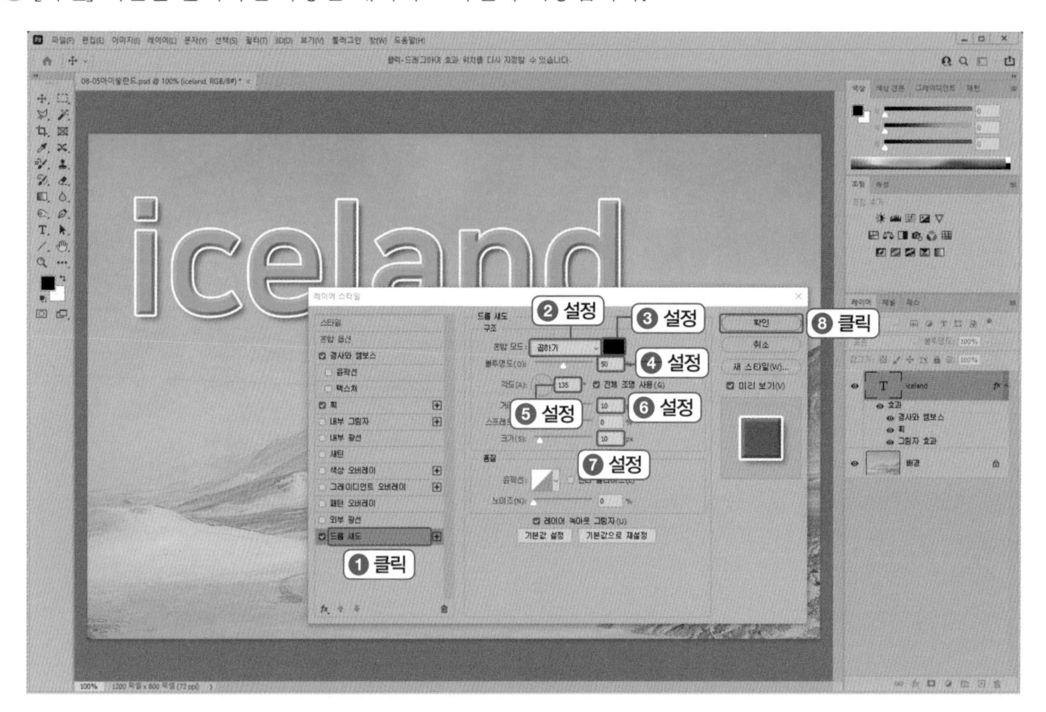

실습 06

레이어 스타일 중복 적용하기

예제 파일 : 08-06획.psd

• 문자에 획 레이어 스타일을 중복하여 적용하시오.

❶ 문자에 적용된 [획] 레이어 스타일을 더블 클릭하여 설정 창을 표시합니다.

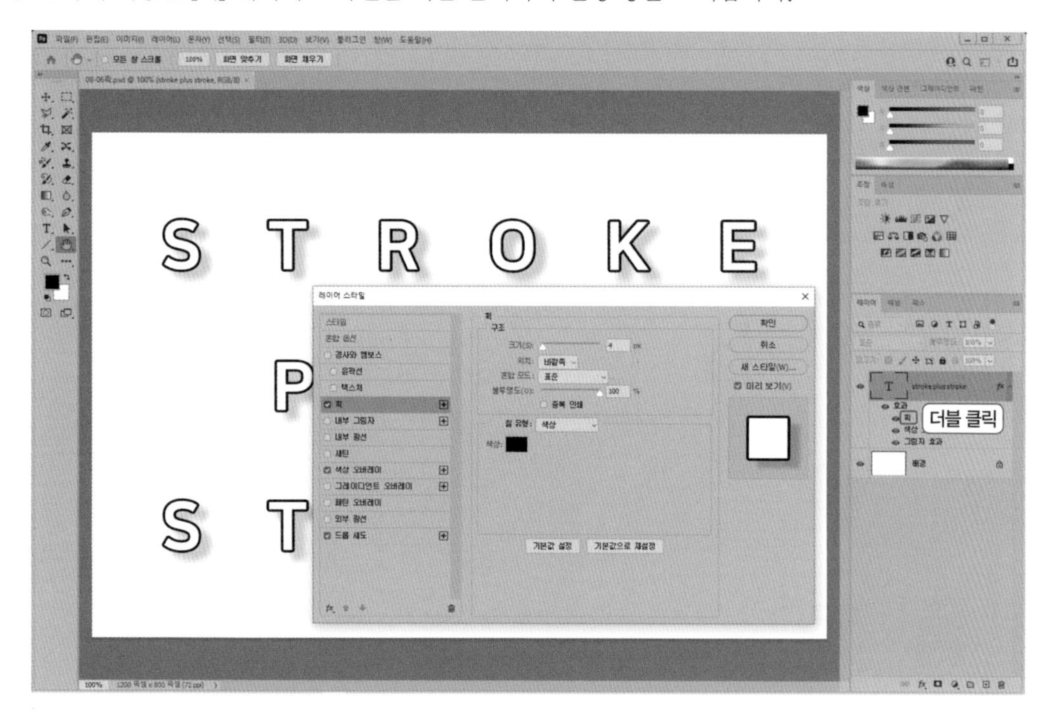

❷ [획] 레이어 스타일을 추가 적용한 후, 추가된 [획]을 선택합니다.

❸ '크기 : 8px, 위치 : 바깥쪽, 칠 유형 : 색상, 색상 : 흰색'으로 설정합니다.

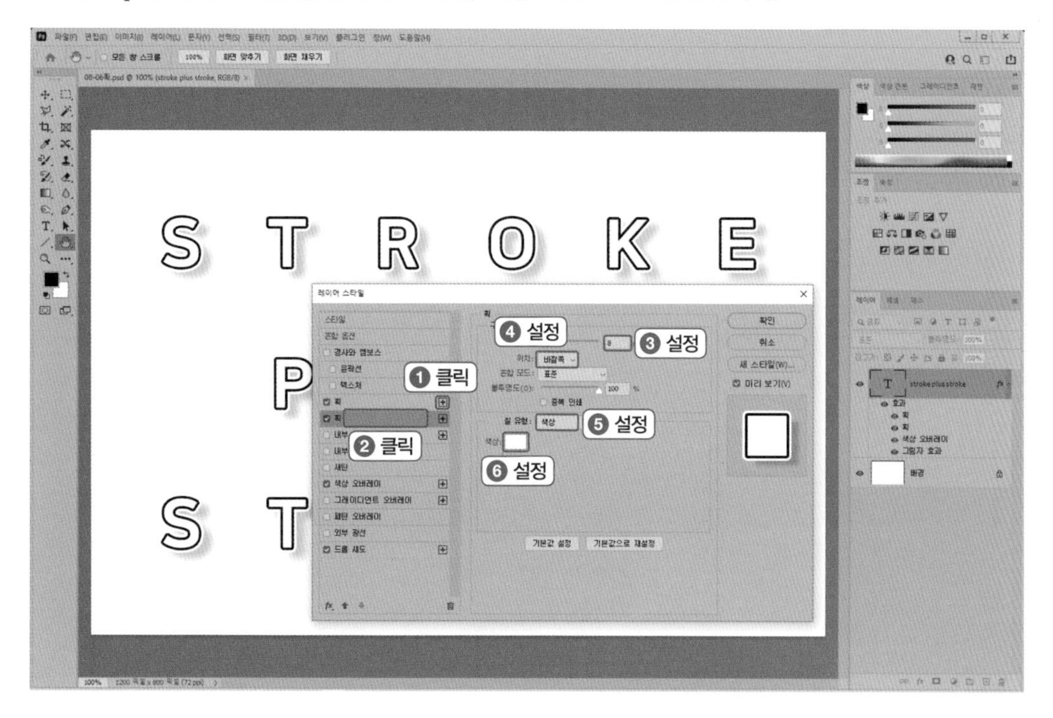

④ [획] 레이어 스타일을 추가 적용한 후, 추가된 [획]을 선택합니다.

⑤ '크기 : 12px, 위치 : 바깥쪽, 칠 유형 : 색상, 색상 : 검은색'으로 설정합니다.

⑥ [확인] 버튼을 클릭하면 [획] 레이어 스타일이 중복 적용됩니다.

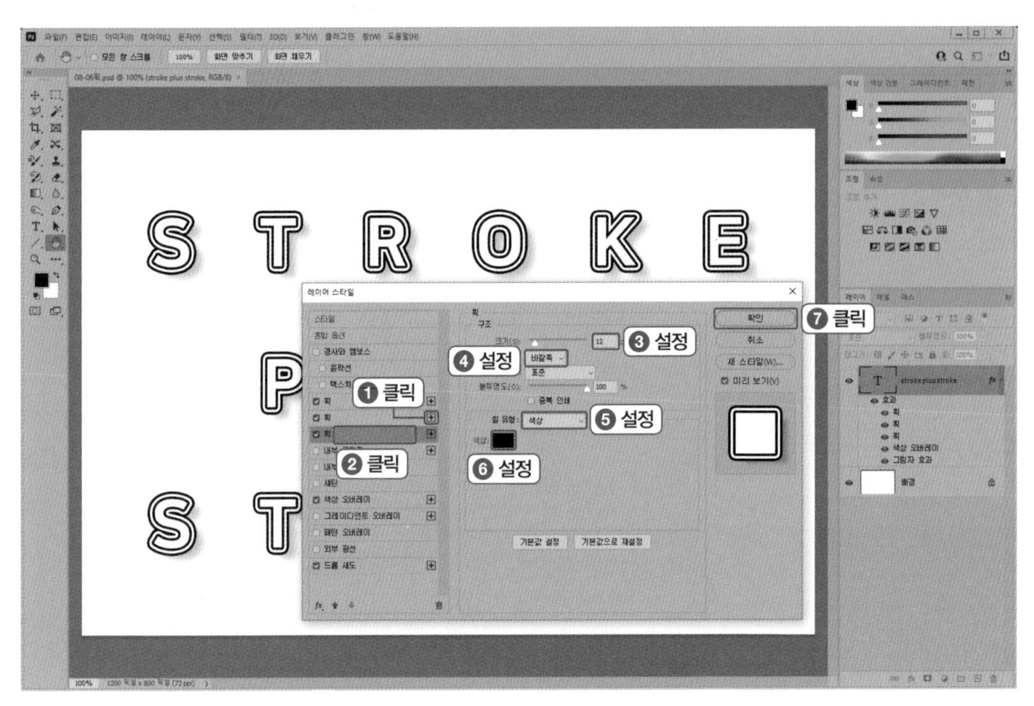

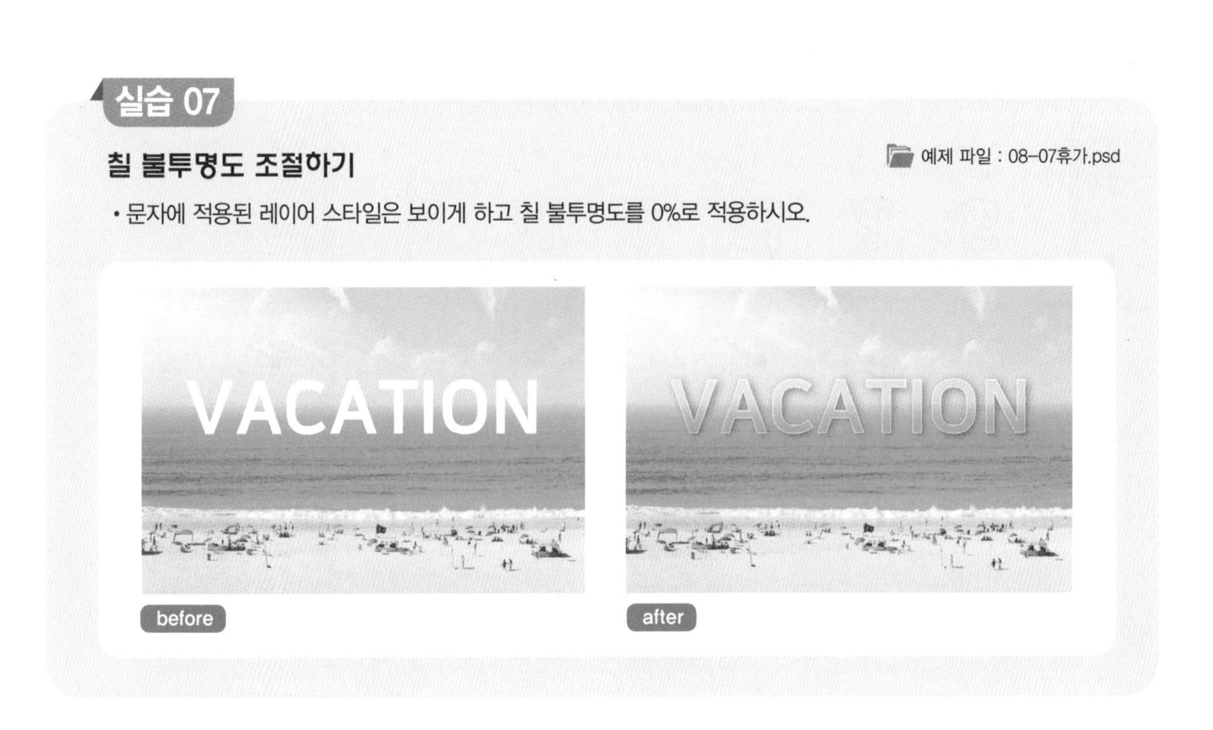

실습 07

칠 불투명도 조절하기

예제 파일 : 08-07휴가.psd

- 문자에 적용된 레이어 스타일은 보이게 하고 칠 불투명도를 0%로 적용하시오.

❶ 문자 레이어를 선택합니다.

❷ 레이어 스타일 [효과] 아이콘을 눌러서 전체 레이어 스타일이 보이게 설정합니다.

❸ '칠 : 0%'로 설정합니다.

실습 08

사진 프레임 만들기

예제 파일 : 08-08frame.psd

- [사각형 선택 윤곽 도구]를 사용해서 복사한 레이어를 만드시오.
- 레이어 스타일을 사용해서 사진 프레임을 만드시오.

before

after

❶ [사각형 선택 윤곽 도구]를 사용해서 선택 영역을 만듭니다.

❷ [레이어]-[새로 만들기]-[복사한 레이어] 메뉴를 클릭합니다.

Tip 선택 영역 위에서 마우스 오른쪽 버튼을 클릭하여 [복사한 레이어]를 선택해도 됩니다.

③ [fx] 아이콘을 클릭하여 [획]을 선택합니다.

④ '크기 : 10px, 위치 : 안쪽, 칠 유형 : 색상, 색상 : 흰색'으로 설정합니다.

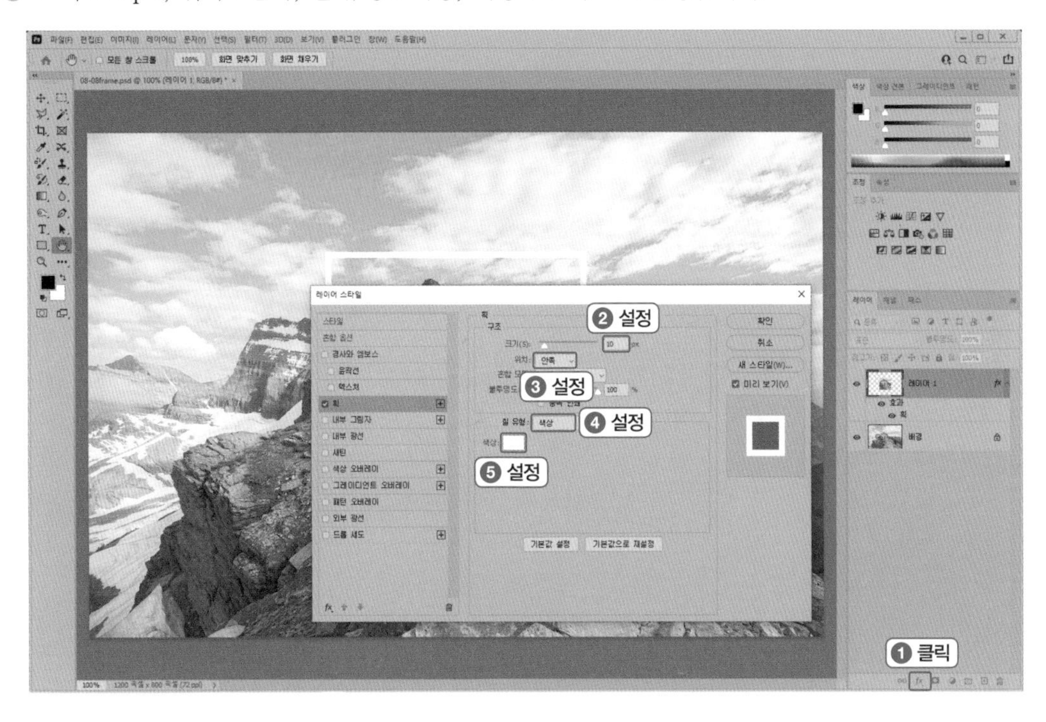

Tip 위치를 안쪽으로 설정해야 90도 각도의 모서리를 만들 수 있습니다.

⑤ [색상 오버레이]를 클릭하고 '혼합 모드 : 곱하기, 색상 : 검은색, 불투명도 : 10%'로 설정합니다.

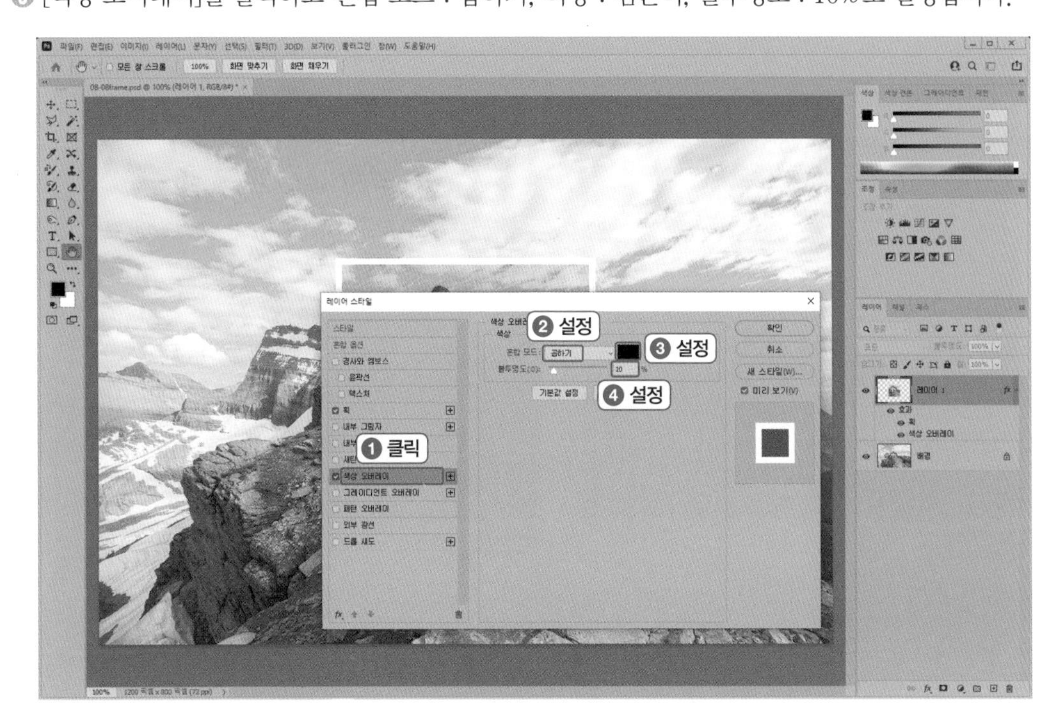

⑥ [드롭 섀도]를 클릭하고 '혼합 모드 : 곱하기, 색상 : 검은색, 불투명도 : 50%, 각도 : 110, 거리 : 10px, 크기 : 10px'로 설정합니다.

⑦ [확인] 버튼을 클릭합니다.

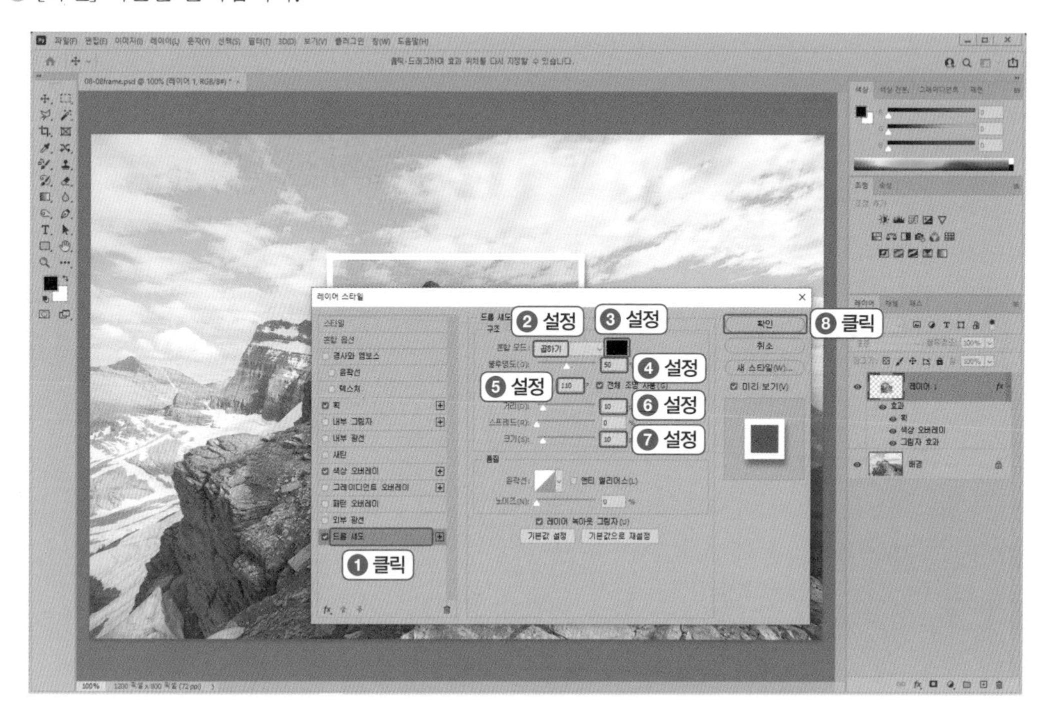

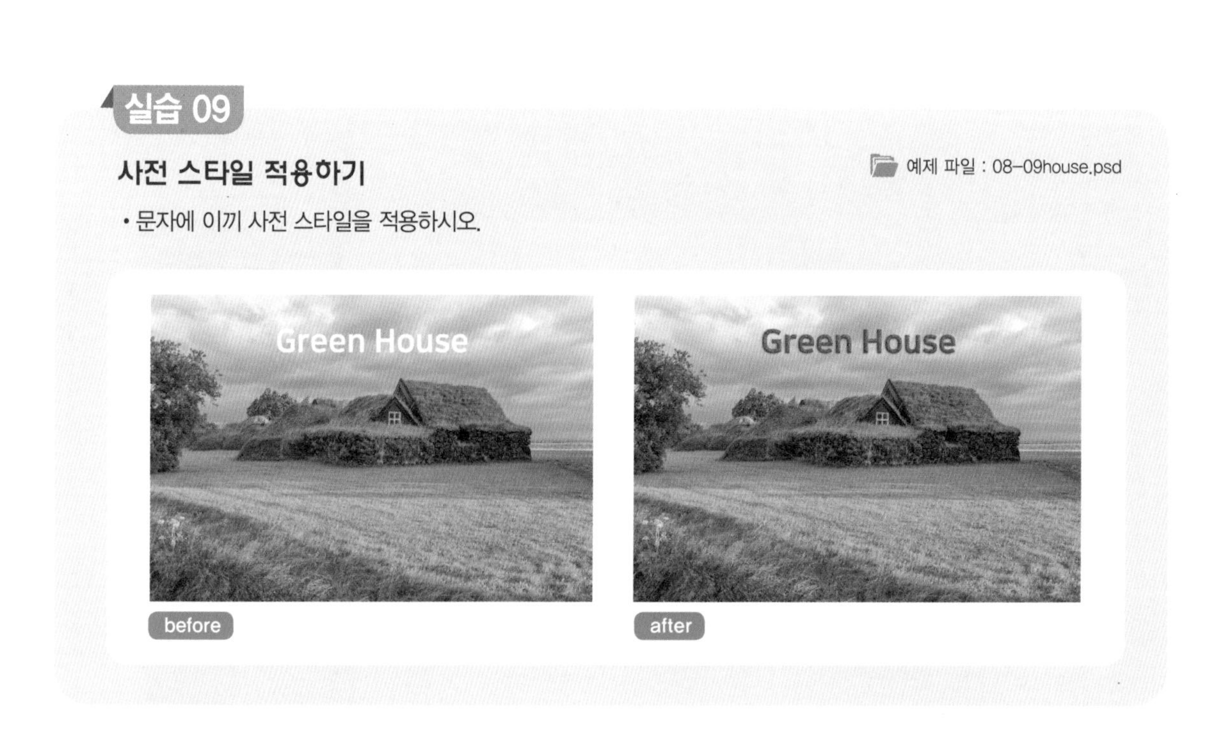

실습 09

사전 스타일 적용하기

예제 파일 : 08-09house.psd

• 문자에 이끼 사전 스타일을 적용하시오.

❶ 문자 레이어를 선택합니다.

❷ [창]–[스타일] 메뉴를 클릭해서 [스타일] 패널을 표시합니다.

❸ [자연어]의 '이끼' 사전 스타일을 클릭합니다.

Tip [스타일] 패널 메뉴의 [작은 목록] 또는 [큰 목록]을 선택하면 사전 스타일의 이름을 볼 수 있습니다.

실/력/점/검

❶ 혼합 모드를 문자 레이어는 '오버레이', 그라데이션 레이어는 '곱하기'로 설정하시오.

예제 파일 : 08-ex01.psd

▲ Before

▲ After

HINT

- 곱하기 혼합 모드는 색상과 명도를 혼합하여 전체적으로 어둡게 표현합니다.
- 오버레이 혼합 모드는 명도 50%를 기준으로 밝은 부분은 더 밝게, 어두운 부분은 더 어둡게 표현합니다.

❷ '타이틀' 레이어에 적용된 레이어 스타일을 '내용' 그룹에 적용하시오.

예제 파일 : 08-ex02.psd

▲ Before

▲ After

HINT

- 레이어 스타일 복사는 레이어 위에서 마우스 오른쪽 버튼을 클릭해서 [레이어 스타일 복사]를 선택하거나 또는 [레이어]-[레이어 스타일]-[레이어 스타일 복사] 메뉴를 사용합니다.
- 레이어 스타일을 그룹에 적용하면 그룹 내의 모든 레이어에 레이어 스타일이 적용됩니다.

실/력/점/검

③ '원' 레이어에 곱하기 혼합 모드를 적용하시오.

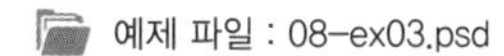
예제 파일 : 08-ex03.psd

▲ Before

▲ After

HINT

- 곱하기 혼합 모드는 전체적으로 어둡게 표현합니다.
- 혼합 모드가 너무 강렬하게 표현되면 불투명도를 함께 조절합니다.

④ '꽃' 레이어의 흰색이 투명하게 보이도록 혼합 모드를 설정하시오.

예제 파일 : 08-ex04.psd

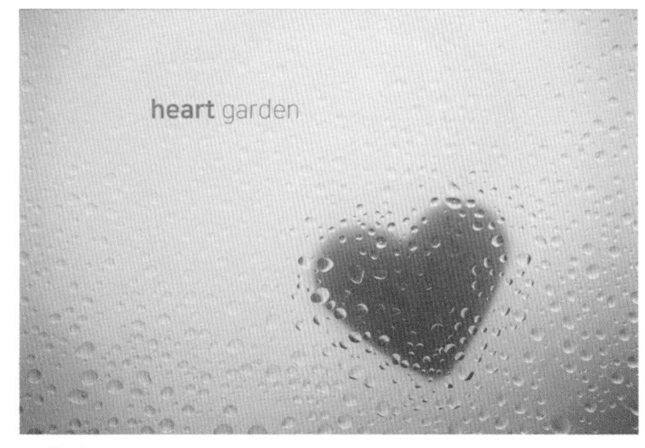

▲ Before

▲ After

HINT

- 곱하기 혼합 모드는 흰색을 투명하게 표현하며, 스크린 혼합 모드는 검은색을 투명하게 표현합니다.

실/력/점/검

❺ 'GUITAR' 문자가 테두리(획)만 보이도록 설정하시오.

예제 파일 : 08-ex05.psd

▲ Before

▲ After

HINT

- [획] 레이어 스타일로 테두리 효과를 적용합니다.
- 칠 불투명도는 레이어 스타일을 제외한 레이어의 불투명도를 설정합니다.

❻ '문자' 레이어의 외부 광선 레이어 스타일은 보이고, 문자는 보이지 않도록 설정하시오.

예제 파일 : 08-ex06.psd

▲ Before

▲ After

HINT

- 외부 광선 레이어 스타일은 오브젝트 외부 가장자리에 빛나는 효과를 표현합니다.
- 칠 불투명도를 0%로 설정하면 레이어 스타일은 보이지만 레이어의 오브젝트는 보이지 않습니다.

마스크 작업

학습목표

- 클리핑 마스크 이해하기
- 레이어 마스크 이해하기

실습

- 실습1 | 도형을 이용한 클리핑 마스크 합성
- 실습2 | 클리핑 마스크에 레이어 스타일 적용
- 실습3 | 클리핑 마스크를 이용한 포인트 텍스트 만들기
- 실습4 | 브러시 경도와 레이어 마스크 합성 1
- 실습5 | 브러시 경도와 레이어 마스크 합성 2
- 실습6 | 선택을 이용한 레이어 마스크 합성

마스크 작업

포토샵에서 마스크는 원본의 이미지는 유지한 채 이미지를 가려주는 비파괴적인 편집 기법입니다. 대표적으로 클리핑 마스크와 레이어 마스크가 있는데 포토샵의 다른 기능과 함께 사용하여 합성하는 방법을 학습합니다.

1 클리핑 마스크

클리핑 마스크는 레이어 2개 이상을 사용합니다. 아래 레이어의 불투명한 영역만큼 위의 레이어가 나타나며 이외의 부분은 마스크 됩니다(가려집니다). 클리핑 마스크 사용법 및 유의사항은 아래와 같습니다.

❶ 클리핑 마스크는 2개 레이어 순서가 위아래로 있어야 하며, 영역이 되는 마스크 레이어는 아래에 오도록 합니다.

❷ 마스크 레이어의 색상은 상관이 없으며 불투명과 투명 영역을 인식합니다.

❸ 마스크가 적용될 위의 레이어를 선택 후 [레이어]–[클리핑 마스크 만들기] 메뉴를 클릭하면 적용됩니다.

❹ 해제는 마스크가 적용된 레이어를 선택 후 [레이어]–[클리핑 마스크 해제] 메뉴를 클릭합니다.

▲ 원본 이미지

▲ 클리핑 마스크가 적용된 이미지

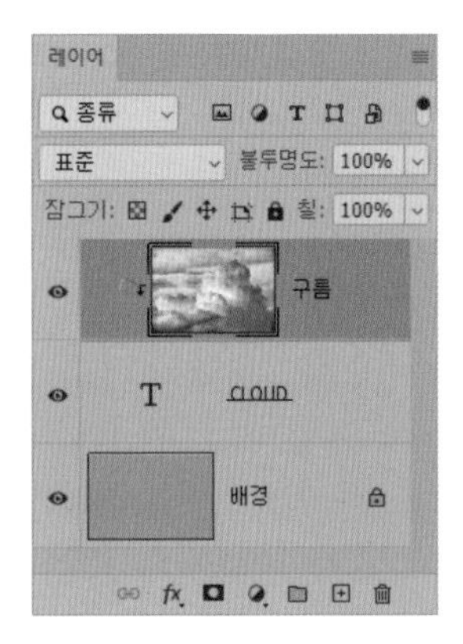

▲ 레이어 패널

Tip 두 레이어 사이의 구분선에 마우스 커서를 위치한 후 Alt 를 누른 상태로 클릭하면 클리핑 마스크를 적용 및 해제할 수 있습니다.

2 레이어 마스크

레이어 마스크는 검은색, 흰색, 회색의 그레이스케일을 사용하여 레이어를 마스크 하는 기법입니다. 레이어 마스크 사용법 및 유의사항은 아래와 같습니다.

❶ 레이어 마스크를 적용할 레이어를 선택 후 [레이어 마스크 추가] 아이콘을 클릭합니다.

❷ [레이어 마스크] 축소판을 선택했는지 반드시 확인합니다.

❸ 이미지 위에서 검은색으로 페인팅하면 그 영역이 가려지며(마스크), 흰색으로 페인팅하면 보이게 됩니다.

❹ 회색과 색상(예 파랑, 노랑 등)을 페인팅하면 그 명도 값에 따라 레이어의 내용이 투명해집니다.

❺ 선택 영역이 있는 상태에서 [레이어 마스크 추가] 아이콘을 클릭하면 선택 영역은 보이고 이외 영역은 가려지게 됩니다.(마스크)

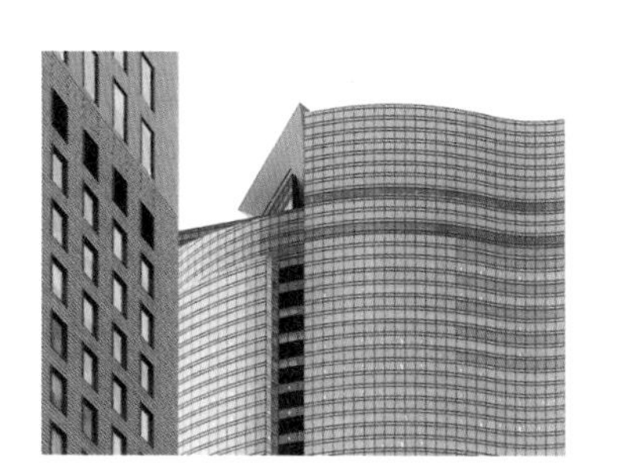

▲ 원본 이미지

▲ 레이어 마스크가 적용된 이미지

▲ 레이어 패널

실습 01

도형을 이용한 클리핑 마스크 합성

예제 파일 : 09-01산.psd

• 풍경 사진을 주어진 모양으로 클리핑 마스크 하시오.

① '모양' 레이어가 아래에 있고, '사진' 레이어가 위에 있도록 레이어를 이동합니다.

Tip 클리핑 마스크는 레이어의 순서가 중요하니 적용하기 전에 항상 확인합니다.

② '사진' 레이어를 선택 후 [레이어]-[클리핑 마스크 만들기] 메뉴를 클릭합니다.

Tip 레이어와 레이어 사이의 구분선에서 Alt를 누른 상태로 클릭해도 됩니다.

❸ [이동 도구]를 사용하면 위치를 이동할 수 있습니다.

클리핑 마스크에 레이어 스타일 적용

예제 파일 : 09-02구름.psd

- 구름 사진을 CLOUD라는 문자로 클리핑 마스크 하시오.
- 문자에 그림자 레이어 스타일을 적용하시오.

after

❶ [수평 문자 도구]를 사용해서 '글꼴 : 나눔스퀘어, 스타일 : ExtraBold, 크기 : 300pt, 색상 : 자유롭게 설정'하여 문자를 입력합니다.

Tip 클리핑 마스크는 불투명한 영역이 중요하므로 문자의 색상은 자유롭게 설정합니다.

❷ '배경' 레이어를 선택 후 [레이어]-[레이어 복제] 메뉴를 클릭합니다.

❸ 'CLOUD' 레이어가 아래에 있고, '배경 복사' 레이어가 위에 있도록 레이어를 이동합니다.

④ '배경 복사' 레이어를 선택 후 [레이어]–[클리핑 마스크 만들기] 메뉴를 클릭합니다.

⑤ 'CLOUD' 레이어를 선택 후 [그림자] 레이어 스타일을 적용합니다.

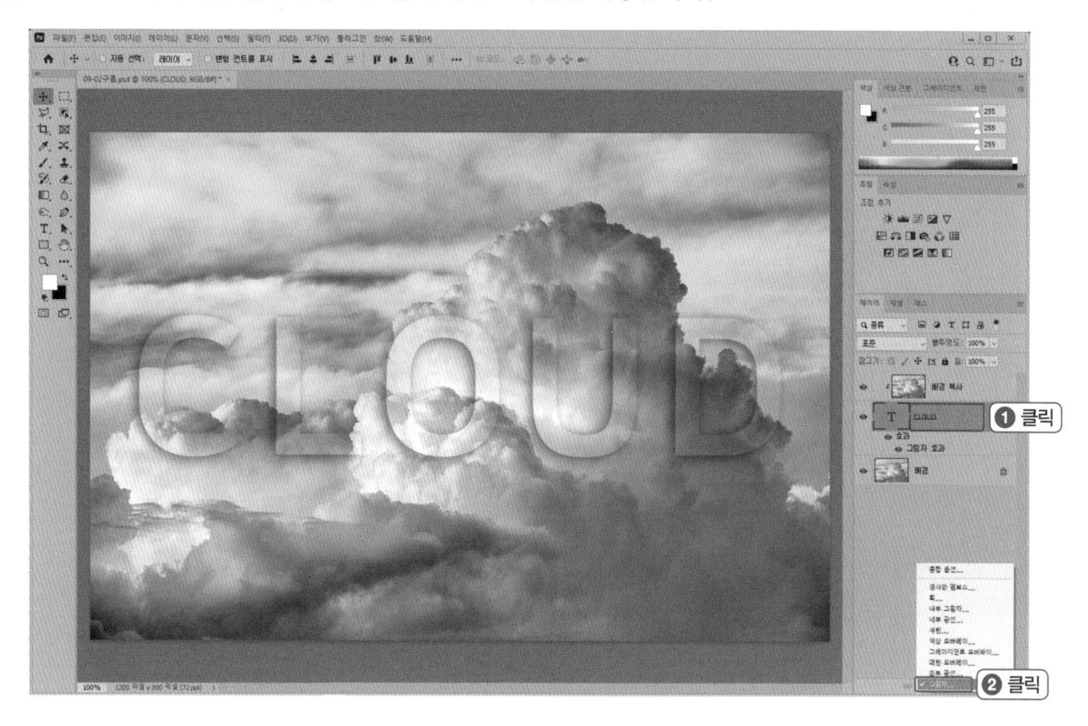

Tip 적용하는 레이어 스타일에 따라 다양한 결과물을 제작할 수 있습니다.

실습 03

클리핑 마스크를 이용한 포인트 텍스트 만들기

예제 파일 : 09-03포인트텍스트.psd

- 모양 도구를 사용해서 다양한 색상의 사각형을 만드시오.
- 제작한 사각형이 포인트가 되도록 클리핑 마스크를 적용하시오.

before

after

❶ 새로운 레이어를 만든 후 '포인트 색상'이라고 이름을 변경합니다.

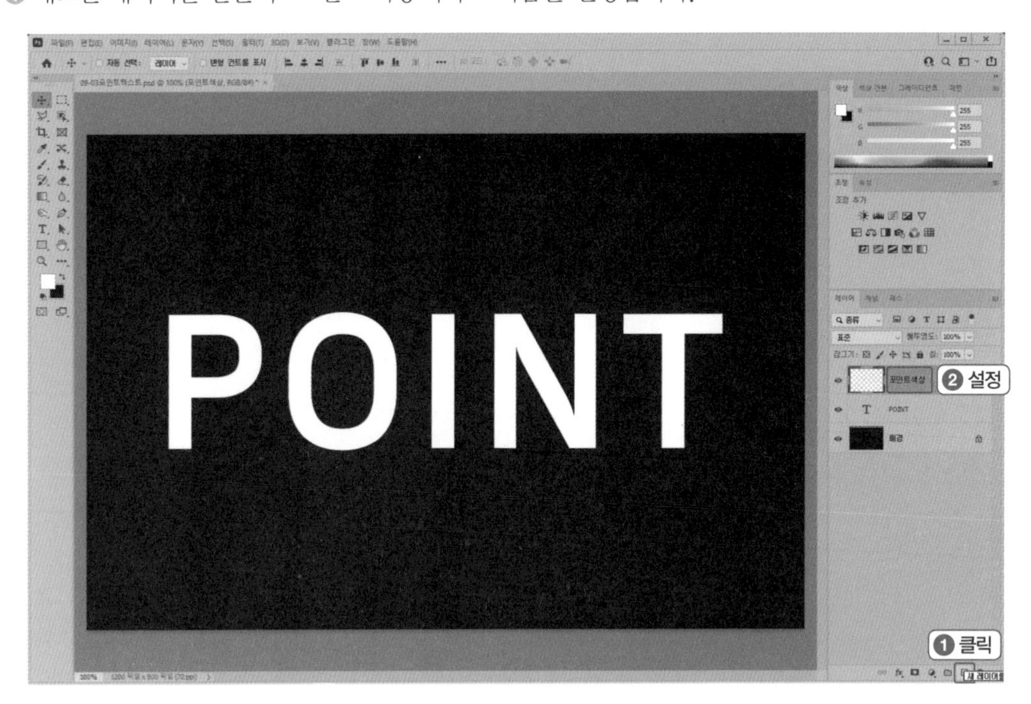

❷ [사각형 도구] 옵션을 '선택 도구 모드 : 픽셀'로 설정하고 글자의 끝 부분에 다양한 색상의 사각형을 만듭니다.

Tip 브러시 등 다른 도구와 모양을 사용하면 다양한 결과물을 제작할 수 있습니다.

❸ [레이어]–[클리핑 마스크 만들기] 메뉴를 클릭합니다.

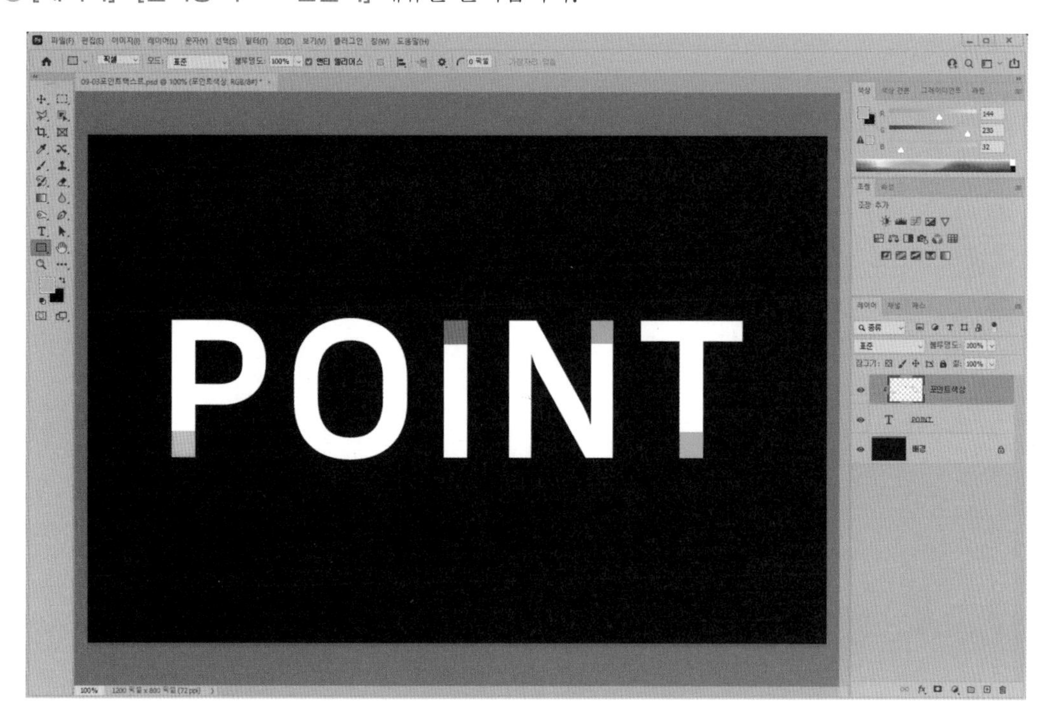

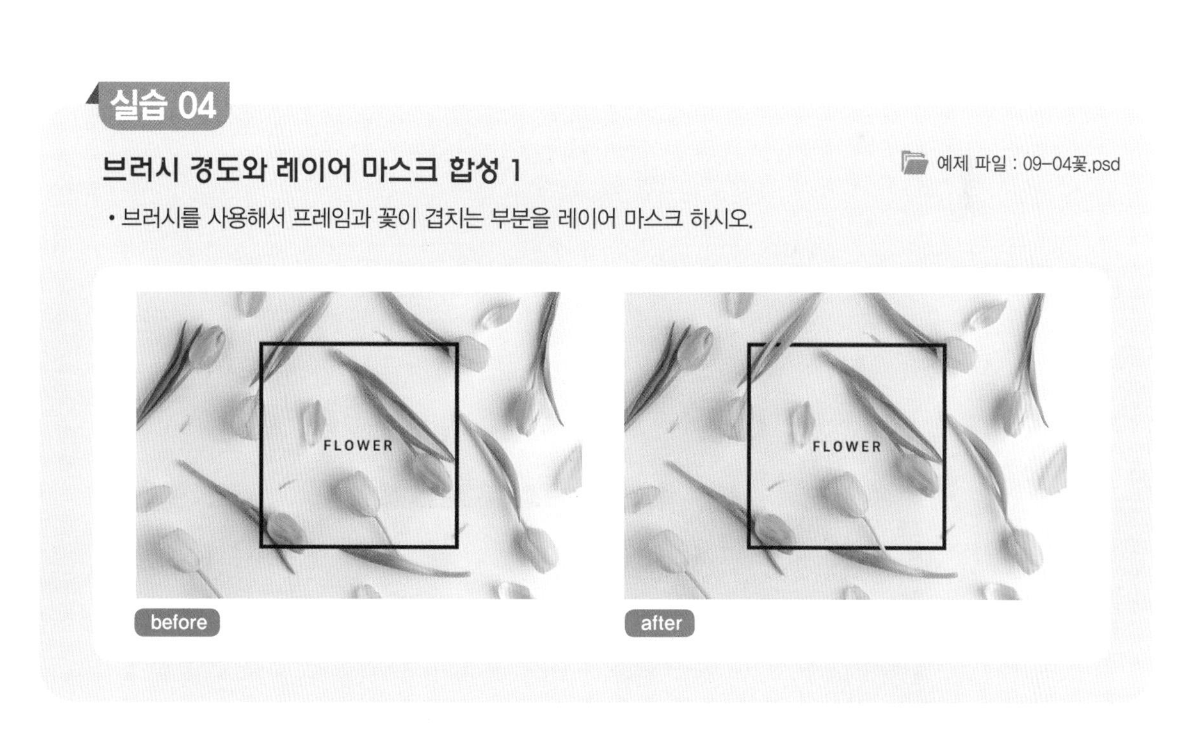

실습 04

브러시 경도와 레이어 마스크 합성 1

예제 파일 : 09–04꽃.psd

• 브러시를 사용해서 프레임과 꽃이 겹치는 부분을 레이어 마스크 하시오.

❶ '프레임' 레이어를 선택 후 [레이어 마스크 추가] 아이콘을 클릭합니다.

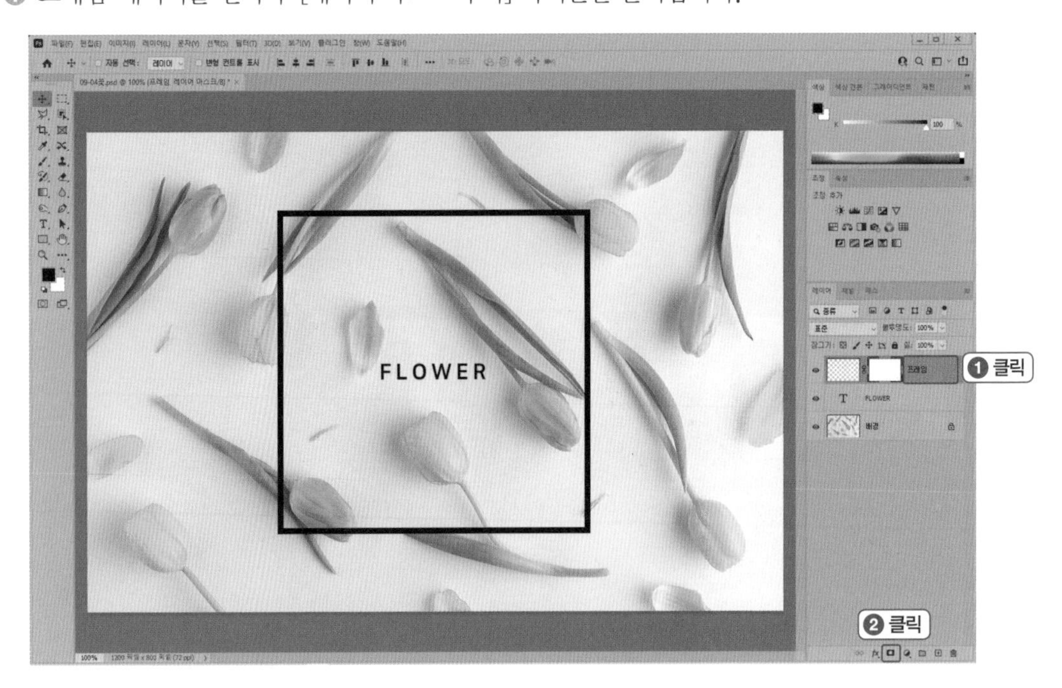

❷ [브러시 도구]를 선택 후 아래의 옵션으로 설정합니다.

– 크기 : 5픽셀 – 경도 : 100% – 색상 : 검은색

Tip [브러시 도구]는 캔버스에서 마우스 오른쪽 버튼을 클릭하면 옵션 창이 표시됩니다.

❸ 작업할 부분을 확대 후 마스크 될 부분을 브러시로 페인팅합니다.

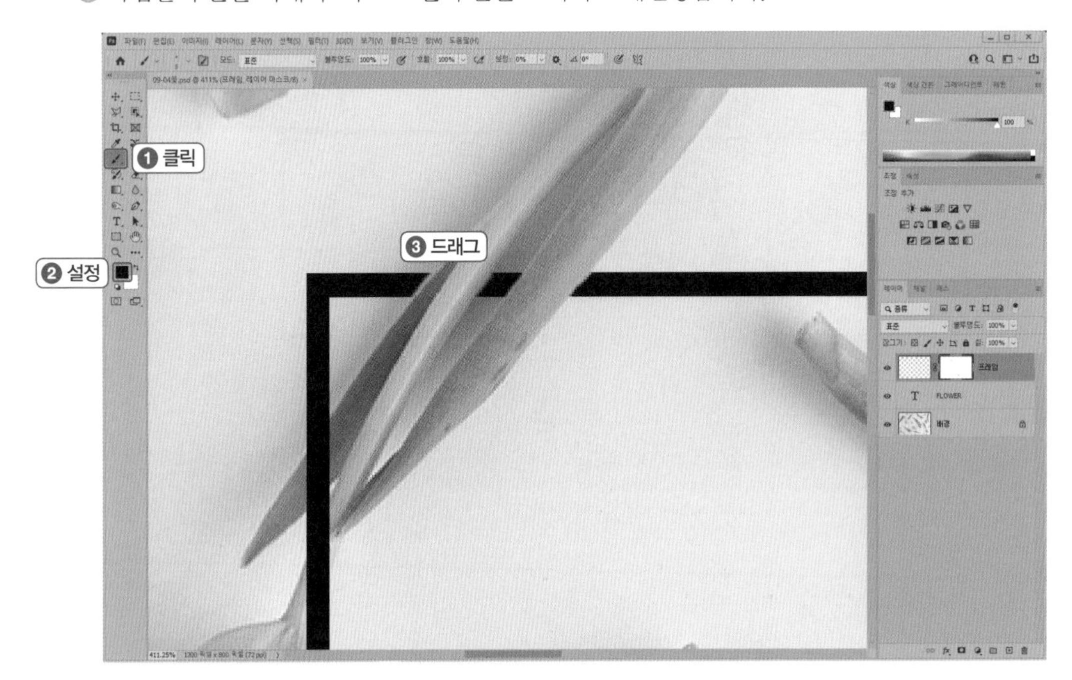

Tip 반드시 [레이어 마스크] 축소판이 선택되어 있어야 하며, 마스크 한 부분을 되돌리고 싶으면 전경색을 흰색으로 변경 후 페인팅합니다.

④ [브러시 도구]를 사용해서 다른 부분도 마스크 작업을 합니다.

❶ 'SKY' 레이어를 선택 후 [레이어 마스크 추가] 아이콘을 클릭합니다.

❷ [브러시 도구]를 선택 후 아래의 옵션으로 설정합니다.

- 크기 : 200픽셀　　　　- 경도 : 0%　　　　- 색상 : 검은색

❸ 글자 아래의 마스크 될 부분을 브러시로 페인팅합니다.

Tip 브러시의 경도에 따라서 마스크 영역이 다르게 적용됩니다.(실습 4의 마스크는 경계가 명확하게, 실습 5의 마스크는 경계가 부드럽게 적용됩니다.)

실습 06

선택을 이용한 레이어 마스크 합성

예제 파일 : 09-06빌딩.psd

• 빌딩을 선택 영역으로 지정하고 레이어 마스크 적용하시오.

❶ '빌딩' 레이어를 선택합니다.

❷ [자동 선택 도구]의 '허용치 : 30'을 설정하여 빌딩 위의 하늘을 클릭합니다.

Tip 선택이 잘 안 되는 경우는 허용치를 조금씩 조절합니다.

③ [선택]–[반전] 메뉴를 클릭합니다.

④ [레이어 마스크 추가] 아이콘을 클릭합니다.

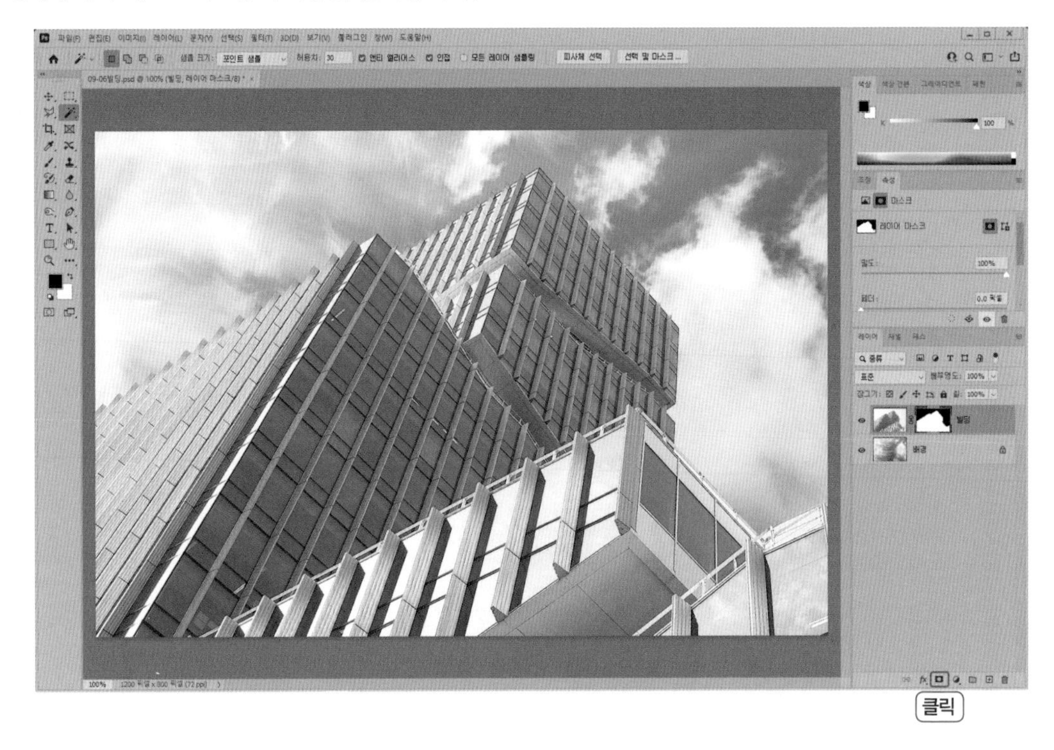

실/력/점/검

1 숲 이미지와 코끼리 모양을 사용해서 클리핑 마스크를 적용하시오. 획과 그림자 레이어 스타일을 적용하시오.

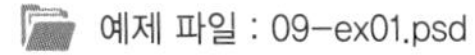

▲ Before

▲ After

HINT

- 클리핑 마스크는 마스크(영역이 되는) 레이어가 아래에 있어야 합니다.
- 마스크 레이어에 레이어 스타일을 적용합니다.

2 파도 이미지와 문자를 사용하여 클리핑 마스크를 적용하시오.

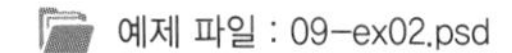

▲ Before

▲ After

HINT

- 문자 레이어가 파도 이미지 레이어의 아래에 있어야 합니다.

실 / 력 / 점 / 검

③ 문자와 이미지를 자연스럽게 합성하시오.

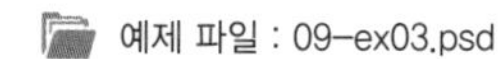
예제 파일 : 09–ex03.psd

▲ Before

▲ After

HINT

- [브러시 도구]의 경도에 따라 마스크 부분이 다르게 표시됩니다.
- 레이어 마스크에서 검은색으로 페인팅하면 이미지가 가려지게 됩니다.

④ 주어진 이미지를 활용하여 합성하시오.

예제 파일 : 09–ex04.psd

▲ Before

▲ After

HINT

- [브러시 도구]를 '경도 : 0%'로 설정하여 자연스럽게 합성되도록 레이어 마스크 작업을 합니다.

실 / 력 / 점 / 검

5 꽃 이미지에 원 모양의 레이어 마스크를 적용하시오.

예제 파일 : 09–ex05.psd

▲ Before

▲ After

HINT

- [원형 선택 윤곽 도구]를 Shift 를 누른 상태로 드래그하여 정원 선택 영역을 만듭니다.
- 선택 영역이 있을 때 [레이어 마스크 추가] 아이콘을 클릭하면 선택 영역만 보이고 선택 이외의 영역은 마스크 됩니다.

6 글자의 일부분에 다양한 색상이 나타나도록 작업하시오.

예제 파일 : 09–ex06.psd

▲ Before

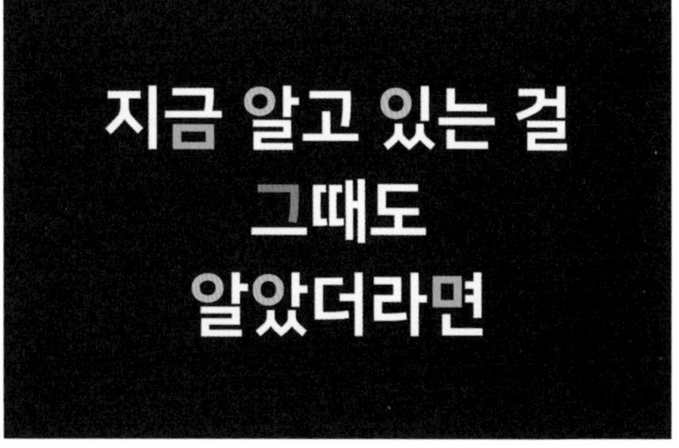

▲ After

HINT

- 새로운 레이어를 만들어서 색상 작업을 합니다.
- [사각형 도구] 옵션을 '모드 : 픽셀'로 설정하거나 또는 [브러시 도구]를 '경도 : 100%'로 설정하는 등 다양한 방법과 색상으로 작업합니다.

이미지 보정과 조정 레이어

Adobe Certified Professional Photoshop

학습목표

- 색상 모드 이해하기
- 메뉴를 사용해서 이미지 보정하기
- 조정 레이어를 사용하여 보정하기
- 조정 레이어 특징을 이해하고 설정하기

실습

- 실습1 | 명도/대비를 활용하여 보정하기
- 실습2 | 레벨을 활용한 보정하기
- 실습3 | 조정 레이어 순서 변경하기
- 실습4 | 색조/채도 조정 레이어 활용하기
- 실습5 | 색상화 적용하기
- 실습6 | 이미지 활기 보정하기
- 실습7 | 색상 균형 보정하기
- 실습8 | 이미지 특정 색상 대체하기
- 실습9 | 한계값 설정하여 보정하기

CHAPTER 10

이미지 보정과 조정 레이어

포토샵에서는 이미지의 색상, 명도, 채도 등을 다양하게 보정하는 메뉴와 기능이 있습니다. 또한 조정 레이어를 사용하면 원본 이미지는 보존하며 보정할 수 있습니다. 이번 장에는 이미지를 보정하는 방법과 조정 레이어를 사용하고 설정하는 방법에 대해 학습합니다.

1 색상 모드

1) 색상 모드

색상 모드는 채널 수 기반의 색을 표현하는 방식입니다. 포토샵 작업을 할 때 최종 결과물의 목적에 따라 색상 모드를 설정해야 하며, 일반적으로 웹, 모바일 등 화면으로 보는 작업은 RGB 색상 모드, 출력하는 경우는 CMYK 모드로 작업합니다. [이미지]–[모드] 메뉴를 클릭하면 다양한 색상 모드를 변환할 수 있습니다.

▲ 채널 패널

2) 종류

❶ **비트맵(Bitmap) :** 1비트를 사용하며 검정과 흰색 중 하나를 사용하여 이미지를 표현합니다. 회색 음영 모드에서만 비트맵 모드로 변환할 수 있습니다.

❷ **회색 음영(Grayscale) :** 8비트 이미지로 0(검정)에서 255(흰색)까지 256가지의 회색 음영을 사용하며 색상은 표현되지 않습니다.

❸ **이중톤(Duotone) :** 회색 음영에 색상이 추가된 모드이며 보통 단색으로 표현됩니다.

❹ **인덱스 색상(Index) :** 8비트의 최대 256가지 색상을 사용하는 색상 모드입니다. 색상을 인덱스화하여 이미지를 구현하며, 원본의 색상이 없는 경우는 가장 비슷한 색상으로 구현하거나 디더링을 이용합니다. 편집이 제한적이기 때문에 임시로 RGB 모드로 변환 후 작업해야 하며, 파일의 크기는 작으므로 웹용 이미지의 용도(gif, png-8 형식)로 저장하면 좋습니다.

❺ **RGB 색상 :** Red, Green, Blue를 기본 색상으로 하며 채널당 8비트(256단계) 이미지에서는 픽셀당 24비트(3채널×8비트) 색상 정보를 가지게 됩니다. 즉 24비트 이미지에서는 1,670만 가지의 색상을 재현할 수 있습니다. 색이 혼합될수록 점점 밝아지는 가산 혼합이라고 하며 웹, 모바일 등 주로 화면으로 결과를 확인하는 작업에서 사용합니다.

❻ **CMYK 색상 :** Cyan(청녹), Magenta(자주), Yellow(노랑), Black(검정)의 잉크 색상으로 구현하는 색상 모드입니다. 색이 혼합될수록 점점 어두워지는 감산 혼합이라고 하며, 인쇄물로 출력하기 위한 작업에 사용하는 모드입니다. 하지만 인쇄했을 때 색상은 인쇄 장치와 조건에 따라 달라질 수 있습니다.

❼ **Lab 색상 :** 사람의 색상 인지 능력을 기초로 L(밝기), a(녹색–빨강), b(파랑–노랑) 색상을 구현합니다.

❽ **다중 채널(Multichannel) :** 별색 채널이 만들어지며 특수 인쇄에 유용합니다. 레이어를 지원하지 않아서 배경 레이어로 병합됩니다.

2 색상 보정

색상 보정은 메뉴와 조정 레이어를 활용하는 방법이 있습니다. 메뉴를 사용하는 것은 원본 이미지 정보가 변형되는 파괴적인 보정 방법이며, 조정 레이어를 사용하는 것은 원본 이미지를 보존하며 언제든지 수정이 가능한 비파괴적인 보정 방법입니다.

1) 색의 3요소

보정을 하기 위해서는 색의 3요소를 이해하고 있어야 하며, 포토샵의 색상 피커에서 확인할 수 있습니다.

❶ **색상 :** 빨강, 초록, 파랑 등 색의 명칭을 의미합니다.

❷ **명도 :** 색의 밝고 어두운 정도를 의미하며 흰색에 가까울수록 명도가 높고, 검은색에 가까울수록 명도가 낮습니다.

❸ **채도 :** 색의 선명한 정도를 의미합니다. 채도가 가장 높은 색을 순색이라고 하며, 순색에 무채색을 혼합하면 채도가 낮아지며 탁하다고 표현합니다.

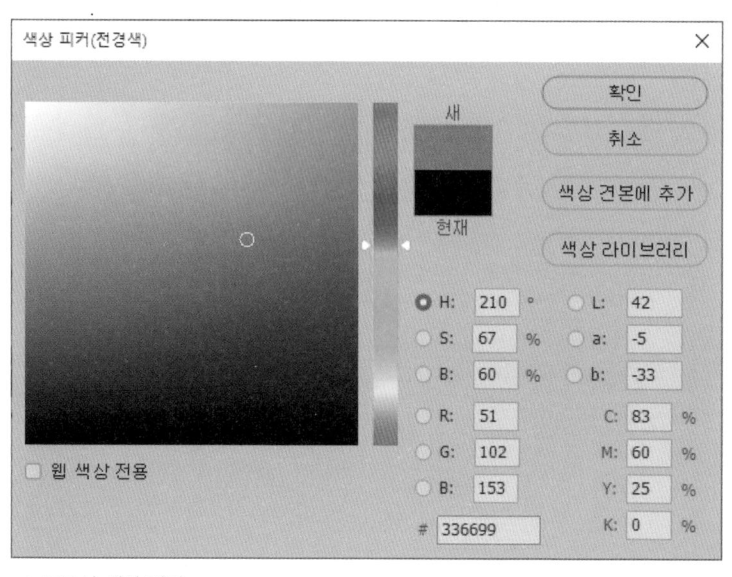

▲ 포토샵 색상 피커

2) [이미지]–[조정] 메뉴

❶ **명도/대비 :** 이미지의 명도와 대조도를 보정합니다. 이미지의 밝은 영역과 어두운 영역의 차이를 대조도라고 합니다.

❷ **레벨 :** 이미지의 어두운 영역, 중간 영역, 밝은 영역을 구분하여 명도와 대조도를 보정합니다.

❸ **곡선 :** 선을 활용하여 명도와 대조도를 보정합니다.

❹ **노출 :** 빛의 노출 양을 조절하여 명도를 조절합니다.

❺ **활기 :** 채도를 어느 정도 유지하면서 보정합니다.

❻ **색조/채도 :** 색조, 채도, 명도를 보정하거나 색상화 효과를 적용할 수 있습니다.

❼ **색상 균형 :** 이미지에 사용된 색상을 명도 영역별로 색상 균형을 맞춥니다.

❽ **흑백 :** 색상 계열별로 흑백을 조절합니다.

❾ **포토 필터 :** 특정 색상을 설정하여 카메라의 필터처럼 색상 필터를 적용합니다.

❿ **채널 혼합 :** 각각의 채널별로 색상을 혼합합니다.

⓫ **색상 검색 :** 색상 전문가가 주로 사용하며 색상을 검색합니다.

⓬ **반전 :** 이미지의 색상을 반전시킵니다.

⓭ **포스터화 :** 이미지에 사용되는 색상 수를 조절하여 단순하게 만듭니다.

⓮ **한계값 :** 한계값 설정에 따라 이미지를 흰색과 검은색으로만 만듭니다.

⓯ **그레이디언트 맵 :** 이미지의 명도에 따라 그레이디언트 색상을 적용합니다.

⓰ **선택 색상 :** 특정 계열의 색상 양을 더하거나 줄이면서 보정합니다.

⓱ **어두운 영역/밝은 영역 :** 어두운 영역과 밝은 영역을 기준으로 이미지를 보정합니다.

⓲ **HDR 토닝 :** 주로 32비트 HDR(High Dynamic Range) 이미지의 노출, 채도 등 보정에 사용하지만 16비트 및 8비트 이미지에도 사용할 수 있습니다.

⓳ **채도 감소 :** 채도를 완전히 감소시켜서 흑백 이미지를 만듭니다.

⓴ **색상 일치 :** 소스 이미지를 불러와서 현재 이미지를 유사한 색상으로 조절합니다.

㉑ **색상 대체 :** 특정 색을 지정하고 허용량에 따라 영역을 설정하여 색조, 채도, 밝기를 조절합니다.

㉒ **균일화 :** 이미지의 명도 단계를 고르게 조절합니다.

Tip 이미지 보정은 절대적인 기준이 없습니다. 다양한 이미지를 통해 설정을 다르게 하며 많이 연습해 보는 것이 중요합니다.

3 조정 레이어

조정 레이어를 사용하면 원본의 이미지를 그대로 유지한 상태에서 보정할 수 있으며 언제든지 다시 수정할 수 있습니다. 또한 보정된 이미지 일부분을 마스크 할 수 있으며, 특정 레이어만 보정할 수도 있습니다.

1) 조정 레이어 적용과 설정

조정 레이어를 적용하려면 [레이어]-[새 조정 레이어] 메뉴 또는 [조정] 패널의 아이콘, [레이어] 패널 하단의 [조정 레이어 추가] 아이콘을 사용합니다. 세부 설정은 [속성] 패널에서 조절합니다.

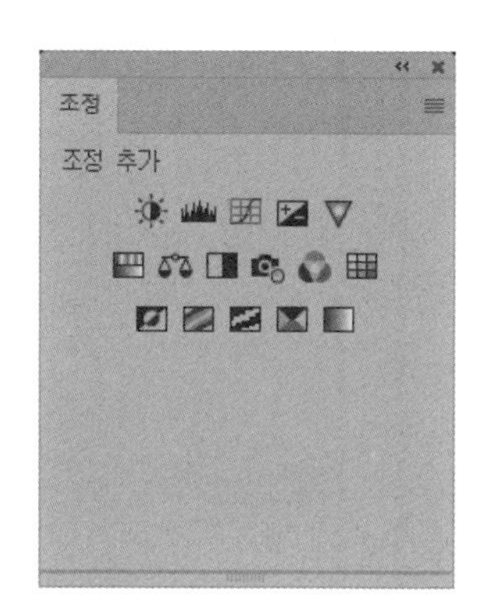

▲ [조정] 패널

▲ [속성] 패널

▲ 레이어에 클립

❶ 레이어에 클립 : 아래 레이어만 보정하려면 클릭합니다.

❷ 이전 상태를 보려면 클릭합니다.

❸ 조정 기본값으로 재설정합니다.

❹ 조정 레이어를 보이거나 안보이게 설정합니다.

❺ 조정 레이어를 삭제합니다.

Tip [레이어에 클립]은 클리핑 마스크 적용법과 동일합니다. 즉 조정 레이어와 아래 레이어 사이에서 Alt를 누른 상태로 클릭하면 적용됩니다.

2) 조정 레이어 특징

조정 레이어는 아래에 있는 모든 레이어가 보정되므로 레이어 순서가 중요하며, 아래 레이어에만 보정하고 싶으면 [아래에 클립] 기능을 사용합니다. 또한 이미지의 일부 영역만 보정하고 싶으면 마스크 기능을 활용합니다.

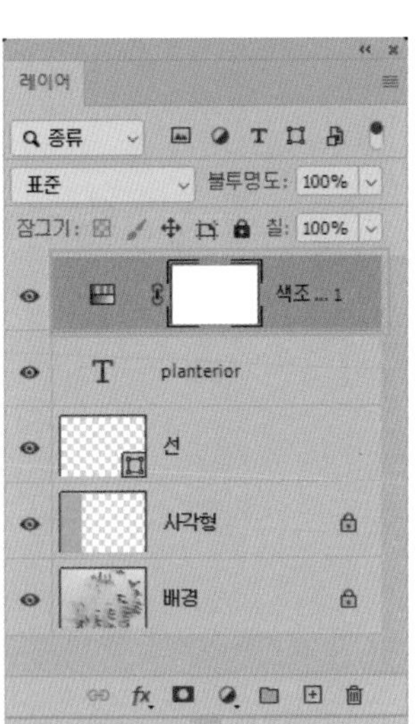

▲ 아래 모든 레이어에 적용

▲ 배경 레이어에만 적용

❶ 조정 레이어 축소판 : 더블 클릭하면 [속성] 패널이 표시되며 다시 설정할 수 있습니다.

❷ 조정 레이어 마스크 축소판 : 검은색을 페인팅하면 보정된 부분이 가려지며(마스크), 흰색을 페인팅하면 다시 보이게 됩니다. 이는 레이어 마스크 기법과 동일합니다.

실습 01

명도/대비를 활용하여 보정하기

예제 파일 : 10-01pops.psd

• 사진을 밝게 하고 대조도를 높여서 또렷하게 보이도록 보정하시오.

before

after

❶ [이미지]-[조정]-[명도/대비] 메뉴를 클릭합니다.

Tip 원본 이미지를 보존하며 보정하려면 조정 레이어를 활용합니다.

❷ '명도 : 20, 대비 : 20'으로 설정한 후 [확인] 버튼을 클릭합니다.

Tip 설정 값을 재설정 하고 싶으면 Alt 를 누른 상태에서 [재설정] 버튼을 클릭하면 됩니다.

실습 02

레벨을 활용한 보정하기

예제 파일 : 10-02forest.psd

• 레벨을 활용해서 사진을 또렷하게 보이도록 보정하시오.

❶ [이미지]–[조정]–[레벨] 메뉴를 클릭합니다.

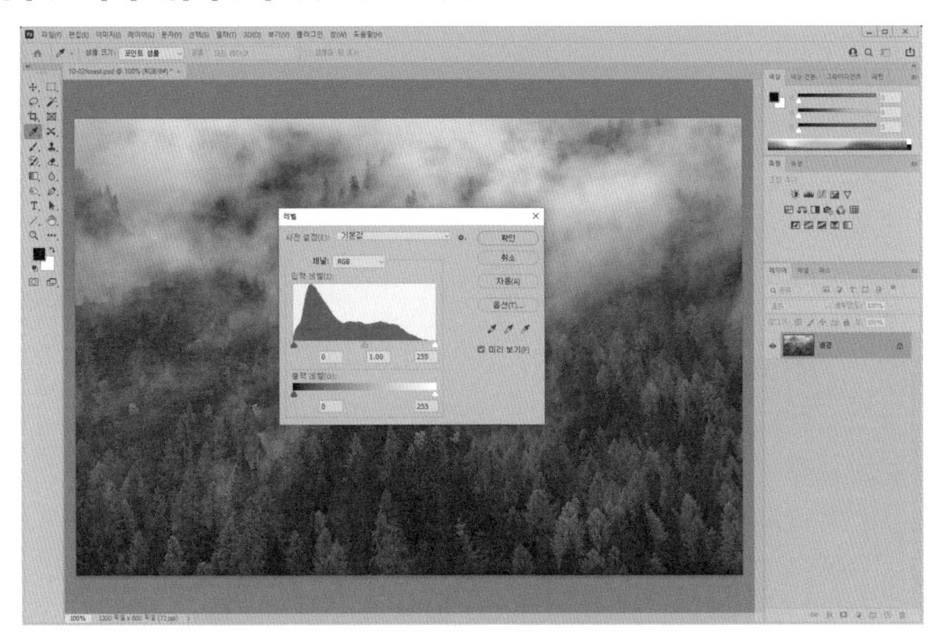

Tip 그래프의 왼쪽은 어두운 영역, 가운데는 중간 영역, 오른쪽은 밝은 영역을 표시합니다. 실습 이미지는 어두운 영역이 많은 것을 알 수 있습니다.

❷ '어두운 포인트 : 10, 중간 포인트 : 1.5, 밝은 포인트 : 220'을 설정한 후 [확인] 버튼을 클릭합니다.

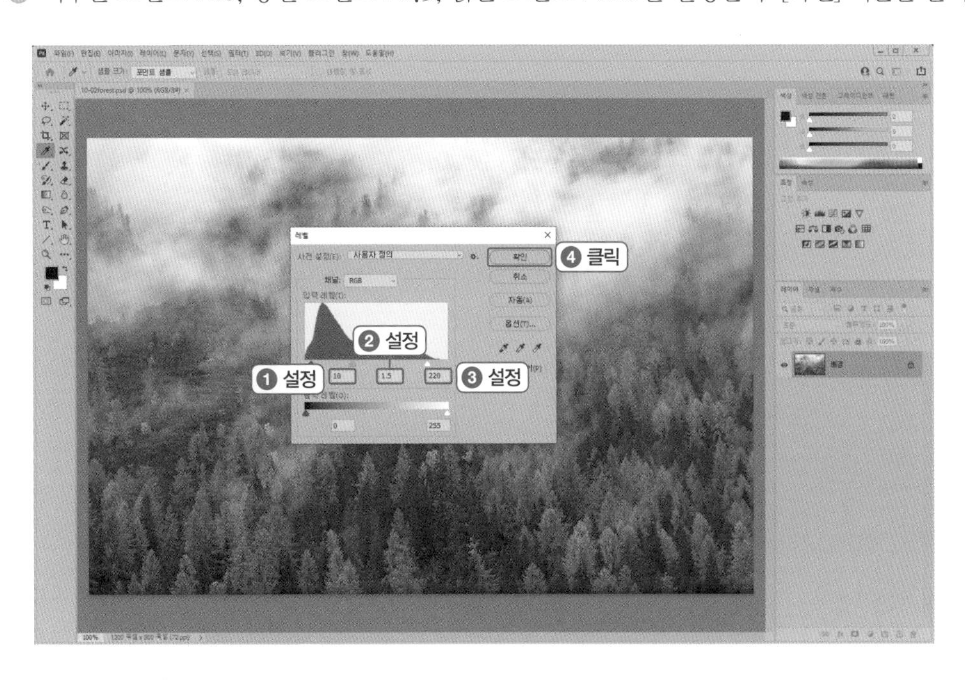

Tip 레벨은 슬라이드를 활용하는 경우도 많습니다. 어두운 포인트를 우측으로 이동하고, 밝은 포인트를 좌측으로 이동하면 대조도가 증가되며, 그 상태에서 중간 포인트를 적절하게 조절합니다.

실습 03

조정 레이어 순서 변경하기

• 배경 이미지만 흑백으로 보이도록 조정 레이어 순서를 변경하시오.

before

after

❶ '흑백1' 조정 레이어를 선택합니다.

❷ '배경' 레이어 위로 순서를 이동합니다.

Tip 조정 레이어는 아래의 레이어들에 모두 영향을 줍니다.

실습 04

색조/채도 조정 레이어 활용하기

예제 파일 : 10-04액자.psd

• 액자 이외의 부분만 흑백으로 보이도록 보정하시오.

❶ [레이어] 패널에서 [조정 레이어 추가] 아이콘을 클릭합니다.

❷ [색조/채도]를 클릭합니다.

❸ [속성] 패널에서 '채도 : −100'으로 설정하여 흑백 사진으로 보정합니다.

Tip [이미지]−[조정]−[채도 감소] 메뉴도 흑백 사진으로 보정하지만 파괴적인 보정 방법입니다.

④ [조정 레이어 마스크 축소판]을 클릭합니다.

⑤ [사각형 도구]를 선택하고 '선택 도구 모드 : 픽셀, 색상 : 검은색'으로 설정합니다.

⑥ 액자 부분을 드래그하여 마스크 작업을 합니다.

Tip 조정 레이어 마스크에서 검은색을 사용하면 적용된 보정 효과가 가려집니다.

실습 05

색상화 적용하기

예제 파일 : 10-05서핑.psd

• 이미지 좌우에 다른 설정으로 색상화를 적용하시오.

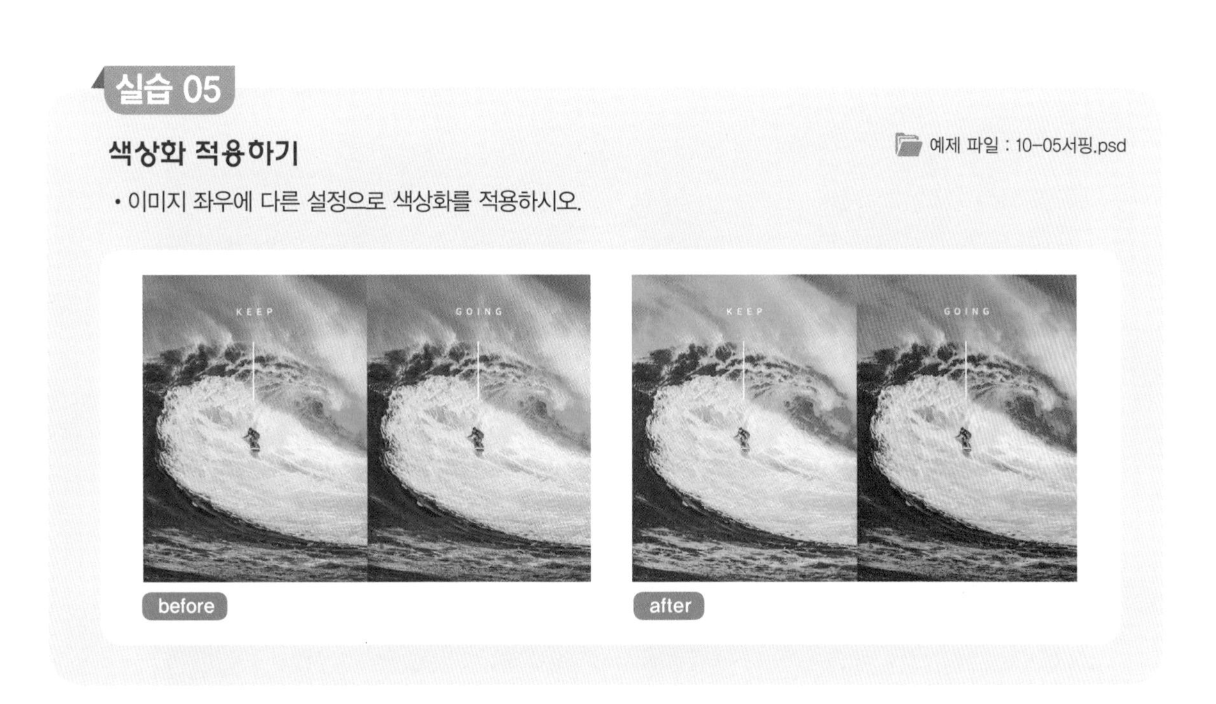

❶ [속성] 패널을 표시합니다.

❷ '색상화1' 조정 레이어를 선택합니다.

❸ [속성] 패널에서 '색상화 : 체크, 색조 : 200, 채도 : 70'으로 설정하고 [레이어에 클립] 아이콘을 클릭합니다.

Tip 색상화는 이미지를 단색으로 보정합니다. [레이어에 클립]을 적용하면 아래 레이어에만 보정이 되며 클리핑 마스크 적용법과 동일합니다.

❹ '색상화2' 조정 레이어를 선택합니다.

❺ [속성] 패널에서 '색상화 : 체크, 색조 : 20, 채도 : 70'으로 설정하고 [레이어에 클립] 아이콘을 클릭합니다.

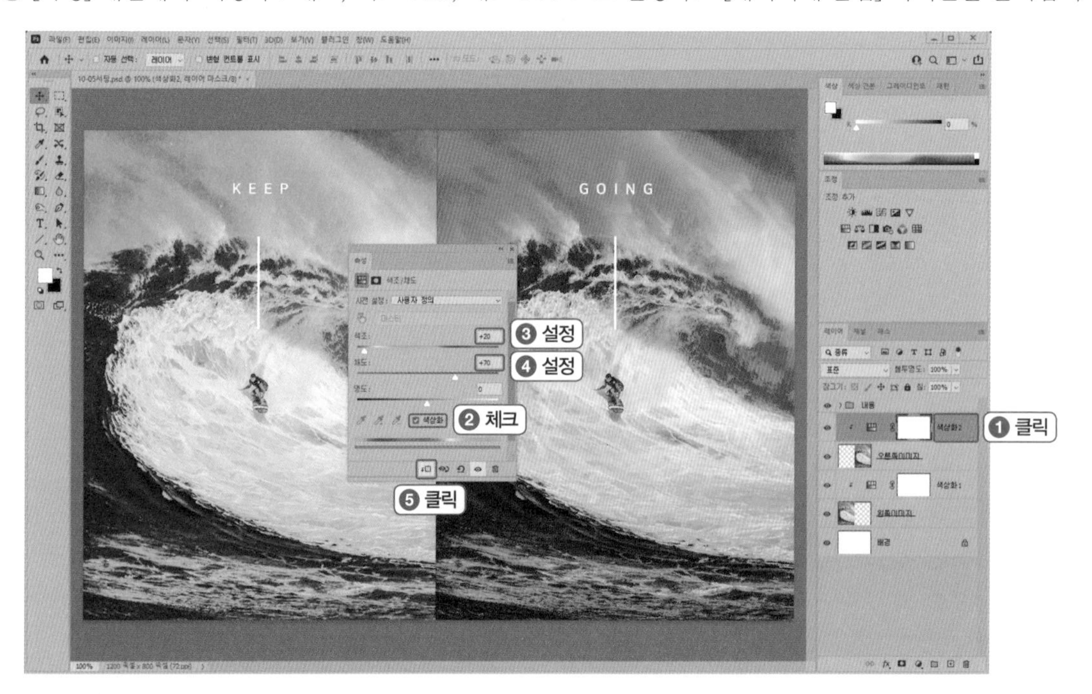

실습 06

이미지 활기 보정하기

예제 파일 : 10-06food.psd

• 이미지에 활기 조정 레이어를 적용하여 생기 있게 보정하시오.

❶ [레이어] 패널에서 [조정 레이어 추가] 아이콘을 클릭합니다.

❷ [활기]를 클릭합니다.

❸ [속성] 패널에서 '활기 : 100'을 설정합니다.

실습 07

색상 균형 보정하기

예제 파일 : 10-07산.psd

• 사진 전반적으로 노랑 톤이 많으므로 적절하게 줄여서 보정하시오.

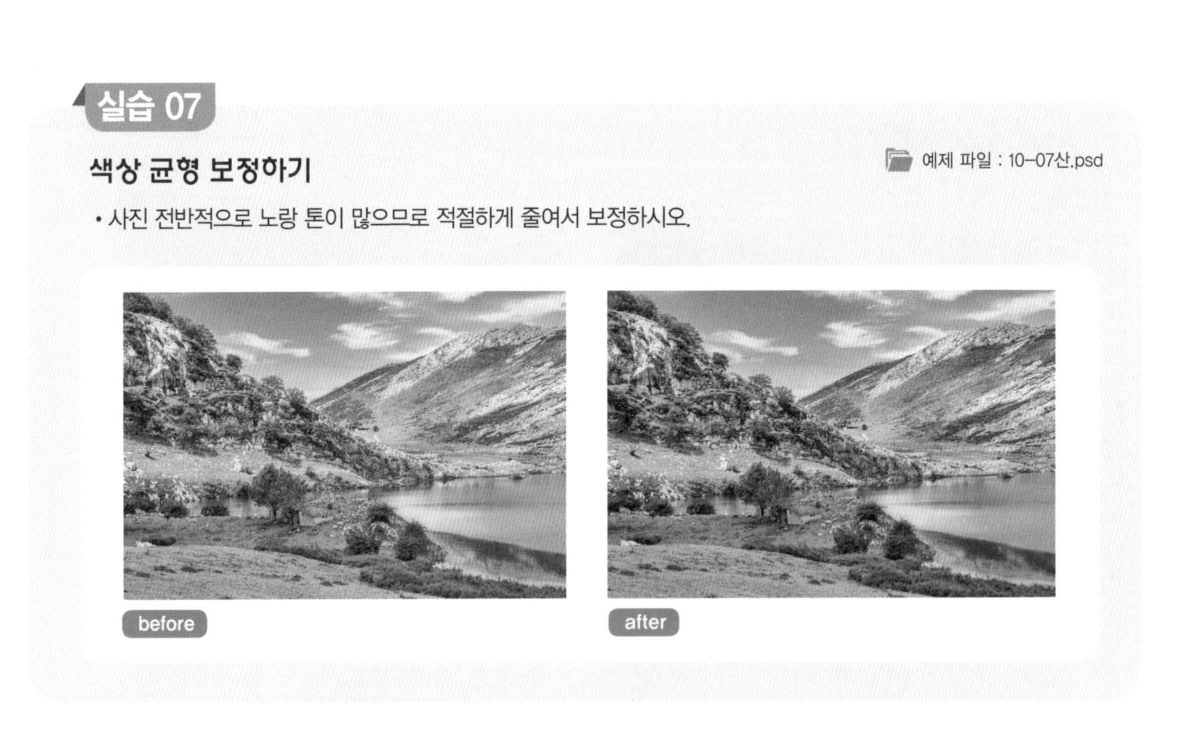

❶ [레이어] 패널에서 [조정 레이어 추가] 아이콘을 클릭합니다.

❷ [색상 균형]을 클릭합니다.

❸ '톤 : 중간 영역, 파랑 : +20'으로 설정합니다.

❹ '톤 : 밝은 영역, 파랑 : +10'으로 설정합니다.

⑤ '톤 : 어두운 영역, 파랑 : +10'으로 설정합니다.

Tip [색상 균형]은 이미지에 사용된 색상을 명도 영역별로 색상 균형을 맞춥니다.

실습 08

이미지 특정 색상 대체하기

예제 파일 : 10-08자동차.psd

• 자동차 색상을 다른 색상으로 대체하시오.

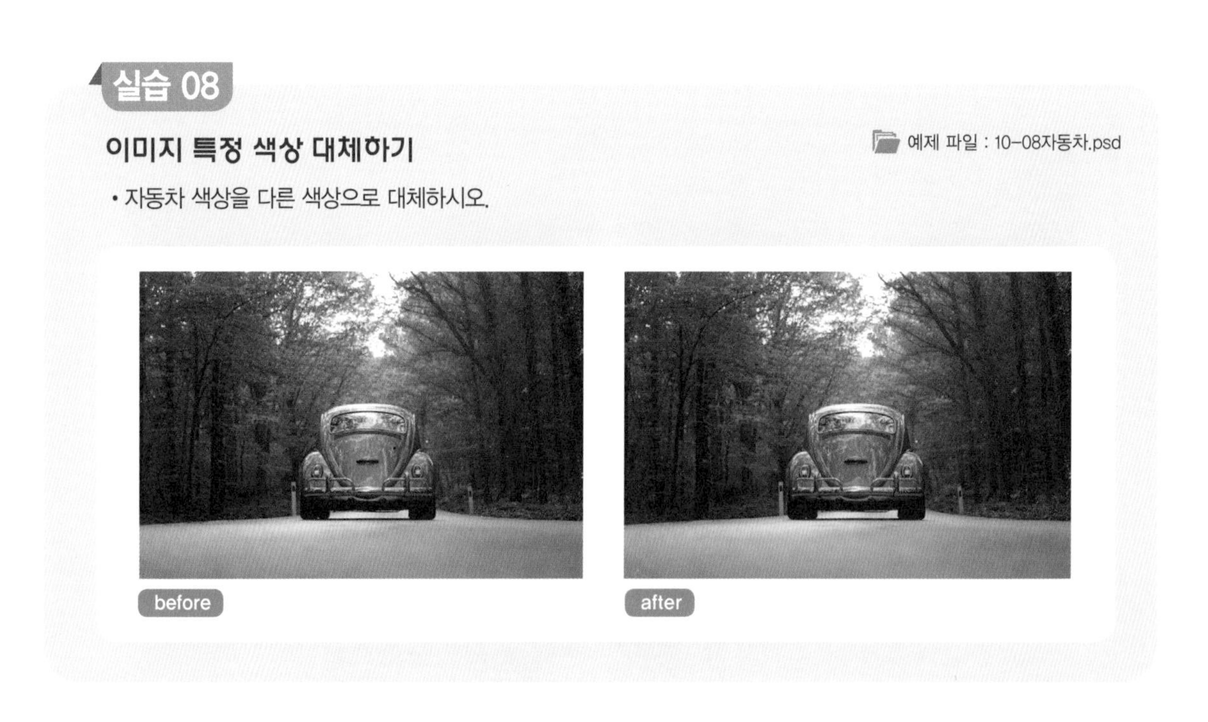

❶ [이미지]–[조정]–[색상 대체] 메뉴를 클릭합니다.

Tip 색상 대체는 이미지의 특정 색상을 선택 후 허용량을 조절하며 색상을 바꿔주는 보정 방법입니다.

❷ 자동차의 색상 부분을 클릭합니다.

Tip [허용량]은 클릭한 부분의 색상을 기준으로 전체 이미지에서 어느 정도 비슷한 색상 영역까지 보정할 것인지 조절합니다. 아래의 미리보기 축소판에서 흰색 부분은 클릭한 부분의 색상과 비슷한 영역임을 표시합니다. 설정 창 상단의 플러스/마이너스 스포이드를 사용하면 색상을 추가하거나 뺄 수 있습니다.

❸ '색조 : –180, 채도 : +20'으로 설정합니다.

Tip 색상 보정은 절대적인 기준이 없으므로 어떤 색상 기준으로 클릭했는지, 허용량은 어느 정도인지에 따라 결과는 달라질 수 있습니다. 슬라이드를 조절 후 [미리 보기]를 체크하면서 확인해 보세요.

❹ [확인] 버튼을 클릭합니다.

실습 09

한계값 설정하여 보정하기

예제 파일 : 10-09호랑이.psd

• 이미지의 한계값을 조절하여 흑백 사진으로 만들고 일부분은 원본 이미지가 보이도록 편집하시오.

before

after

❶ [레이어] 패널에서 [조정 레이어 추가] 아이콘을 클릭한 후 [한계값]을 클릭합니다.

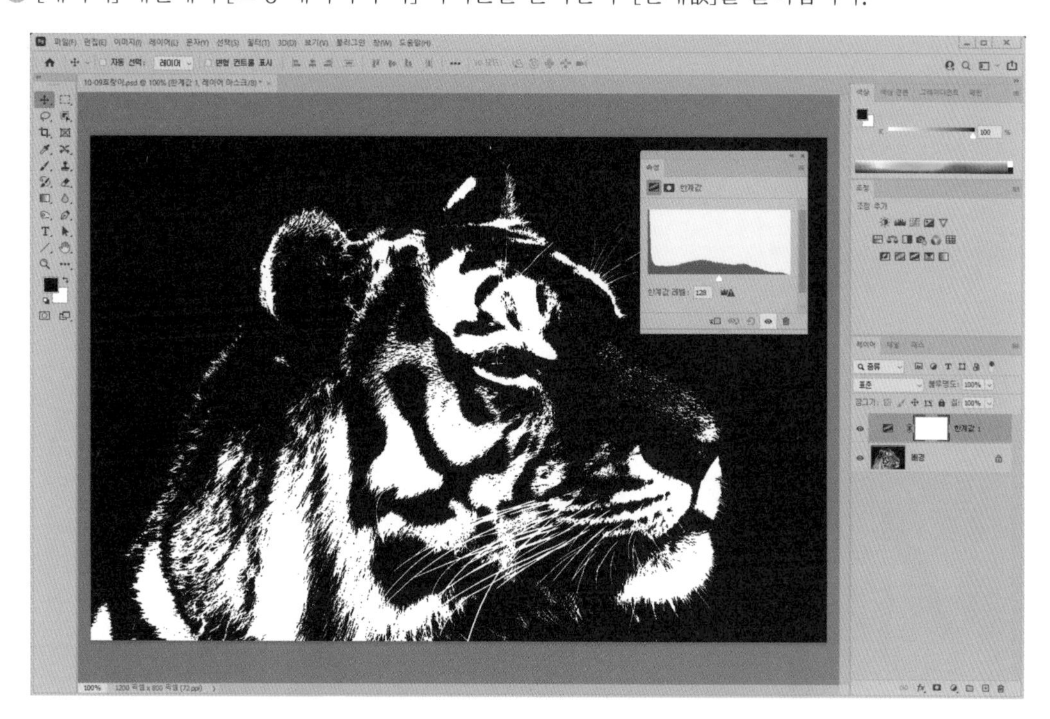

❷ [속성] 패널에서 '한계값 레벨 : 100'으로 설정합니다.

③ [브러시 도구]를 선택하고 '크기 : 300px, 경도 : 0%, 색상 : 검은색'으로 설정합니다.

④ [조정 레이어 마스크 축소판]을 클릭합니다.

⑤ 이미지 위를 드래그하면 보정한 부분이 마스크가 되면서 가려집니다.

Tip 흰색을 페인팅하면 보정한 이미지가 다시 보입니다.

실 / 력 / 점 / 검

1 원본 이미지는 보존하며 전반적으로 이미지를 밝게 하고 대비를 낮춰서 부드럽게 보정하시오.

예제 파일 : 10–ex01.psd

▲ Before

▲ After

HINT

- [명도/대비] 조정 레이어를 활용합니다.
- 대조도는 이미지의 밝고 어두운 영역의 차이를 의미합니다. 높을 때는 이미지가 또렷하게 보이고, 낮을 때는 부드럽게 보입니다.

2 이미지를 흑백으로 보정하고 모델의 눈 색상은 그대로 보이도록 편집하시오.

예제 파일 : 10–ex02.psd

▲ Before

▲ After

HINT

- [색조/채도] 조정 레이어에서 채도를 조절합니다.
- 브러시 크기와 경도, 색상을 조절하며 조정 레이어에서 눈 영역을 마스크 작업합니다.

실/력/점/검

③ 조정 레이어를 아래 레이어만 적용되도록 편집하시오.

예제 파일 : 10-ex03.psd

▲ Before

▲ After

HINT

- [레이어에 클립] 기능은 아래 레이어에만 보정되며 클리핑 마스크 사용법과 동일합니다.
- [색조/채도]의 색상화는 단색의 이미지로 보정합니다.

④ 활기를 조절하여 부드러운 이미지로 보정하시오.

예제 파일 : 10-ex04.psd

▲ Before

▲ After

HINT

- [활기] 조정 레이어를 활용합니다.
- [채도]를 낮추면 흑백 이미지가 되지만 [활기]는 채도를 적절하게 유지하며 보정합니다.

실/력/점/검

5 조정 레이어를 그룹으로 만들고 배경 이미지에만 적용되도록 편집하시오.

예제 파일 : 10-ex05.psd

▲ Before

▲ After

HINT

- 조정 레이어를 다중 선택 후 그룹을 만듭니다.
- 조정 레이어 그룹을 배경 이미지 위로 순서를 이동합니다.

6 사진이 전반적으로 파랑 톤이 많으므로 적절하게 줄여서 보정하시오.

예제 파일 : 10-ex06.psd

▲ Before

▲ After

HINT

- [색상 균형] 조정 레이어를 활용합니다.
- 명도 영역별로 파랑 톤을 보정합니다.

필터 작업

Adobe Certified Professional Photoshop

학습목표

- 필터 메뉴 이해하기
- 고급 필터 적용하기
- 고급 필터 수정하기

실습

- 실습1 | 렌즈 플레어 필터 적용하기
- 실습2 | 문자에 가우시안 흐림 필터 적용하기
- 실습3 | 문자에 동작 흐림 필터 적용하기
- 실습4 | 그림에 파스텔 효과 적용하기
- 실습5 | 이미지에 방사형 흐림 필터 적용하기

CHAPTER 11

필터 작업

포토샵에서 필터를 사용하면 간단하고 독특한 효과를 이미지에 적용할 수 있으며 고급 필터는 원본 이미지의 손실 없이 효과를 적용할 수 있습니다. 이번 장에는 필터와 고급 필터를 적용하는 방법과 수정에 대해 학습합니다.

1 필터의 이해

포토샵의 필터를 사용하면 이미지에 스케치 아트 효과, 흐림 효과 등의 독특한 효과를 쉽게 적용할 수 있습니다. 필터를 적용하려면 [필터] 메뉴에서 하위 필터 메뉴를 선택합니다.

1) 특징

❶ 필터는 현재 선택된 레이어 또는 선택 영역에 적용됩니다.

❷ 비트맵 모드와 인덱스 색상 모드에서는 필터를 적용할 수 없으며, 일부 필터는 RGB 색상 모드에서만 사용할 수 있습니다.

❸ 일부 필터는 메모리에서 처리되므로 메모리가 부족하면 오류 메시지가 표시될 수 있습니다.

❹ 고급 필터를 사용하면 차후에 필터 설정을 변경할 수 있습니다.

Tip [편집]-[제거]-[모두] 메뉴를 사용하면 메모리의 데이터를 제거하여 여유 메모리를 확보할 수 있습니다. 하지만 이전 작업으로 되돌아갈 수는 없습니다.

2) 종류

❶ **마지막 필터 :** 최종적으로 적용했던 필터를 적용합니다. 포토샵 실행 후 한 번도 필터를 적용하지 않으면 '마지막 필터'라고 표시되고, 어떤 필터든 적용되었다면 적용된 필터로 이름이 변경됩니다.

❷ **고급 필터용으로 변환 :** 고급 필터를 사용하기 위해서 레이어를 변환하며 고급 개체로 변환하는 것과 동일합니다. 고급 필터는 언제든지 수정 가능하며 원본 데이터를 보존하는 비파괴적인 편집 방법입니다.

❸ **Neural Filters :** 포토샵의 인공지능 기능이 적용된 필터입니다.

❹ **필터 갤러리 :** 많은 필터 효과를 미리 보며 적용합니다. 여러 필터를 적용하거나 설정 및 수정할 수 있습니다.

❺ **응용 광각 :** 어안렌즈 등의 광각 렌즈 사용 때문에 발생한 사진의 왜곡되는 부분을 수정합니다.

⑥ **Camera Raw 필터 :** 압축하지 않은 무손실 이미지인 Raw 파일을 보정하는 필터입니다.

⑦ **렌즈 교정 :** 렌즈 촬영 시 발생한 사진의 왜곡되는 부분을 수정하거나 다양한 왜곡 효과를 적용합니다.

⑧ **픽셀 유동화 :** 이미지를 클릭 또는 드래그하여 밀고 당기기, 회전하고 반사하기, 오목과 볼록 등의 왜곡 효과를 적용할 수 있습니다. 얼굴 인식 픽셀 유동화는 사람의 눈, 코, 입 등 특징을 자동으로 인식하여 조정하는 기능입니다.

⑨ **소실점 :** 건물이나 사각형 개체의 원근감이 있는 평면에 정확한 원근을 살려서 변환합니다.

⑩ **3D :** 이미지를 3차원 개체로 변환합니다.

※ 3D 기능은 향후 포토샵 업데이트 시 제거될 예정입니다.

⑪ **노이즈 :** 노이즈를 더하거나 삭제합니다. 스크래치 부분을 삭제하거나 특수한 텍스처를 만들 수 있습니다.

⑫ **렌더 :** 구름 패턴, 굴절, 렌즈 빛 등 관련된 이미지를 생성하며 이미지와 합성합니다.

⑬ **비디오 :** 인터레이스를 제거하거나 주사선을 수정하는 등 영상과 관련된 필터입니다.

⑭ **선명 효과 :** 인접 픽셀들의 대비를 증가시켜 이미지를 선명하게 합니다.

⑮ **스타일화 :** 이미지에서 픽셀을 변화시키고 대비를 강조하여 페인팅합니다.

⑯ **왜곡 :** 이미지를 기울임, 지그재그 등 기하학적으로 왜곡하여 재구성하는 효과입니다.

⑰ **픽셀화 :** 비슷한 색상 값의 픽셀을 사용해서 색상 하프톤, 점묘화 등의 그림 같은 효과를 적용합니다.

⑱ **흐림 효과 :** 이미지에 다양한 방법으로 부드러운 효과를 적용합니다.

⑲ **흐림 효과 갤러리 :** 직관적인 on-image 컨트롤(이미지 위에서 효과를 제어)을 통해서 다양한 흐림 효과를 적용합니다.

⑳ **기타 :** 사용자 필터를 만들고 마스크를 수정하는 등 기타 필터를 적용합니다.

3) 필터 갤러리

필터 갤러리는 여러 필터 효과를 미리 보며 적용할 수 있습니다. 또한 필터 효과를 설정하거나 해제하고 적용 순서를 변경할 수 있습니다.

❶ **미리 보기 :** 적용된 필터를 미리 보여줍니다.

❷ **선택된 필터 축소판 :** 선택된 필터를 축소된 이미지로 보여줍니다.

❸ **필터 축소판 표시/숨기기 :** 필터 축소판을 표시하거나 숨깁니다.

❹ **필터 팝업 메뉴 :** 다른 필터를 팝업 형태로 보여줍니다.

❺ **필터 옵션 :** 현재 선택된 필터의 옵션을 설정합니다.

❻ 선택되었지만 적용되지 않은 필터입니다.

❼ 적용된 필터 효과입니다.

⑧ 숨겨진 필터 효과입니다.

⑨ **새 효과 레이어 :** 새 필터를 적용합니다.

⑩ **효과 레이어 삭제 :** 선택한 필터를 삭제합니다.

2 고급 필터

포토샵에서 이미지를 편집하거나 필터 효과를 적용하면 원본 이미지의 품질이 손상되어 이후에 수정할 수 없습니다(파괴적인 편집 방법). 원본 이미지 데이터를 보존하여 언제든지 조정하고 수정하려면 고급 개체(Smart Object)로 변환(비파괴적인 편집 방법)하며, 고급 개체에 적용하는 필터를 고급 필터(Smart Filter)라고 합니다.

1) 고급 개체로 변환하는 방법

❶ [필터]-[고급 필터용으로 변환] 메뉴를 클릭합니다.

❷ [레이어]-[고급 개체]-[고급 개체로 변환] 메뉴를 클릭합니다.

❸ 레이어 위에서 마우스 오른쪽 버튼을 클릭하여 [고급 개체로 변환] 메뉴를 클릭합니다.

❹ [레이어 패널] 메뉴에서 [고급 개체로 변환] 메뉴를 클릭합니다.

2) 고급 필터 설정

❶ 고급 필터가 적용된 표시입니다.

❷ 전체 필터 가시성 아이콘입니다.

❸ 개별 필터 가시성 아이콘입니다.

❹ **고급 필터 마스크 축소판 :** 레이어 마스크와 동일한 기능을 합니다. 필터 효과가 검은색으로 페인팅하는 영역은 숨겨지며 흰색으로 페인팅하는 영역은 보입니다. 회색을 사용하면 그 명도에 따라 투명도로 나타납니다.

❺ **적용된 필터 이름 :** 더블 클릭하면 다시 설정할 수 있으며, [삭제] 아이콘으로 드래그하면 삭제됩니다.

❻ **필터 혼합 옵션 :** 더블 클릭하면 필터의 혼합 모드와 불투명도를 조절할 수 있습니다.

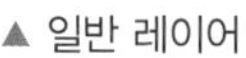
▲ 일반 레이어

▲ 고급 개체

▲ 필터 적용

실습 01

렌즈 플레어 필터 적용하기

예제 파일 : 11-01flare.psd

이미지에 렌즈 플레어 필터를 적용하여 햇빛을 강렬하게 표현하시오.

before

after

❶ [필터]–[렌더]–[렌즈 플레어] 메뉴를 선택합니다.

Tip 이미지에 바로 필터를 적용하면 차후에 수정할 수 없으며, 고급 개체로 변환 후 필터를 적용하면 차후에 수정할 수 있습니다.

❷ 설정 창에서 플레어의 위치를 설정하고 [확인] 버튼을 클릭합니다.

Tip 렌즈 유형과 명도를 설정하면 다양한 렌즈 플레어 효과를 적용할 수 있습니다.

실습 02

문자에 가우시안 흐림 필터 적용하기

예제 파일 : 11–02fog.psd

'FOG' 글자에 비파괴적인 방식으로 가우시안 흐림 필터를 적용하여 이미지와 어울리도록 편집하시오.

❶ 문자 레이어를 선택 후 [필터]–[고급 필터용으로 변환] 메뉴를 클릭합니다.

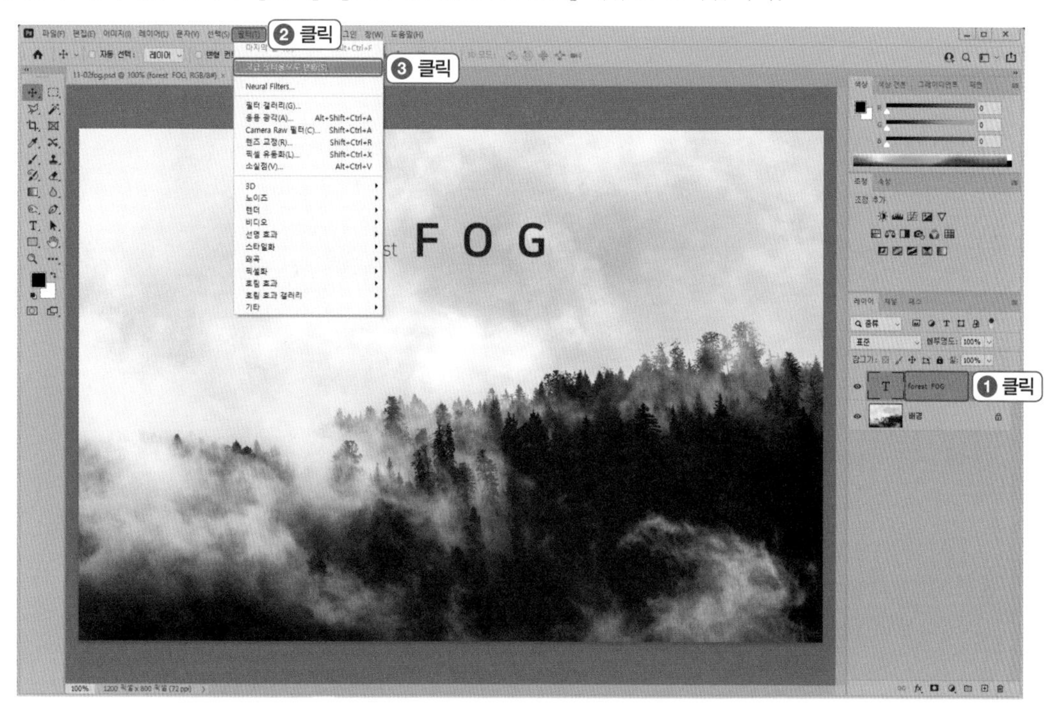

Tip [고급 필터용으로 변환]하면 고급 개체로 변환됩니다.

❷ [필터]–[흐림 효과]–[가우시안 흐림 효과] 메뉴를 클릭합니다.

❸ '반경 : 10픽셀'로 설정하고 [확인] 버튼을 클릭합니다.

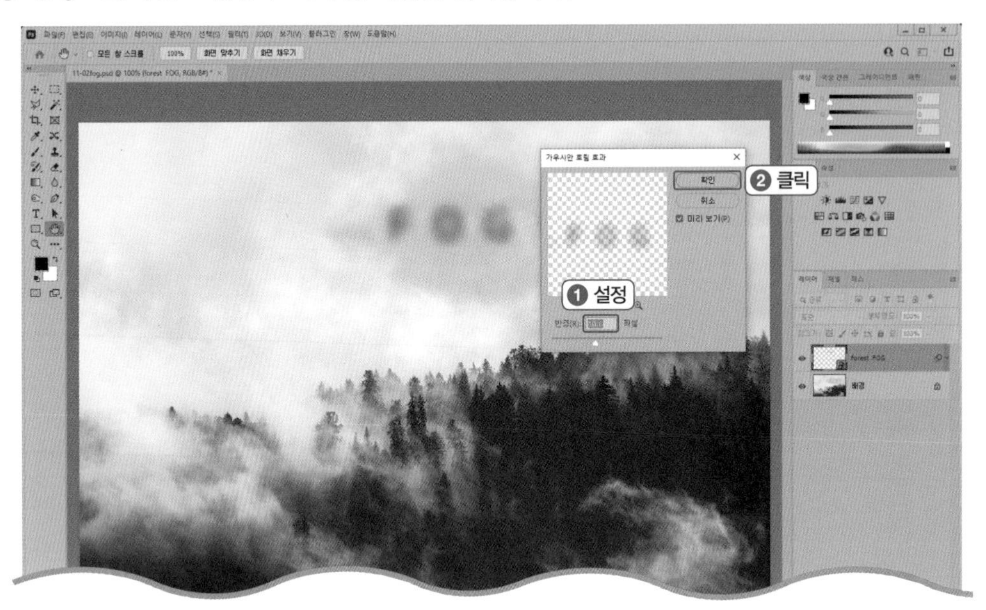

❹ 마스크 축소판을 클릭합니다.

❺ [브러시 도구]를 선택하고 캔버스에서 마우스 오른쪽 버튼을 클릭해서 '크기 : 50픽셀, 경도 : 0%'로 설정하고, 전경색은 검은색으로 설정합니다.

❻ 문자의 일부 영역을 드래그하여 필터 효과가 보이지 않도록 합니다.(마스크)

Tip 흰색을 페인팅하면 필터 효과가 보입니다.

실습 03

문자에 동작 흐림 필터 적용하기

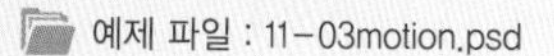
예제 파일 : 11-03motion.psd

'MOTION' 글자를 고급 개체로 변환 후 동작 흐림 필터를 적용하고 편집하시오.

before

after

❶ 문자 레이어를 선택 후 [필터]-[고급 필터용으로 변환] 메뉴를 클릭합니다.

❷ [필터]-[흐림 효과]-[동작 흐림 효과] 메뉴를 클릭합니다.

❸ '각도 : -90, 거리 : 300픽셀'로 설정하고 [확인] 버튼을 클릭합니다.

❹ [필터 혼합 옵션] 아이콘을 더블 클릭합니다.

❺ '불투명도 : 80%'로 설정하고 [확인] 버튼을 클릭합니다.

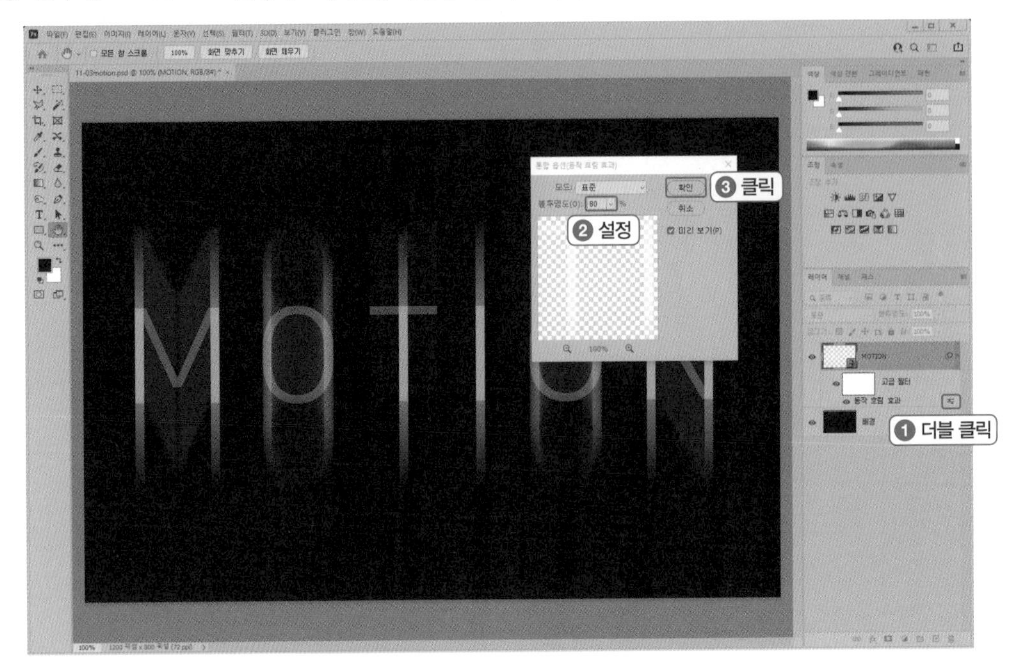

❻ 마스크 축소판을 클릭합니다.

❼ [브러시 도구]를 선택하고 캔버스에서 마우스 오른쪽 버튼을 클릭해서 '크기 : 150픽셀, 경도 : 0%'로 설정하고, 전경색은 검은색으로 설정합니다.

❽ 문자의 일부 영역을 드래그하여 필터 효과가 보이지 않도록 합니다.

실습 04

그림에 파스텔 효과 적용하기

예제 파일 : 11-04기차.psd

그림을 차후에 편집할 수 있도록 하며 파스텔 필터를 적용하시오.

before

after

① '배경' 레이어를 선택 후 [필터]-[고급 필터용으로 변환] 메뉴를 클릭합니다.

② [필터]-[필터 갤러리] 메뉴를 클릭합니다.

③ [예술 효과]-[거친 파스텔 효과]를 선택하고 [확인] 버튼을 클릭합니다.

Tip 설정 값을 다르게 하면 그림에 다양한 파스텔 효과를 적용할 수 있습니다.

❹ [필터 혼합 옵션] 아이콘을 더블 클릭합니다.

❺ '불투명도 : 70%'로 설정하고 [확인] 버튼을 클릭합니다

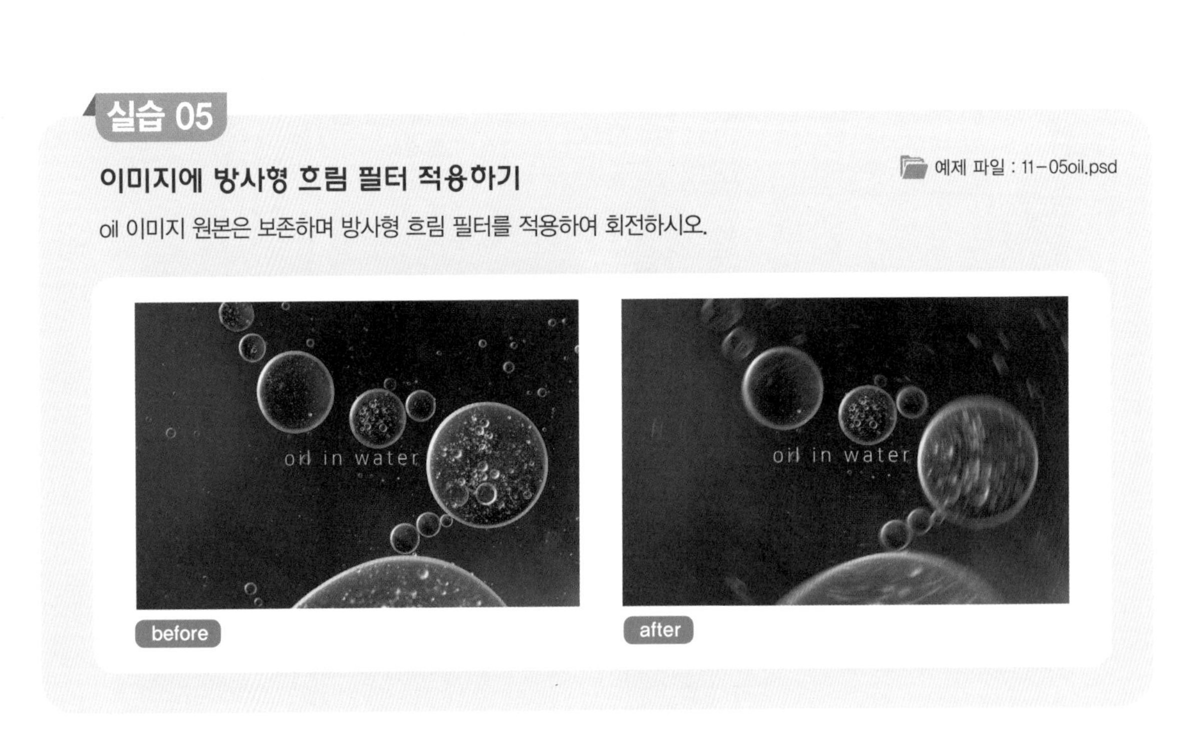

실습 05

이미지에 방사형 흐림 필터 적용하기

예제 파일 : 11-05oil.psd

oil 이미지 원본은 보존하며 방사형 흐림 필터를 적용하여 회전하시오.

❶ 'oil' 레이어를 선택합니다.

❷ [필터]-[흐림]-[방사형 흐림 효과] 메뉴를 클릭합니다.

❸ '양 : 5, 흐림 효과 방법 : 회전, 품질 : 최적'으로 설정하고 [확인] 버튼을 클릭합니다.

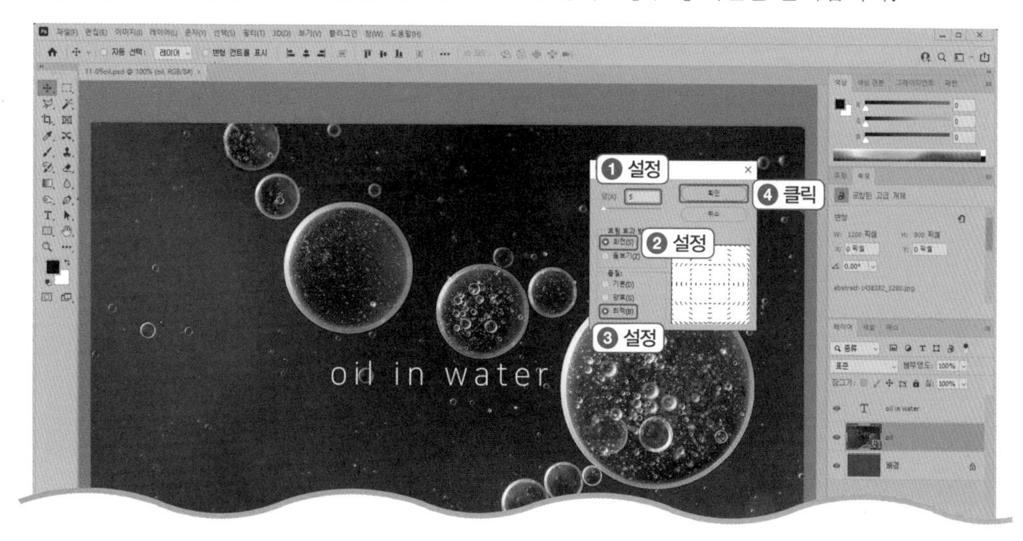

❹ 마스크 축소판을 클릭합니다.

❺ [브러시 도구]를 선택하고 캔버스에서 마우스 오른쪽 버튼을 클릭해서 '크기 : 500픽셀, 경도 : 0%'로 설정하고, 전경색은 검은색으로 설정합니다.

❻ 가운데 영역을 드래그하면서 필터 효과가 보이지 않도록 합니다.

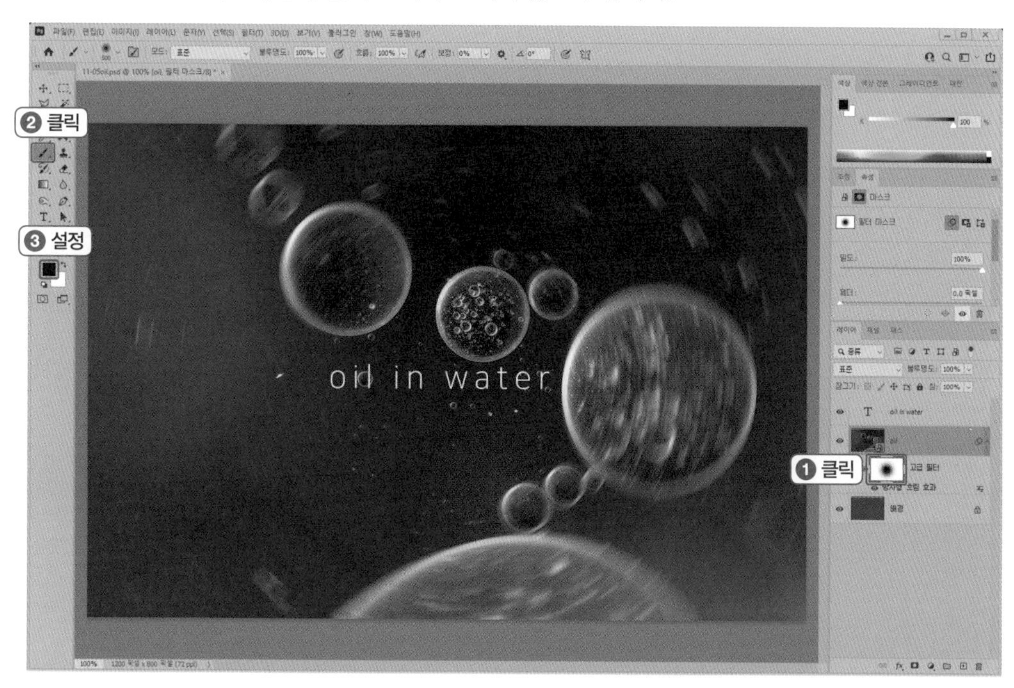

Tip 필터 효과가 보이지 않는다는 것은 필터 적용하기 전의 원본 이미지가 보인다는 의미입니다.

실/력/점/검

❶ 원본 이미지는 보존하며 렌즈 플레어 필터를 적용하여 햇빛을 강렬하게 표현하시오.

예제 파일 : 11-ex01.psd

▲ Before

▲ After

HINT

- 이미지를 고급 개체로 변환합니다.
- [필터]-[렌더]-[렌즈 플레어] 필터를 사용합니다.

❷ 비파괴적인 방식으로 이미지에 원 모양의 가우시안 흐림 효과를 적용하시오.

예제 파일 : 11-ex02.psd

▲ Before

▲ After

HINT

- 이미지를 고급 개체로 변환합니다.
- [필터]-[흐림 효과]-[가우시안 흐림 효과] 필터를 사용합니다.
- 마스크 축소판에서 원 모양은 흰색, 이외의 부분은 검은색이 되도록 합니다.

실/력/점/검

3 이미지를 고급 개체로 변환 후 텍스처화 필터를 적용하시오.

예제 파일 : 11-ex03.psd

▲ Before

▲ After

HINT

• [필터]-[필터 갤러리] 메뉴는 여러 필터를 미리 보면서 적용하거나 수정할 수 있습니다.

• 필터 갤러리의 [텍스처]-[텍스처화] 필터는 선택한 텍스처를 이미지에 적용하는 필터입니다.

4 문자를 고급 개체로 변환 후 동작 흐림 필터를 적용하시오. 문자가 자연스럽게 보이도록 수정하시오.

예제 파일 : 11-ex04.psd

▲ Before

▲ After

HINT

• 문자를 고급 개체로 변환 후 [필터]-[흐림 효과]-[동작 흐림 효과] 메뉴를 클릭합니다.

• 마스크 축소판에서 흰색 또는 검은색을 페인팅하여 수정합니다.

모의고사_ 선택형 유형 분석

Adobe Certified Professional Photoshop

CHAPTER 12 모의고사_ 선택형 유형 분석

문제 1

각 용어를 해당 정의에 연결하시오.

A. 벡터 (1) 이미지의 픽셀 수 조절

B. 래스터화 (2) 표에서 색상 점으로 만든 이미지

C. 다시 샘플링 (3) 점과 곡선을 정의하여 만든 이미지

D. 비트맵 (4) 기하학 수식으로 저장된 이미지를 픽셀로 변환

| 해설 |

이미지 처리 방식은 비트맵 방식과 벡터 방식으로 분류합니다. 비트맵 방식은 픽셀로 이미지를 만들며 확대하면 깨져 보이는 특징이 있고, 벡터 방식은 수학적인 계산에 의해 점과 곡선을 정의하여 이미지를 만듭니다. 벡터 방식을 비트맵 방식으로 변환하는 것을 래스터화라고 합니다.

정답 : A-(3), B-(4), C-(1), D-(2)

문제 2

다음 중 프로젝트 목표 문서에 포함해야 할 세 가지 정보는 무엇입니까?

A. 프로젝트 목적 B. 영웅 이미지

C. 프로젝트 기한 D. 색상표

E. 대상자

| 해설 |

디자인 프로젝트를 진행할 때 프로젝트의 목적은 무엇인지, 주 사용자는 누구인지, 일정은 어떻게 되는지 등이 목표 문서에 포함되어야 합니다.

정답 : A, C, E

문제 3

어떻게 하면 이미지의 픽셀 수가 변경됩니까?

A. 오려내기　　　　B. 마스크

C. 회전　　　　D. 기울이기

| 해설 |

포토샵에서 오려내기는 자르기(Crop)의 의미로 이미지의 픽셀 수가 변경됩니다.

정답 : A

문제 4

파일 형식을 해당 정의에 연결하시오.

A. TIFF　　(1) 응용 프로그램과 컴퓨터 플랫폼 간에 파일을 교환하는 데 사용되는 대부분의 페인트, 이미지 레이아웃 응용 프로그램에서 지원되는 파일 형식

B. JPEG　　(2) 256색상만 지원하고 GIF를 대체할 수 있는 파일 형식

C. PSD　　(3) Photoshop의 모든 기능을 지원하는 파일 형식

D. PNG-8　　(4) 무제한 색상과 완전 투명도를 지원하는 파일 형식

E. PNG-24　　(5) 정지 이미지, 사진 및 복잡한 색상의 이미지에 제안되는 파일 형식

| 해설 |

PSD는 포토샵의 레이어 등 모든 정보가 저장되는 원본 파일입니다. JPG는 많은 색상을 표현할 수 있어서 자연스럽고 사실적인 사진 저장에 주로 사용합니다. PNG는 투명도를 지원하며 표현하는 색상 수에 따라 8비트의 PNG-8과 24비트의 PNG-24로 분류합니다. TIFF는 다른 운영체제 또는 응용 프로그램 사이에서 사용할 수 있습니다.

정답 : A-(1), B-(5), C-(3), D-(2), E-(4)

문제 5

반복 설계의 이점은 무엇입니까?

A. 클라이언트가 원래의 프로젝트 범위를 변경할 수 있습니다.

B. 클라이언트가 다양한 버전 중에서 선택할 수 있습니다.

C. 디자이너는 반복 제작에 더 많은 비용을 청구할 수 있습니다.

D. 디자이너가 프로세스 전반에 걸쳐 사용자의 의견에 답변할 수 있습니다.

| 해설 |

디자인 프로젝트에서는 사용자의 의견을 받고(피드백) 반복 설계하면서 문제점을 보완해 나갑니다.

정답 : D

문제 6

이미지 수정을 금지하는 두 가지 라이선스 유형을 선택하시오.

A cc BY

B cc BY NC

C cc BY ND

D cc BY NC ND

E cc BY NC SA

F cc BY SA

G PUBLIC DOMAIN

| 해설 |

CCL(Creative Commons license)은 저작물 배포를 특정 조건에 따라 허용하는 저작권 라이선스입니다. 저작자 표시(BY), 비영리(NC), 변경금지(ND), 동일조건 변경허락(SA)을 조합해서 아이콘으로 표시합니다. 이미지 수정을 금지하는 것은 변경금지(ND)가 포함된 아이콘을 찾으면 됩니다.

정답 : C, D

문제 7

다음 중 커닝과 자간을 설명하는 두 문장은 무엇입니까?

A. 커닝은 두 줄 사이의 간격입니다.

B. 커닝은 문자 쌍 사이의 간격입니다.

C. 자간은 문자 범위 사이의 간격입니다.

D. 자간은 첫 번째 텍스트 줄과 두 번째 텍스트 줄 사이의 간격입니다.

| 해설 |

커닝(kerning)은 두 문자 사이의 간격이며, 자간(tracking)은 문자들 사이의 간격이며 보통 블록 지정 후 설정하는 경우가 많습니다.

정답 : B, C

문제 8

답안 영역의 이미지는 인쇄용으로 생성되었지만, 웹에서 사용하려면 이미지를 내보내야 합니다. 답안 영역에서 변경해야 하는 설정을 선택하여 강조 표시하시오.

| 해설 |

인쇄용 색상 모드는 CMYK를 주로 사용하고, 웹용 색상 모드는 RGB를 사용합니다.

정답 : [sRGB로 변환] 체크

문제 9

음표를 사용하여 로고의 일부분을 만들어야 합니다. 글꼴을 사용할 수 없습니다. 벡터 음표는 어디서 찾을 수 있습니까?

A. 견본 패널

B. 사용자 지정 모양

C. 글리프 패널

D. 브러시 사전 설정 패널

| 해설 |

포토샵에서 벡터로 처리되는 기능은 문자 도구, 펜 도구, 모양 도구가 있습니다. 문제에서 글꼴을 사용할 수 없으므로 사용자 지정(정의) 모양으로 벡터를 처리할 수 있습니다.

정답 : B

문제 10

그레이디언트의 흰색 끝부분을 노란색으로 변경하려면 어떤 옵션을 두 번 클릭해야 합니까? 답변하려면 답안 영역에서 옵션을 선택하여 강조 표시하시오.

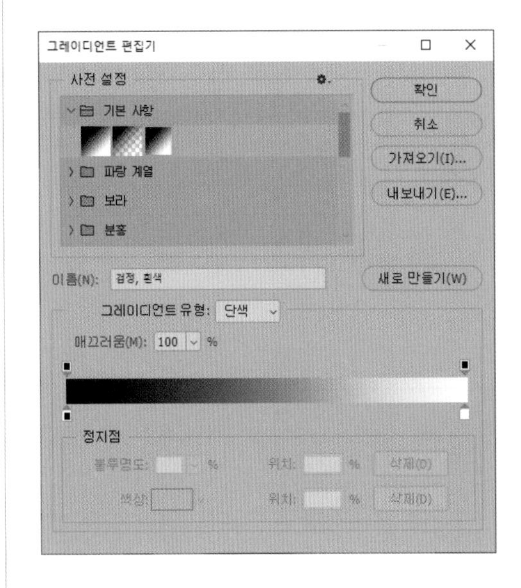

| 해설 |

그레이디언트 편집기에서 색상 막대 아래의 [색상 정지점] 아이콘은 색상을 설정합니다.

정답 : 우측 아래의 흰색 [색상 정지점] 아이콘 체크

문제 11

어떤 문서에 그림자 만들기가 적용된 문자 레이어가 있습니다. 그림자의 투명도는 그대로 두고 텍스트를 투명하게 만들어야 합니다. 어떻게 해야 합니까?

A. 레이어 축소판 그림을 클릭합니다.

B. 채우기 값을 0%로 변경합니다.

C. 레이어 옆에 있는 눈 아이콘을 클릭합니다.

D. 불투명도 값을 0%로 변경합니다.

| 해설 |

레이어 스타일이 레이어에 적용되어 있는 경우 레이어 스타일을 제외한 불투명도를 변경하려면 레이어 패널의 칠(채우기, 채우기 불투명도) 값을 변경합니다.

정답 : B

문제 12

저작권이란 무엇입니까?

A. 작성자 또는 아티스트의 이름이 포함된 이미지 복사본

B. 원본 작성자에게 그에 대한 독점 권한을 부여하는 법률 용어

C. 합법적인 문서 복사본

D. 프레젠테이션을 디자인하고 실시할 수 있는 독점 권한

| 해설 |

저작권(copyright)은 저작자가 자기 창작물(저작물)에 대해 가지는 법적 권리로 내용은 나라마다 조금씩 다르지만 거의 대부분의 국가에서 인정되는 권리입니다.

정답 : B

문제 13

당신은 명함을 만들려고 합니다. Symbol.psd의 로고를 명함에 추가하여 이 파일의 로고가 변경되면 명함의 로고가 자동으로 업데이트되도록 해야 합니다. 로고를 삽입하려면 어떤 메뉴 옵션을 사용해야 합니까? 답변하려면 답안 영역에서 올바른 메뉴 옵션을 선택하여 강조 표시하시오.

새로 만들기(N)...	Ctrl+N
열기(O)...	Ctrl+O
Bridge에서 찾아보기(B)...	Alt+Ctrl+O
지정 형식...	Alt+Shift+Ctrl+O
고급 개체로 열기...	
최근 파일 열기(T)	▸
닫기(C)	Ctrl+W
모두 닫기	Alt+Ctrl+W
기타 항목 닫기	Alt+Ctrl+P
닫은 후 Bridge로 이동...	Shift+Ctrl+W
저장(S)	Ctrl+S
다른 이름으로 저장(A)...	Shift+Ctrl+S
사본 저장...	Alt+Ctrl+S
되돌리기(V)	F12
내보내기(E)	▸
생성	▸
공유...	
초대...	
Behance에서 공유(D)...	
Adobe Stock 검색...	
포함 가져오기(L)...	
연결 가져오기(K)...	
패키지(G)...	
자동화(U)	▸
스크립트(R)	▸
가져오기(M)	▸
파일 정보(F)...	Alt+Shift+Ctrl+I
버전 기록(V)	
인쇄(P)...	Ctrl+P
한 부 인쇄(Y)	Alt+Shift+Ctrl+P
종료(X)	Ctrl+Q

| 해설 |

[연결 가져오기] 메뉴는 외부 파일을 현재 문서로 링크하면서 가져오며 외부 파일이 수정되면 자동 업데이트됩니다.

정답 : [연결 가져오기] 메뉴

문제 14

프로젝트 범위란 무엇입니까?

A. 빌드 단계

B. 클라이언트와의 소통 계획

C. 문서 규격

D. 비용 예측 및 프로젝트 일정

| 해설 |

디자인 프로젝트에서 예산 비용과 일정에 따라 범위가 정해집니다.

정답 : D

문제 15

각 타이포그래피 용어를 선택하시오.

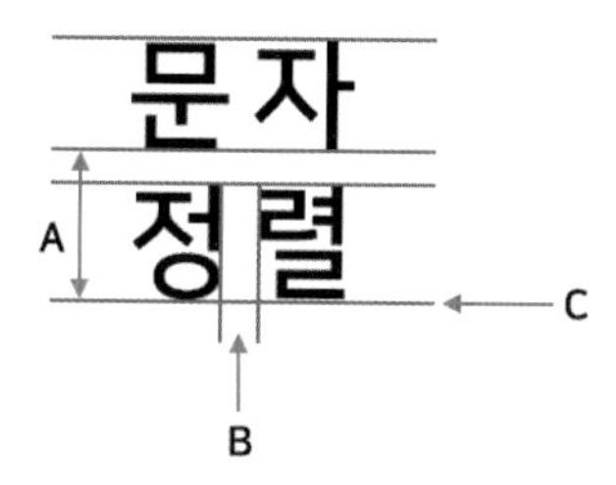

(1) 커닝

(2) 행간

(3) 기준선

| 해설 |

커닝(kerning)은 두 문자 사이의 간격이며, 행간(leading)은 줄과 줄 사이의 간격입니다. 기준선(baseline)은 문자의 아래쪽에 있는 가상의 선을 의미합니다.

정답 : A-(2), B-(1), C-(3)

문제 16

하드 드라이브에 있는 샘플 이미지 파일을 디지털화하려고 합니다. 원본 참조 이미지 파일을 사용할 수 없더라도 문서에서 작업할 수 있어야 합니다. 참조 이미지 파일을 문서에 삽입하는 데 사용할 메뉴 옵션은 무엇입니까? 답변하려면 답안 영역에서 올바른 옵션을 선택하여 강조 표시하시오.

새로 만들기(N)...	Ctrl+N
열기(O)...	Ctrl+O
Bridge에서 찾아보기(B)...	Alt+Ctrl+O
지정 형식...	Alt+Shift+Ctrl+O
고급 개체로 열기...	
최근 파일 열기(T)	▸
닫기(C)	Ctrl+W
모두 닫기	Alt+Ctrl+W
기타 항목 닫기	Alt+Ctrl+P
닫은 후 Bridge로 이동...	Shift+Ctrl+W
저장(S)	Ctrl+S
다른 이름으로 저장(A)...	Shift+Ctrl+S
사본 저장...	Alt+Ctrl+S
되돌리기(V)	F12
내보내기(E)	▸
생성	▸
공유...	
초대...	
Behance에서 공유(D)...	
Adobe Stock 검색...	
포함 가져오기(L)...	
연결 가져오기(K)...	
패키지(G)...	
자동화(U)	▸
스크립트(R)	▸
가져오기(M)	▸
파일 정보(F)...	Alt+Shift+Ctrl+I
버전 기록(V)	
인쇄(P)...	Ctrl+P
한 부 인쇄(Y)	Alt+Shift+Ctrl+P
종료(X)	Ctrl+Q

| 해설 |

[포함 가져오기] 메뉴는 외부 파일을 현재 문서에 포함하면서 가져오며 현재 문서의 파일 크기가 커지게 됩니다.

정답 : [포함 가져오기] 메뉴

문제 17

빠른 내보내기 명령을 사용합니다. 다음 중 기본적으로 생성되는 파일 형식은 무엇입니까?

A. TIFF

B. SVG

C. PNG

D. GIF

E. JPG

| 해설 |

빠른 내보내기는 기본적으로 PNG 파일이 생성되고 [파일]-[내보내기]-[내보내기 기본 설정] 메뉴에서 변경할 수 있습니다.

정답 : C

문제 18

다음 중 불투명도 조정과 채우기 불투명도 조정의 차이를 설명하는 문장 두 개는 무엇입니까?

A. 불투명도에 따라 레이어를 숨기거나 그 아래 레이어를 표시하는 정도가 결정됩니다.

B. 채우기 불투명도에 따라 혼합 모드의 수준이 결정됩니다.

C. 불투명도는 그림자 만들기 같은 레이어 효과의 불투명도에 영향을 주지 않습니다.

D. 채우기 불투명도는 그림자 만들기와 같은 레이어 효과의 불투명도에 영향을 주지 않습니다.

| 해설 |

레이어에 레이어 스타일이 적용되었을 경우 불투명도를 조절하면 레이어 스타일까지 영향을 주지만, 채우기 불투명도(칠)를 조절하면 레이어 스타일에는 영향을 주지 않습니다. 또한 불투명도를 조절하면 아래 레이어가 표시되는 정도가 달라지며 0%가 되면 레이어가 보이지 않게 됩니다.

정답 : A, D

문제 19

2색상 그레이디언트 유형을 해당 예제와 연결하시오.

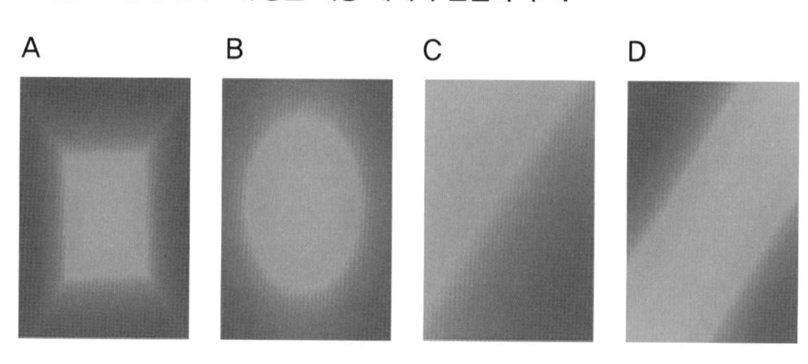

(1) 반사　　(2) 다이아몬드　　(3) 선형　　(4) 방사형

| 해설 |

2가지 이상의 색상이 자연스럽게 변하는 것을 그레이디언트라고 합니다. 그레이디언트 편집기에서 색상과 불투명도 등을 수정할 수 있습니다.

정답 : A-(2), B-(4), C-(3), D-(1)

문제 20

선택 도구를 해당 설명과 연결하시오.

A 

B

C

D

(1) 한계 값을 기준으로 일관된 색상 영역을 선택합니다.

(2) 사용자가 그린 자유 형식 영역을 선택합니다.

(3) 조정 가능한 둥근 브러시를 사용하여 "페인트" 모션으로 영역을 선택합니다.

(4) 사각형 또는 정사각형 영역을 선택합니다.

| 해설 |

사각형 선택 영역을 만드는 것을 [사각형 선택 윤곽 도구]라고 하며, 드래그하면서 자유롭게 선택 영역을 만드는 것을 [올가미 도구]라고 합니다. 마치 페인팅 하듯이 드래그하여 유사한 색상 영역을 빠르게 선택하는 것을 [빠른 선택 도구]라고 하며, 이미지를 클릭하여 클릭한 부분의 색상을 기준으로 유사한 색상 영역을 선택하는 것을 [자동 선택 도구]라고 합니다.

정답 : A-(2), B-(4), C-(1), D-(3)

문제 21

지우개 도구를 사용하고 있습니다. 레이어 패널에서 편집 내용이 손상되지 않는 축소판 그림을 선택하여 강조 표시하시오.

| 해설 |

레이어 마스크는 원본 정보를 보존하는 비파괴 편집 방법입니다. 흰색과 검은색을 사용하여 이미지를 보이거나 안 보이게 할 수 있습니다.

정답 : [레이어 마스크 축소판] 선택

문제 22

숨겨진 레이어를 포함하여 문서의 각 레이어를 WAVE라는 접두사가 있는 별도의 PNG-24 파일로 내보내야 합니다. 어떤 메뉴 옵션을 사용해야 합니까? 답변하려면 답안 영역에서 올바른 옵션을 선택하여 강조 표시하시오.

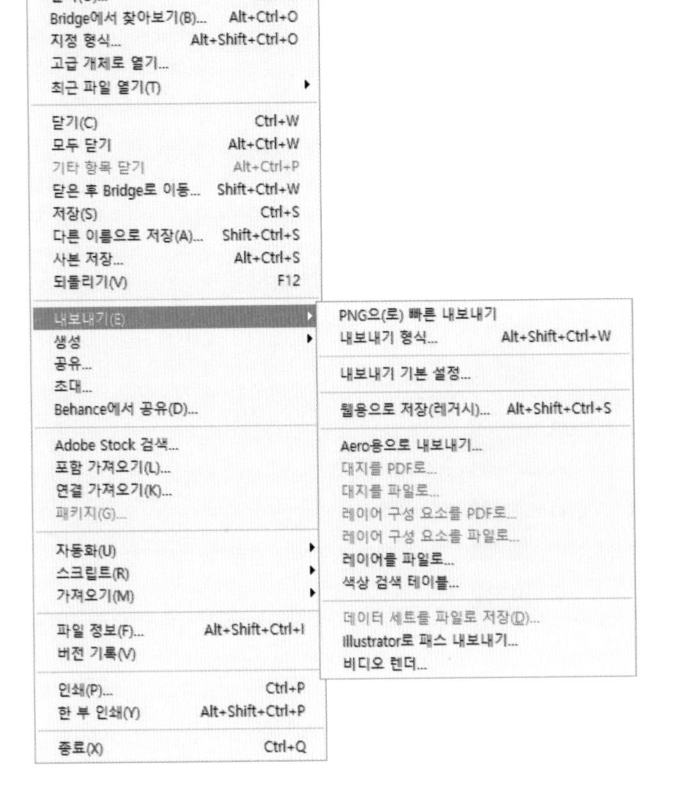

| 해설 |

접두사와 파일 유형을 설정하여 각각의 레이어를 파일로 저장하는 메뉴는 [레이어를 파일로]입니다. 이미지 크기 비율과 접미사를 설정하여 저장하는 메뉴는 [내보내기 형식]입니다.

정답 : [레이어를 파일로] 메뉴 선택

문제 23

각 도구를 설명과 연결하시오.

A

B

C

(1) 옵션 바에서 선택한 다양한 브러시 크기 및 스타일을 사용하여 문서에서 그립니다.

(2) 선택한 색상을 새 색상으로 바꿉니다.

(3) 가장자리가 선명한 획을 그립니다.

| 해설 |

다양한 브러시 크기 및 스타일을 사용하여 그리는 것을 [브러시 도구]라고 하며, 가장자리가 선명한 획을 그리는 것을 [연필 도구]라고 합니다. [브러시 도구]와 [연필 도구] 사용법은 비슷하지만 가장자리가 부드러운지 선명한지 차이점이 있습니다. 선택한 색상을 새 색상으로 바꾸는 것은 [색상 대체 도구]입니다.

정답 : A–(1), B–(3), C–(2)

문제 24

당신은 로고를 만들고 있으며 꽃을 추가해야 합니다. 벡터 꽃은 어디서 찾을 수 있나요?

A. 색상 견본 패널

B. 모양 패널

C. 패턴 패널

D. 브러시 설정 패널

| 해설 |

자주 사용하는 색상을 등록하고 색상을 선택하는 것은 [색상 견본] 패널이며, 다양한 벡터 방식의 모양(shape)을 선택할 수 있는 것은 [모양] 패널입니다. 패턴을 선택할 수 있는 것은 [패턴] 패널이며, 브러시의 다양한 설정을 할 수 있는 것은 [브러시 설정] 패널입니다.

정답 : B

문제 25

맞는 설명을 고르시오.

A. 패턴을 색상 견본 패널에 저장할 수 있습니다.

B. [편집]–[패턴 정의] 메뉴를 사용하여 패턴을 만들 수 있습니다.

C. 사각형 선택 윤곽 도구를 사용하여 패턴으로 사용할 영역을 선택할 수 있습니다.

D. [레이어]–[레이어 내용 옵션]을 사용하여 패턴의 비율을 수정할 수 있습니다.

| 해설 |

패턴은 [패턴] 패널에 저장할 수 있으며, 모양(Shape)에 패턴이 적용된 경우 [레이어]–[레이어 내용 옵션] 메뉴에서 패턴 비율과 각도를 수정할 수 있습니다.

정답 : B, C, D

모의고사_ 실기형 유형 분석

모의고사_ 실기형 유형 분석

웹 일반 크기 사전 설정을 사용하여 새 문서를 만듭니다. 색상 수를 16비트로 설정합니다. 문서 이름을 '카드뉴스'로 지정합니다.

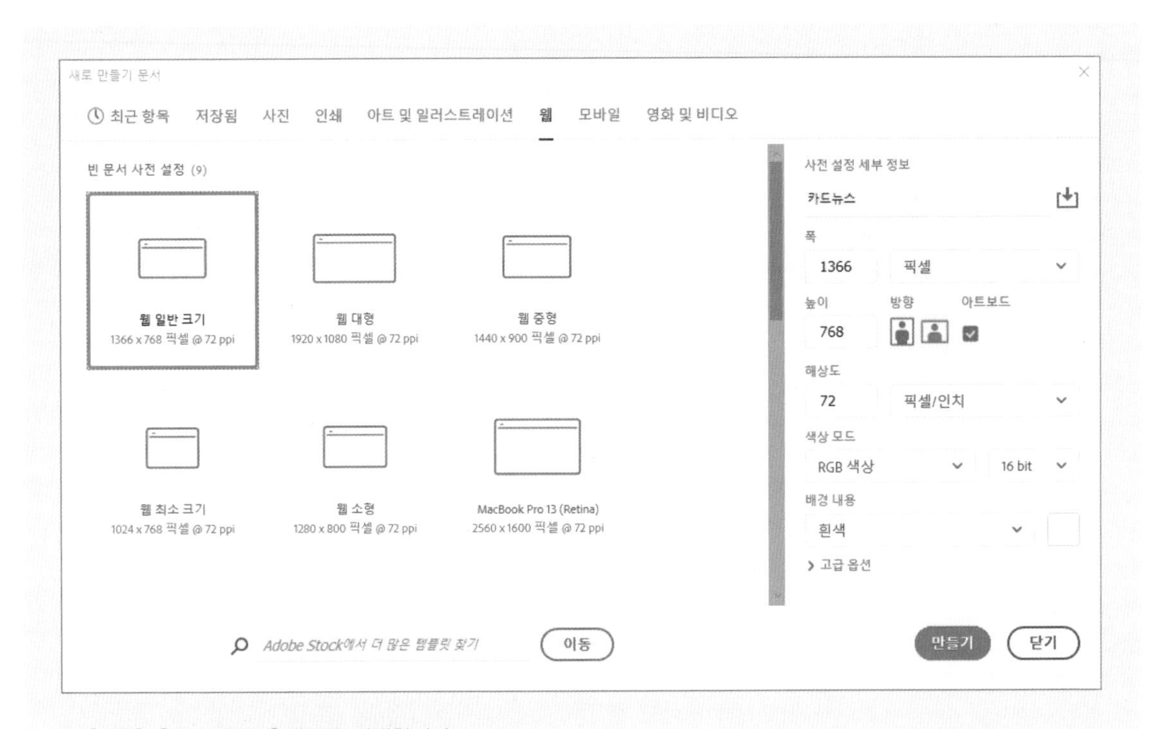

① [파일]–[새로 만들기] 메뉴를 선택합니다.
② [웹] 사전 설정을 선택합니다.
③ [웹 일반 크기]를 선택합니다.
④ 제목을 '카드뉴스'로 입력합니다.
⑤ 색상 수 '16비트'를 선택합니다.
⑥ [만들기] 버튼을 클릭합니다.

문제 2

인쇄를 위해 가로 방향 A4 문서를 만듭니다. 360ppi 해상도를 사용합니다. 문서 이름을 '초대장'으로 지정합니다. 다른 설정은 기본값을 유지합니다.

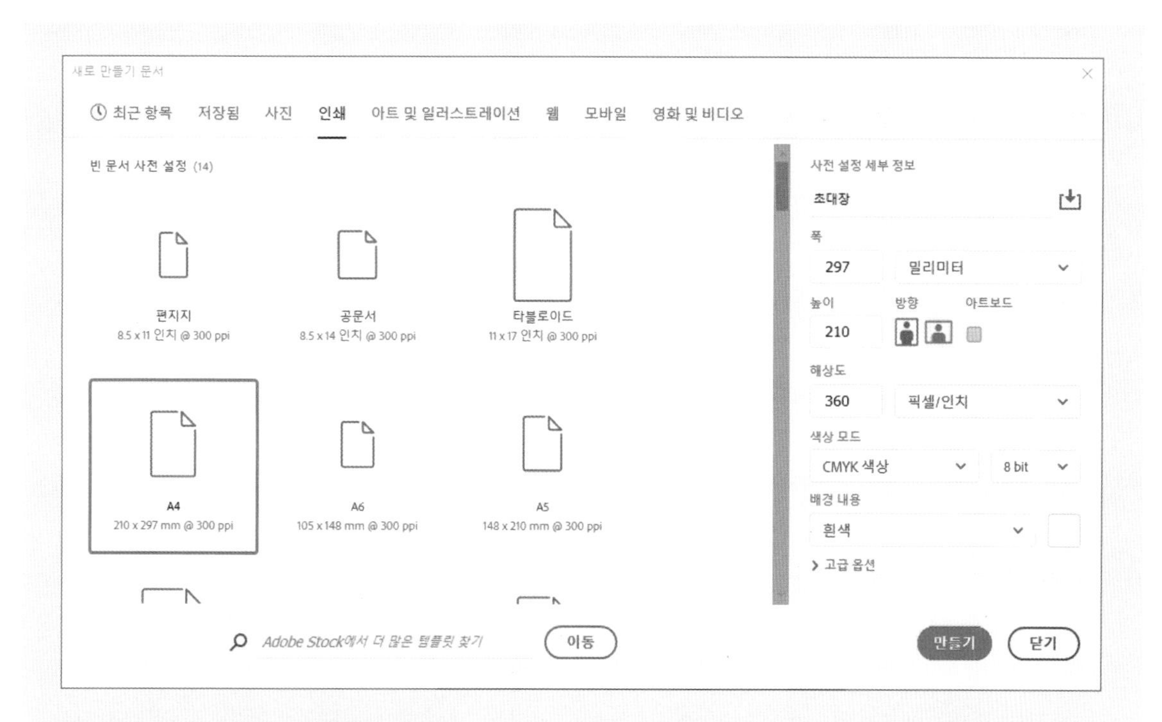

① [파일]–[새로 만들기] 메뉴를 선택합니다.
② [인쇄] 사전 설정을 선택합니다.
③ [A4]를 선택합니다.
④ 제목을 '초대장'으로 입력합니다.
⑤ 문서 방향은 '가로'를 선택합니다.
⑥ 해상도 '360'을 입력합니다.
⑦ 색상 모드는 'CMYK 색상'을 선택합니다.
⑧ [만들기] 버튼을 클릭합니다.

오프셋 인쇄를 위해 '신문'이라는 이름의 타블로이드 크기 가로 방향 문서를 만듭니다. 다른 설정은 기본으로 유지합니다.

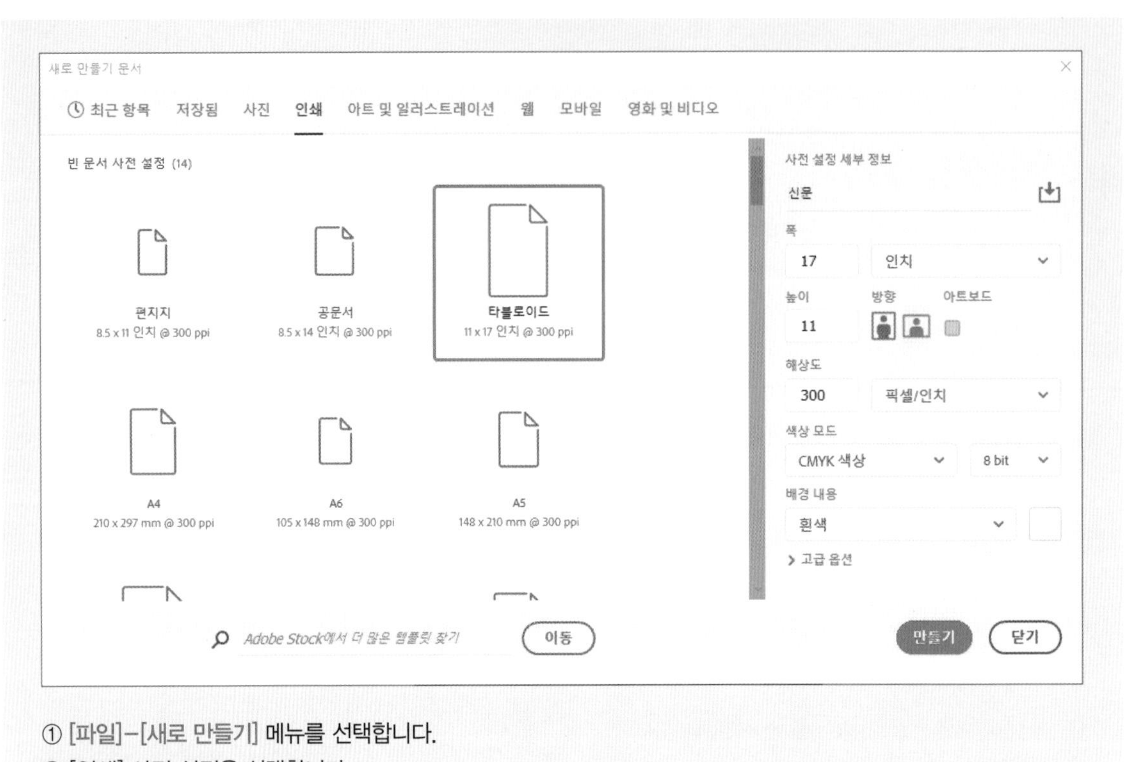

① [파일]–[새로 만들기] 메뉴를 선택합니다.
② [인쇄] 사전 설정을 선택합니다.
③ [타블로이드]를 선택합니다.
④ 제목을 '신문'으로 입력합니다.
⑤ 문서 방향은 '가로'를 선택합니다.
⑥ 색상 모드는 'CMYK 색상'을 선택합니다
⑦ [만들기] 버튼을 클릭합니다.

검은색 배경에 HDV/HDTV 720p 사전 설정을 사용하여 비디오 및 영화용으로 새 문서를 만듭니다. 파일 이름을 '여행'이라고 지정합니다.

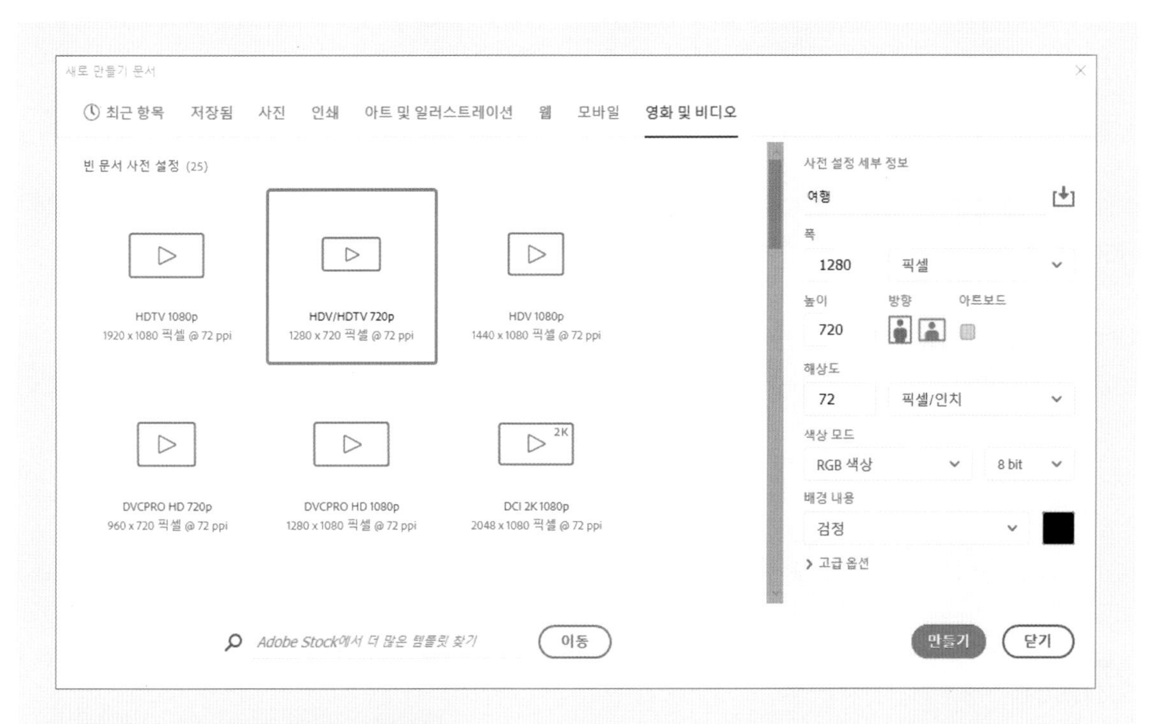

① [파일]–[새로 만들기] 메뉴를 선택합니다.
② [영화 및 비디오] 사전 설정을 선택합니다.
③ [HDV/HDTV 720p]를 선택합니다.
④ 제목을 '여행'으로 입력합니다.
⑤ [배경 내용 색상]은 '검정'을 선택합니다.
⑥ [만들기] 버튼을 클릭합니다.

문제 5

5분마다 복구 정보를 저장하도록 Photoshop 설정을 변경합니다.

① [편집]–[환경 설정]–[파일 처리] 메뉴를 선택합니다.
② [다음 간격으로 복구 정보 자동 저장]이 체크되어 있는 상태에서 '5분'을 선택합니다.
③ [확인] 버튼을 클릭합니다.

문제 6

내보내는 모든 이미지에 저작권과 연락처 정보가 포함되도록 photoshop을 구성합니다.

① [편집]–[환경 설정]–[내보내기] 메뉴를 선택합니다.
② [메타데이터 빠른 내보내기]의 '저작권 및 문의 정보'를 선택합니다.
③ [확인] 버튼을 클릭합니다.

문제 7

클라이언트는 광고 게재를 준비해야 합니다. 메타데이터 저작권 상태를 저작권 소유로 수정하시오.

① [파일]–[파일 정보] 메뉴를 선택합니다.
② [저작권 상태]의 '저작권 소유'를 선택합니다.
③ [확인] 버튼을 클릭합니다.

문제 8

예제 파일 : 13–08.psd

가로 안내선을 170픽셀에 배치하고 세로 안내선을 240픽셀에 배치합니다.

① [보기]–[새 안내선] 메뉴를 선택합니다.
② '가로' 옵션을 체크하고 위치는 '170'픽셀로 입력합니다.
③ 다시 [보기]–[새 안내선] 메뉴를 선택합니다.
④ '세로' 옵션을 체크하고 위치는 '240'픽셀로 입력합니다.

예제 파일 : 13-09.psd

텍스트의 위치를 식별하는 다음 세 안내선을 만듭니다.

- 텍스트의 시작을 식별하는 세로 안내선
- 텍스트 맨 위 줄의 기준선을 식별하는 가로 안내선
- 텍스트 맨 아래 줄의 기준선을 식별하는 가로 안내선

① [보기]-[눈금자] 메뉴를 선택합니다.

② 'GRAPHIC DESIGN' 레이어를 선택합니다.

③ 왼쪽의 눈금자에서 드래그하여 'GRAPHIC DESIGN' 시작 부분에 안내선을 만듭니다.

④ 위쪽의 눈금자에서 드래그하여 'GRAPHIC DESIGN' 텍스트 기준선(Baseline)에 안내선을 만듭니다.

⑤ '〉〉〉 INFOGRAHIC' 레이어를 선택합니다.

⑥ 위쪽의 눈금자에서 드래그하여 '〉〉〉 INFOGRAHIC' 텍스트 기준선(Baseline)에 안내선을 만듭니다.

Tip [보기]-[스냅] 메뉴가 체크되어 있으면 안내선을 텍스트 근처로 드래그할 때 텍스트의 시작 또는 기준선을 식별하여 스냅합니다.

문제 10 예제 파일 : 13-10.psd

꽃을 선택합니다. 선택을 복사하고 새 레이어에 붙여 넣습니다.

① [개체 선택 도구]를 선택합니다.

※ [개체 선택 도구]가 보이지 않는다면 [도구 모음 편집]에서 찾습니다.

② 꽃 주위를 드래그합니다.

③ [편집]-[복사] 메뉴를 선택합니다.

④ [편집]-[붙여넣기] 메뉴를 선택합니다.

Tip 선택 영역이 있을 때 [붙여넣기]를 하면 새로운 레이어가 만들어지면서 선택 영역 안으로 붙여넣기가 됩니다. 만약 선택 영역을 해제한 경우에는 [편집]-[특수 붙여넣기]-[제 자리에 붙여넣기]합니다.

문제 11 예제 파일 : 13-11.psd

로고의 검정 부분을 선택하시오. 문서의 모양을 변경하지 않으면서 이 부분을 복사하여 새 레이어에 붙여 넣으시오.

① [자동 선택 도구]를 선택합니다.

② 옵션 바에서 [선택 영역에 추가] 아이콘을 클릭합니다.

③ 로고가 있는 레이어에서 로고 검정 부분을 모두 클릭합니다.

④ [편집]-[복사] 메뉴를 선택합니다.

⑤ [편집]-[붙여넣기] 메뉴를 선택합니다.

Tip 선택 도구는 다양하지만 이미지 특성에 맞는 선택 도구를 사용해야 합니다. 이 문제는 [자동 선택 도구]를 사용하는 것이 가장 적절합니다. 또한 옵션 바의 [선택 영역에 추가] 아이콘을 선택하지 않았을 때는 Shift 를 누르고 검정 부분을 클릭하면 선택 영역이 추가됩니다.

문제 12

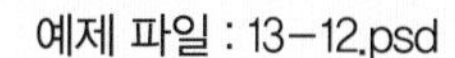

예제 파일 : 13-12.psd

캔버스에서 문자 레이어를 제외한 모든 레이어를 숨깁니다. 레이어의 투명도를 변경하지 마시오.

① [레이어] 패널을 표시합니다.

② 문자 레이어를 제외한 모든 레이어의 가시성 아이콘을 클릭해서 레이어를 숨깁니다.

문제 13

예제 파일 : 13-13.psd

텍스트가 표시되도록 '푸른 바다' 레이어를 프레임 그룹으로 이동합니다.

① '푸른 바다' 레이어를 선택합니다.

② '푸른 바다' 레이어를 프레임 그룹으로 드래그하여 표시되도록 합니다.

예제 파일 : 13-14.psd

그룹화되지 않은 레이어를 배경 그룹 바로 위에 있는 '아이콘' 그룹에 결합합니다.

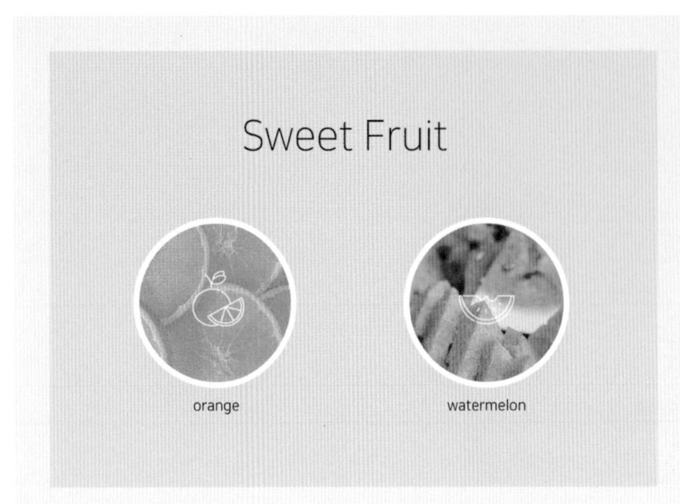

① [레이어] 패널을 표시합니다.
② Ctrl을 누른 상태에서 그룹이 아닌 레이어들의 이름을 클릭해서 다중 선택합니다.
③ 레이어 패널의 [새 그룹] 아이콘을 클릭합니다.
④ 새로 만든 그룹 이름을 더블 클릭해서 '아이콘'을 입력합니다.

문제 15

예제 파일 : 13-15.psd

텍스트에 의해 잘리는 사진 위치만 잠급니다.

① '서핑' 레이어를 선택합니다.
② [레이어] 패널의 [위치 잠그기] 아이콘을 클릭합니다.

예제 파일 : 13-16.psd

BG#1 및 BG#2 레이어를 포함하는 '배경' 그룹을 만듭니다. 꽃송이 및 빗방울 레이어를 포함하는 '꽃송이와 빗방울' 그룹을 만듭니다. 이미지의 모양을 변경하지 마시오.

① [레이어] 패널을 표시합니다.
② Ctrl을 누른 상태에서 BG#1과 BG#2의 레이어 이름을 클릭해서 다중 선택합니다.
③ [레이어] 패널의 [새 그룹] 아이콘을 클릭합니다.
④ 새로 만들어진 그룹 이름을 더블 클릭해서 '배경'을 입력합니다.
⑤ Ctrl을 누른 상태에서 꽃송이와 빗방울 레이어 이름을 클릭해서 다중 선택합니다.
⑥ [레이어] 패널의 [새 그룹] 아이콘을 클릭합니다.
⑦ 새로 만들어진 그룹 이름을 더블 클릭해서 '꽃송이와 빗방울'을 입력합니다.

예제 파일 : 13-17.psd

문제 17

반전된 로고가 사용되었습니다. 로고를 가로로 뒤집습니다.

① '로고' 레이어를 선택합니다.

② [편집]-[변형]-[가로로 뒤집기] 메뉴를 선택합니다.

Tip Ctrl+T 단축키를 누른 후에 마우스 오른쪽 버튼을 클릭해서 [가로로 뒤집기]를 선택해도 됩니다.

문제 18

예제 파일 : 13-18.psd

강아지 텍스트에 다음 네 활자 설정을 적용합니다.

- 나눔 스퀘어
- Bold
- 60pt
- 색상 : #996633

① '강아지' 레이어를 선택합니다.

② [문자] 패널을 표시합니다.

③ '글꼴 : 나눔 스퀘어, 스타일 : Bold, 크기 : 60pt, 색상 : #996633'을 적용합니다.

Tip [문자 도구]를 선택 후 옵션 바에서 설정할 수도 있습니다.

예제 파일 : 13-19.psd

클라이언트를 위한 포스터를 만들고 있습니다. 사각형 안에 다음 두 줄의 텍스트를 포함하는 단일 문자 레이어를 추가합니다.

바다 풍경과
어린이

다음 브랜딩 지침을 사용합니다.

- 글꼴 : 나눔 스퀘어
- 스타일 : Regular
- 색상 : #cc9966
- 크기 : 30pt
- 정렬 : 왼쪽
- 행간 : 40pt

① [문자] 패널을 표시합니다.

② '글꼴 : 나눔 스퀘어, 스타일 : Regular, 크기 : 30pt, 행간 : 40pt, 색상 : #cc9966'을 적용합니다.

③ [단락] 패널을 표시합니다.

④ '정렬 : 왼쪽'을 적용합니다.

⑤ [수평 문자 도구]를 선택해서 사각형 안을 클릭 후 '바다 풍경과 어린이'를 두 줄로 입력합니다.

⑥ 옵션 바의 [확인] 버튼을 클릭합니다.

Tip 문자 입력을 완료하려면 Ctrl+Enter를 누르거나, 임의로 다른 도구를 선택해도 됩니다.

예제 파일 : 13-20.psd

'성분' 레이어의 행간을 '알레르기' 레이어의 행간과 일치하도록 설정합니다.

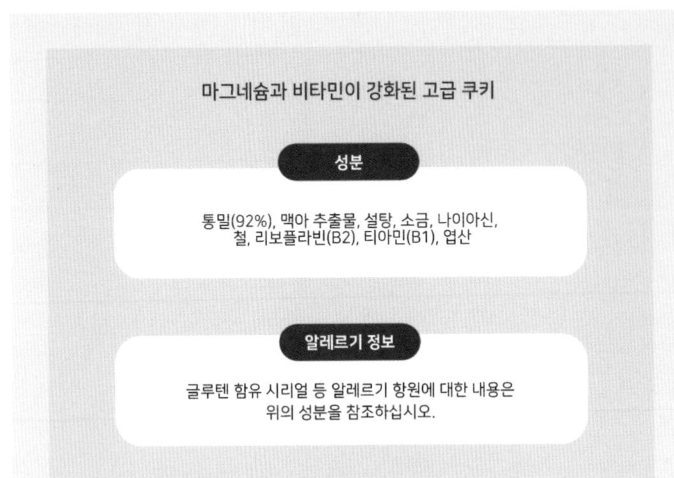

① [문자] 패널을 표시합니다.
② '알레르기' 레이어를 선택해서 행간을 확인합니다.
③ '성분' 레이어를 선택해서 (알레르기 레이어의) 행간을 입력합니다.

문제 21

예제 파일 : 13-21.jpg

내용 인식 방법을 사용하여 수영하는 사람을 제거하시오. 문서 크기를 변경하지 마시오.

① [올가미 도구]를 사용해서 수영하는 사람 영역 주위를 드래그하여 선택합니다.
② [편집]-[칠] 메뉴를 선택해서 '내용 : 내용 인식'으로 설정한 후 [확인] 버튼을 클릭합니다.
③ [선택]-[선택 해제] 메뉴를 선택합니다.

Tip 선택 해제는 단축키 Ctrl+D를 많이 사용합니다.

문제 22 예제 파일 : 13–22.jpg

이미지의 위쪽에서 손상된 영역을 제거하여 사진을 복원하시오.

① [올가미 도구]를 사용해서 손상된 영역 주위를 드래그하여 선택합니다.

② [편집]–[칠] 메뉴를 선택해서 '내용 : 내용 인식'으로 설정한 후 [확인] 버튼을 클릭합니다.

③ [선택]–[선택 해제] 메뉴를 선택합니다.

문제 23 예제 파일 : 13–23.psd

이미지 상단의 빈 영역을 채워서 하늘의 나머지 부분과 일치시킵니다. 손이 왜곡되지 않도록 합니다.

① [자동 선택 도구]를 사용해서 빈 영역을 클릭하여 선택합니다.

② [편집]–[칠] 메뉴를 '내용 : 내용 인식'으로 설정한 후 [확인] 버튼을 클릭합니다.

③ [선택]–[선택 해제] 메뉴를 선택합니다.

예제 파일 : 13-24.psd

네 측면에 있는 안내선을 사용하여 벡터 모양 도구로 카드의 사자라는 단어 바로 아래에 사자를 추가하시오. 단어 사자를 샘플링하여 사자 모양의 색상을 설정하시오.

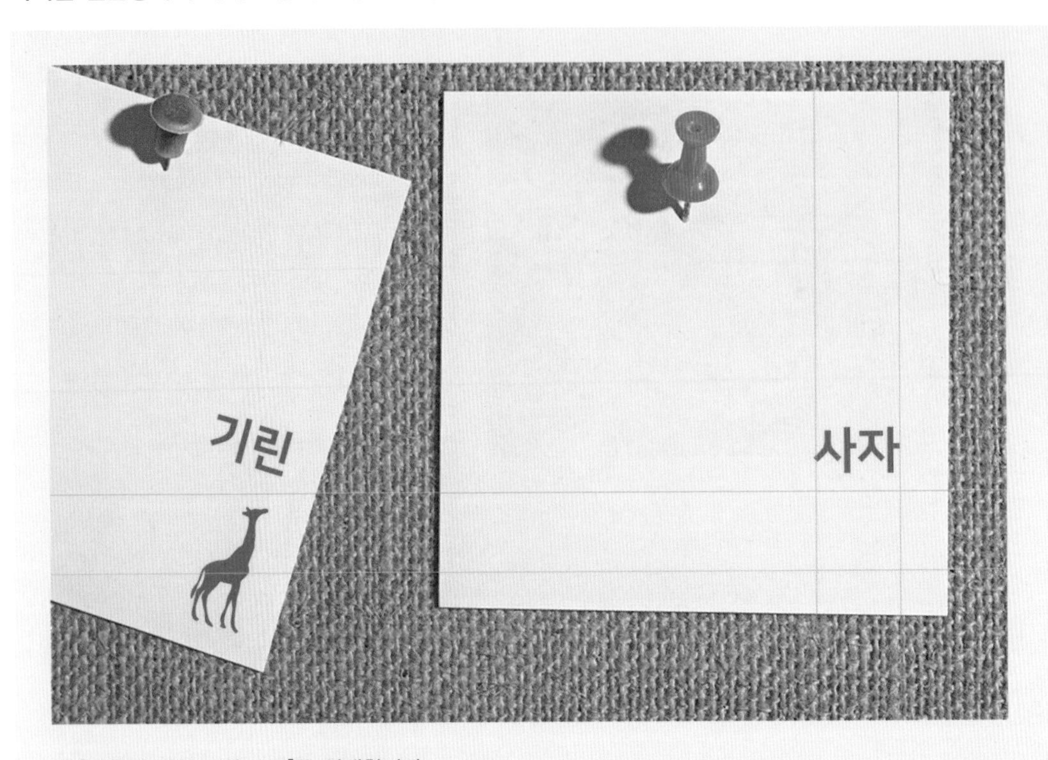

① [사용자 정의 모양 도구]를 선택합니다.

② 옵션 바의 [선택 도구 모드]는 '모양'을 선택합니다.

③ 옵션 바의 [칠]을 클릭 후 '색상 피커'를 선택합니다.

④ 사자 글자를 클릭해서 색상을 추출합니다.

⑤ 옵션 바의 [모양]에서 '야생 동물' 그룹 안의 '사자' 모양을 선택합니다.

⑥ 안내선에 맞춰서 드래그하여 추가합니다.

Tip 획에 대한 지시가 있을 경우 옵션 바의 [획]에서 설정합니다.

문제 25

예제 파일 : 13-25.psd

다음 여섯 가지 특징이 있는 둥근 사각형을 만듭니다.

- 폭 : 1100픽셀
- 높이 : 700픽셀
- 모서리 반경 : 40픽셀
- 채우기 : 흰색(#FFFFFF)
- 획 : 검정(#000000), 폭 : 5픽셀
- 정렬 : 문서를 기준으로 가운데

① [사각형 모양 도구]를 선택 후 옵션 바의 [선택 도구 모드]는 '모양'을 선택합니다.

※ 포토샵 2020버전에서는 [모서리가 둥근 직사각형 도구]를 선택합니다.

② 옵션 바에서 '칠 : 흰색(#ffffff), 획 : 검정(#000000), 폭 : 5픽셀'로 설정합니다.

③ 편집 화면의 중앙을 클릭합니다.

④ '폭 : 1100픽셀, 높이 : 700픽셀, 모퉁이 반경 값 연결 : 체크, 반경 : 40픽셀, 중앙부터 : 체크'로 설정하고 [확인] 버튼을 클릭합니다.

⑤ 옵션 바에서 [패스 맞춤]을 클릭합니다.

⑥ [맞춤 대상]은 '캔버스'를 선택하고, [맞춤]은 '수평 중앙 맞춤'과 '수직 가운데 맞춤'을 클릭합니다.

Tip '중앙부터' 옵션은 클릭한 지점이 모양의 중앙이 됩니다.

문제 26

예제 파일 : 13-26.psd

혼합 레이어를 선택하고 불투명도를 20%로 설정하여 선명한 라이트 혼합 모드를 적용합니다.

① [레이어] 패널에서 '혼합' 레이어를 선택합니다.

② '혼합 모드 : 선명한 라이트, 불투명도 : 20%'를 적용합니다.

문제 27

예제 파일 : 13-27.psd

약한 빛 혼합 모드를 혼합 레이어에 적용합니다. 불투명도를 80%로 조정합니다.

① [레이어] 패널에서 '혼합' 레이어를 선택합니다.
② '혼합 모드 : 소프트 라이트(약한 빛 혼합 모드), 불투명도 : 80%'를 적용합니다.

문제 28

예제 파일 : 13-28.psd

다음 설정의 효과를 CLOUD 텍스트에 적용합니다.

- 매끄럽게 내부 경사
- 깊이 : 100%
- 크기 : 7픽셀

① 'CLOUD' 레이어를 선택합니다.
② [레이어 스타일] 아이콘을 클릭하여 [경사와 엠보스]를 선택합니다.
③ '스타일 : 내부 경사, 기법 : 매끄럽게, 깊이 : 100%, 크기 : 7픽셀'을 설정합니다.
④ [확인] 버튼을 클릭합니다.

Tip 기존에 레이어 스타일이 적용되어 있을 경우에는 새로운 레이어 스타일이 추가로 적용됩니다.

문제 29

예제 파일 : 13-29.psd

패션 레이어에서 레이어 스타일을 복사하여 초상화 레이어에 적용합니다.

① '패션' 레이어에서 마우스 오른쪽 버튼 클릭 후 [레이어 스타일 복사]를 선택합니다.

② '초상화' 레이어에서 마우스 오른쪽 버튼 클릭 후 [레이어 스타일 붙여넣기]를 선택합니다.

문제 30

예제 파일 : 13-30.psd

이끼 스타일 사전 설정을 텍스트에 적용합니다.

① '텍스트' 레이어를 선택합니다.

② [창]-[스타일]을 체크하여 패널을 표시합니다.

③ '자연어' 그룹 안의 '이끼' 스타일을 클릭합니다.

문제 31

예제 파일 : 13-31.psd

건물을 그대로 표시하고 하늘을 숨기는 마스크를 만듭니다.

① [빠른 선택 도구]를 선택합니다.

② 하늘 영역을 드래그하여 선택합니다.

③ [선택]–[반전] 메뉴를 선택합니다.

④ 레이어 패널의 [레이어 마스크] 아이콘을 클릭합니다.

Tip 이미지의 색상 상태에 따라서 [자동 선택 도구] 또는 [개체 선택 도구]를 사용할 수 있습니다.

문제 32

예제 파일 : 13-32.psd

이 인쇄전단은 이미 웹에 맞게 크기가 조정되었습니다. 온라인 게시를 위해 적절한 색상 모드로 변경하고 레이어를 제거하지 마시오.

① [이미지]–[모드]–[RGB 색상] 메뉴를 선택합니다.

② 대화상자가 나타나면 [배경으로 병합 안 함]을 클릭합니다.

예제 파일 : 13-33.psd

그래픽은 오프셋 인쇄를 위해 full HD 해상도로 생성되었습니다. 화면 기반 보기에 적합하도록 그래픽의 색상 모드를 변경하고 레이어를 결합하지 마시오.

① [이미지]-[모드]-[RGB 색상] 메뉴를 선택합니다.

② 대화상자가 나타나면 [배경으로 병합 안 함]을 클릭합니다.

문제 34

예제 파일 : 13-34.psd

레벨 160의 임계치 조정을 이미지에 그대로 추가합니다.

① [레이어] 패널의 [조정 레이어] 아이콘을 클릭해서 [한계값]을 선택합니다.

② [속성] 패널의 [한계값 레벨]에 160을 입력합니다.

Tip 임계치는 한계 값과 동일한 의미입니다. 조정 레이어는 원본 이미지 정보를 그대로 유지하는 비파괴 편집법입니다.

문제 35

예제 파일 : 13-35.psd

단 한 번의 조정으로 원본의 활기와 채도를 그대로 유지하면서 문서에 추가합니다. 클라이언트는 +50과 +100 사이의 설정을 사용할 수 있습니다.

① [레이어] 패널의 [조정 레이어] 아이콘을 클릭해서 [활기]를 선택합니다.

② [속성] 패널의 [활기]와 [채도]를 각각 +50에서 +100 사이로 설정합니다.

문제 36

예제 파일 : 13-36.psd

필터를 그대로 적용할 수 있도록 스케치 레이어를 수정합니다.

① '스케치' 레이어를 선택합니다.

② [필터]-[고급 필터용으로 변환] 메뉴를 클릭합니다.

Tip 고급 필터는 고급 개체에 필터를 적용하는 것입니다. 레이어 위에서 마우스 오른쪽 버튼 클릭 후 [고급 개체로 변환] 메뉴를 선택해도 됩니다.

Adobe
Certified
Professional
포토샵 CC

2022. 4. 25. 1판 1쇄 인쇄
2022. 5. 4. 1판 1쇄 발행

저자와의
협의하에
검인생략

지은이 | 김대현
펴낸이 | 이종춘
펴낸곳 | BM (주)도서출판 성안당
주소 | 04032 서울시 마포구 양화로 127 첨단빌딩 3층(출판기획 R&D 센터)
10881 경기도 파주시 문발로 112 파주 출판 문화도시(제작 및 물류)
전화 | 02) 3142-0036
031) 950-6300
팩스 | 031) 955-0510
등록 | 1973. 2. 1. 제406-2005-000046호
출판사 홈페이지 | **www.cyber.co.kr**
ISBN | 978-89-315-5063-4 (13000)
정가 | 20,000원

이 책을 만든 사람들
책임 | 최옥현
진행 | 최창동
본문 디자인 | 인투
표지 디자인 | 박원석
홍보 | 김계향, 이보람, 유미나, 서세원, 이준영
국제부 | 이선민, 조혜란, 권수경
마케팅 | 구본철, 차정욱, 오영일, 나진호, 이동후, 강호묵
마케팅 지원 | 장상범, 박지연
제작 | 김유석